高齢者を支える 市民・家族による

新しい地域後見人制度

市民後見人の実務コメント付き

公証人 遠藤 英嗣 著

日本加除出版株式会社

はしがき

　いま，一般市民も家族も，認知症高齢者等の後見人として，地域の力を借りて後見事務に携わる「**新しい地域支援型後見制度**」の時代を迎えていると言える。

　この新しい地域支援型の制度を「**地域後見人制度**」と呼びたい。

　この制度は，一般の市民後見人のみならず，家族後見人も地域の市民後見人として包摂し，この地域市民後見人が，地域の力，公的な後見支援組織（公的成年後見センター）の支援等を受けながら，被後見人本人の権利を擁護して本人の最善の生活と福祉を確保するという仕組みである。

　すべての地域で，この地域支援型後見の仕組みができ，地域の誰もが安心して成年後見制度を利用できる社会が来ることを願っている。この地域支援型後見の仕組みの中心にあるのは，国が取り組み始めた地域後見支援組織（後見実施機関）の「公的・地域成年後見センター」である。この公的後見センターが認知症高齢者等に対する支援策の一環としてすべての地域に組織され動き出すものと確信している。

　我が国の認知症高齢者は，軽度認知障害（MCI）の高齢者を含めるとその数は800万人を超え1,000万人に迫っており，超高齢社会の中での認知症対策は解決が難しいとはいえ喫緊の課題となっている。

　この認知症高齢者を支える法制度の一つが成年後見制度である。しかし，創設から15年目を迎えたこの制度の硬直化が目立ち始めている。親族をはじめ関係人から，今の成年後見制度は，本人の願いや思いに

は背を向けており，その理念である本人に最善の利益をもたらし尊厳ある生き方を支える制度にはなっていないという話をよく聞く。

　そこで，筆者が提案したのが，成年後見制度に代替する財産管理制度である「家族のための民事信託」（家族信託）の積極的な活用である。この仕組みは，拙書「新しい家族信託」（平成25年8月，日本加除出版）で紹介した，財産管理が難しい人を支援するための制度である。この家族信託は，成年後見制度のように，財産が本人のためにしか使えないとか，監督人が選任されないと契約が発効しないなどというさまざまな縛りはなく，信託を設定した者の願いや思いを可能な限り実現し本人や家族に最善の利益をもたらす制度といえる。

　しかし，実はこの制度は財産管理制度であり，その枠組みでしか使えない。すなわち，本人の生活の支援や療養看護（身上監護）にかかわる事務は，身上監護のための金銭の管理や支払い等に限られ，本人にとって重要な生活，介護や医療に関する契約などは信託ではできないのである。このため，成年後見制度（主に任意後見契約）の併用が必要となる。

　最近，高齢者や障害者にかかる安心設計の相談の中に，成年後見制度のほかに上記家族信託の活用に関する相談も増えてきているので，本書では，その説明もさせてもらっている。

　本書は，そもそも東京都内及び千葉県内のある団体の市民後見人養成講座のためのテキストとして書き下ろしたものを，市民後見人さらには家族後見人が地域の支援を受けた「**地域後見人**」として

　[1]　認知症高齢者である被後見人に向き合い後見人の役割をしっかり果たすこと

2 **被後見人の意思が最大限実現でき権利の制限や資格のはく奪のない任意後見制度を幅広く利用すること**

ができるようにと考え，実際に市民後見人として活躍されている方々の意見をも参考にし，これからの成年後見制度の在り方等をも考えて書き改めたものである。

本書の構想の中で，筆者は3つのことを考えた。

その1は，最も重要な家族後見人がこの制度の支援等から取り残され犠牲だけを払わされている，これを改めなければならないという考えである。成年後見制度の発足以来，その中心的な立場にある親族後見人は，全く組織立った公的な支援もなくして今日に至っている。そこで考えたのが，市民後見人とともに家族後見人を支援する地域後見人制度の確立である。

その2は，これからの成年後見制度はその理念を考えた場合，やはり任意後見制度が中心にあるべきだということである。

その3は，認知症のことを知らずして成年後見制度を語ることはできない時代を迎えており，地域支援型後見にかかわる人，そのすべての人に認知症のことを正しく知ってもらい，本人も頼れる安心な成年後見制度を実現してもらう必要があるということである。

本書は，公証業務に携わる筆者が，任意後見契約の公正証書作成という一窓からこぼれる陽を頼りに書きあげたものであり，実務を知らないというお叱りがあることは承知している。しかし，実際の後見制度を外から直接見ることができる立場にあり，この制度がより良い方向に向かってほしいという心底からの願いがあるので，筆を執らせてもらった。

はしがき

　幸い，筆者の周りには，専門職後見人の士業の方のほか，市民後見人として活躍されている方や，その養成講座を担っている方など，市民後見にかかわる多くの方がおり，本書を執筆するに当たってさまざまなご意見等をいただいた。その中の貴重な意見やアドバイス（声）は，市民後見人を目指す人や家族後見人にとって大事な指針等になるので，本書の中で「市民後見人のアドバイス」あるいは「市民後見人の声」として，随所に取り入れさせてもらった。

　東京大学市民後見研究実証プロジェクト特任専門職員の東啓二氏をはじめ同氏の仲間の市民後見人等からは，市民後見活動の実情のほか，全国各地で実施している後見制度に関する啓もう活動と研究，それに市民後見人養成研修の実情などについて貴重なご意見をいただいた。

　千葉県四街道市を中心に市民後見活動に携わっているNPO法人市民後見人センターほっとの菱沼晴代理事からは，同じ市民後見人の仕事をしている仲間の方々とともに実体験からの貴重な「声」を多数いただいた。また，法人運営に苦労されているNPO法人フレンドの吉野晴美さんと福澤明子さんからも法人運営の難しさやこれからの市民後見人法人の在り方などについてご意見をうかがった。

　そのうえ，かつて仕事でお世話になった蒲田公証役場の書記を務められていた井上美紀さんには，本書を読みやすいよう校閲をお願いしその卓越した力を発揮していただいた。

　皆様にこの場を借りて謝意を表したい。

平成27年1月

　　　　　　　　　　　　　　　　　　　　　　　　　　著　者

著　者　紹　介

遠　藤　英　嗣（えんどう　えいし）

宮城県生まれ
東京法務局所属公証人（蒲田公証役場）
日本成年後見法学会理事

（主要著書等）
『増補　新しい家族信託』（日本加除出版，2014年）
『任意後見契約の変更，解除』（成年後見制度をめぐる諸問題，新日本法規出版，2012年）
『任意後見契約における死後事務委任契約の活用』（実践成年後見No.38，民事法研究会，2011年）
『遺言と信託』（Q&A　遺言・信託・任意後見の実務，日本加除出版，2012年）
『福祉型信託』（公証161・162・163号―日本公証人連合会発行）
『福祉型信託　―「遺言信託」と「福祉型信託契約」を中心に』（シンポジウム報告―公證法学第40号，2010年）
『家族信託への招待―「高齢者福祉型信託」の相談に答える』（信託フォーラムVol.1，日本加除出版，2014年）
『家族信託への招待―「障害者を抱える高齢者の福祉型信託」の相談に答える』（信託フォーラムVol.2，日本加除出版，2014年）
『家族のための民事信託の実務』（法の支配No.172，一般財団法人日本法律家協会，2014年）

凡　例

凡　例

【法令略語】

任意後見	任意後見契約に関する法律
家事事件	家事事件手続法
家事規則	家事事件手続規則
後見登記	後見登記等に関する法律
信　託	信託法

【主な文献略語】

後　　見	：区別しない場合は，すべての成年後見制度
後 見 人	：区別しない場合は，すべての成年後見制度における保護をする人または法人
被後見人（本人）	：区別しない場合は，すべての成年後見制度における保護を受ける人
監 督 人	：区別しない場合は，すべての成年後見制度における監督人
後見事務	：成年後見人の事務であるが，区別しない場合すべての後見人の事務

【主な参考文献】

　参考文献については，文中に掲げたほか，第8章については末尾にも掲載した。

目　次

序章　家族と地域後見人

―認知症高齢者を支える　家族，そして地域の後見人― ……………… 1
―成年後見制度利用者の増加と後見人からの家族の排斥― …………… 2
―市民後見人の重用と「地域後見人制度」の始まり― ………………… 3
―家族が「家族市民後見人」となるために― …………………………… 4

第1章　地域支援型後見

第1　後　見 …………………………………………………………………… 9
　1．「大事なこと」 ………………………………………………………… 9
　2．後見人として ………………………………………………………… 10
第2　市民後見人と地域後見 ……………………………………………… 11
　1．「市民後見」 …………………………………………………………… 11
　2．「地域後見人制度」の始まり ………………………………………… 15
第3　家族後見人と地域支援型の後見 …………………………………… 17
　1．家族は後見人になれない時代に …………………………………… 17
　2．家族は最良の後見人適格者 ………………………………………… 18
　3．家族後見人も専門的知識を ………………………………………… 19
　4．家族後見人も活用できる後見支援センターの仕組みへ ………… 20
第4　これからの安心設計は資格はく奪のない任意後見制度で実現 … 21
　1．高齢者・障害者の安心設計 ………………………………………… 21
　2．成年後見と安心設計 ………………………………………………… 22
　3．これからの安心設計 ………………………………………………… 23

目　次

第2章　成年後見制度の概要

第1　成年後見制度について ……………………………………28
　1．成年後見制度の始まり ……………………………………28
　2．成年後見制度が正しく理解され利用されることについて ………29
第2　成年後見制度の理念 ………………………………………31
　1．基本的理念 …………………………………………………31
　2．身上監護の重視 ……………………………………………35
第3　成年後見制度の種類と役割 ………………………………37
　1．二つの後見制度 ……………………………………………37
　2．それぞれの制度の役割など ………………………………37
第4　成年後見制度の対象者 ……………………………………39
　1．「精神上の障害により事理弁識能力が不十分な人」………39
　2．高齢の認知症者 ……………………………………………39
　3．知的障害・精神的障害者及び高次脳機能障害者 ………41
第5　後見登記 ……………………………………………………42
　1．後見登記制度 ………………………………………………42
　2．登記による公示手続と登記内容 …………………………44
　3．登記された後見に関する事実の開示（登記事項証明書等）……46
　4．登記所及び登記官 …………………………………………48
　5．終了登記 ……………………………………………………48
第6　成年後見の社会化 …………………………………………49
　1．成年後見の社会化とは ……………………………………49
　2．成年後見の社会化に向けての制度 ………………………49
　3．法定後見の市区町村長の申立て …………………………51
　4．地域後見の第一歩「市民後見推進事業」 ………………51
第7　成年後見制度の現状と問題点 ……………………………55
　1．任意後見制度の利用状況 …………………………………55

2．法定後見制度の利用……………………………………………60
　3．成年後見制度の問題点のまとめ………………………………63

第3章　法定後見制度の概要

第1　法定後見制度の概要……………………………………………71
　1．法定後見制度……………………………………………………71
　2．成年後見人等について…………………………………………72
　3．申立てと審判……………………………………………………74
　4．鑑定（診断書の活用）…………………………………………76
　5．成年後見人等の職務……………………………………………77
　6．成年後見人等の義務……………………………………………78
　7．成年後見監督人等の概要………………………………………79
　8．法定後見相互の調整……………………………………………81
　9．申立ての取下げ…………………………………………………82
　10．申立て費用………………………………………………………83
　11．後見事務処理と報告……………………………………………83
　12．後見人等の報酬…………………………………………………84
　13．成年後見人等の辞任と解任……………………………………87
　14．取引の相手方の保護……………………………………………87
　15．成年後見人等の死亡……………………………………………88
　16．本人の死亡と死後事務…………………………………………89
　17．成年被後見人等の遺言…………………………………………92
第2　補助制度…………………………………………………………94
　1．補助制度とは……………………………………………………95
　2．被補助人と補助人………………………………………………96
　3．補助制度の対象者………………………………………………97
　4．補助開始の審判の申立てと審判………………………………98

5．補助開始の審判と本人の同意……………………………………101
　　6．補助人の代理権……………………………………………………102
　　7．補助人の職務と権限………………………………………………103
　　8．補助監督人及び臨時補助人………………………………………103
第3　保佐制度……………………………………………………………104
　　1．保佐制度の概要……………………………………………………105
　　2．被保佐人と保佐人…………………………………………………105
　　3．保佐制度の対象者…………………………………………………106
　　4．保佐人の同意権と取消権…………………………………………107
　　5．保佐人の代理権（民法第876条の4）……………………………109
　　6．保佐開始の審判の申立てと審判…………………………………110
　　7．保佐人の職務と権限………………………………………………112
　　8．保佐監督人及び臨時保佐人………………………………………112
第4　後見制度（後見類型）……………………………………………114
　　1．後見制度（後見類型）について…………………………………114
　　2．成年被後見人と成年後見人………………………………………115
　　3．後見制度の対象者…………………………………………………116
　　4．後見人の代理権と取消権…………………………………………117
　　5．申立てと審判………………………………………………………117
　　6．後見開始の審判の取消し（民法第10条）………………………118
　　7．後見人の職務と権限………………………………………………118
　　8．成年後見の終了……………………………………………………119
　　9．成年後見人の職務の限界と成年後見監督人……………………120
　　10．成年後見人の倫理と後見制度支援信託…………………………121

第4章　任意後見制度の概要

第1　任意後見制度………………………………………………………125

1．任意後見制度の仕組み ……………………………………… 126
　2．任意後見制度の選択の理由 ………………………………… 128
　3．任意後見の在り方と利用状況 ……………………………… 132
第2　任意後見契約 ……………………………………………………… 133
　1．任意後見契約の締結に当たって …………………………… 133
　2．任意後見契約の形態 ………………………………………… 136
　3．任意後見契約の内容と様式の選択 ………………………… 137
　4．任意後見契約の具体的内容 ………………………………… 140
　5．公正証書の作成 ……………………………………………… 148
　6．任意後見契約に付随する各種の契約など ………………… 149
第3　任意後見の委任者と任意後見人 ………………………………… 151
　1．委任者（本人） ……………………………………………… 151
　2．任意後見人 …………………………………………………… 152
第4　任意後見の開始（任意後見監督人の選任） …………………… 156
　1．任意後見監督人の選任申立て ……………………………… 156
　2．任意後見開始の審判の要件 ………………………………… 159
　3．任意後見監督人の欠格事由 ………………………………… 161
　4．任意後見監督人選任の審判手続 …………………………… 162
第5　任意後見人の職務など …………………………………………… 166
　1．任意後見人の事務 …………………………………………… 166
　2．任意後見人の職務の主な内容と種別 ……………………… 169
第6　任意後見人の義務等について …………………………………… 171
　1．善管注意義務と事務完遂義務 ……………………………… 171
　2．身上配慮義務と本人意思尊重義務 ………………………… 173
　3．任意後見人の権利 …………………………………………… 177
第7　任意後見監督人の職務及び義務について ……………………… 178
　1．任意後見監督人の職務 ……………………………………… 178
　2．任意後見監督人の報酬・費用，善管注意義務等 ………… 188

3．任意後見監督人の辞任と解任など……………………………… 190
　4．家庭裁判所の監督など…………………………………………… 191
第8　任意後見契約の変更……………………………………………… 192
　1．任意後見契約の特殊性について………………………………… 192
　2．契約内容の変更…………………………………………………… 193
第9　任意後見契約の解除及び終了…………………………………… 195
　1．任意後見契約の解除……………………………………………… 195
　2．任意後見人の解任等……………………………………………… 198
　3．任意後見契約の終了……………………………………………… 199

第5章　後見事務の内容

第1　成年後見制度と後見事務………………………………………… 218
　1．後見事務を始めるに当たって…………………………………… 218
　2．後見人の事務（職務）…………………………………………… 219
　3．後見人の適正な事務を確保するために………………………… 223
第2　就任直後の後見実務（主な内容）……………………………… 225
　1．審判書の確定と記録の閲覧……………………………………… 225
　2．本人の生活状況や健康状態の把握……………………………… 226
　3．財産の調査と関係機関への届出………………………………… 226
　4．家庭裁判所への報告（受任直後の報告）……………………… 229
第3　就任中の後見実務（主な内容）………………………………… 231
　1．見守り行為………………………………………………………… 231
　2．後見人の不動産管理処分等と注意点…………………………… 231
　3．金融機関との取引………………………………………………… 238
　4．金銭の給付に伴う問題…………………………………………… 240
　5．その他の特別な後見事務等……………………………………… 244
第4　特異な後見実務とその限界……………………………………… 246

1．住まいの選択と施設入所 …………………………………… 246
　2．介護福祉サービスの利用 …………………………………… 248
　3．医療行為の同意と医療 ……………………………………… 249
第5　後見終了時の事務（実務） ………………………………… 252
　1．成年後見の終了 ……………………………………………… 252
　2．管理の計算事務と財産の引継ぎ（引渡し） ……………… 252
　3．後見終了の登記と報告及び報酬付与の申立て …………… 253
　4．被後見人死亡に伴う死後事務 ……………………………… 253

第6章　任意の財産管理契約と死後事務委任契約

第1　見守り委任契約 ……………………………………………… 257
　1．見守り委任契約の必要性 …………………………………… 257
　2．見守り委任契約の内容 ……………………………………… 258
第2　任意の財産管理委任契約 …………………………………… 260
　1．財産管理と委任契約 ………………………………………… 260
　2．契約当事者 …………………………………………………… 262
　3．任意の財産管理の特徴 ……………………………………… 266
　4．委任する財産管理等とは …………………………………… 267
　5．財産管理の開始時期 ………………………………………… 268
　6．財産管理委任の契約 ………………………………………… 269
　7．委任する事務の内容 ………………………………………… 269
　8．契約は公正証書で行う ……………………………………… 270
第3　死後事務委任契約 …………………………………………… 277
　1．死後事務委任契約の必要性 ………………………………… 277
　2．死後事務委任契約の有効性 ………………………………… 278
　3．契約の内容 …………………………………………………… 280
　4．委任する死後事務の内容 …………………………………… 280

5．事務処理費用の確保と留意点 …………………………………… 282

第7章　福祉型家族信託（配偶者・親なき後問題を信託で）

第1　家族信託（家族のための信託） …………………………………… 290
　1．はじめに ………………………………………………………… 290
　2．信託とは ………………………………………………………… 293
　3．信託の目的と信託財産 ………………………………………… 296
第2　家族信託の実務 …………………………………………………… 297
　1．実際の活用 ……………………………………………………… 297
　2．後見制度を補完する福祉型支援信託 ………………………… 299
　3．福祉型支援信託の実務を考える ……………………………… 300

第8章　認知症と後見

第1　高齢者の中で増え続ける認知症の人 …………………………… 305
　1．我が国の認知症高齢者数 ……………………………………… 305
　2．我が国の超高齢化社会と負の財産 …………………………… 305
第2　認知症とはどんな病気か ………………………………………… 306
　1．認知症とは ……………………………………………………… 306
　2．認知症はどのような症状の病気か …………………………… 307
　3．認知症と判断能力 ……………………………………………… 308
第3　主な認知症の種類と症状 ………………………………………… 310
　1．主な認知症の種類 ……………………………………………… 310
　2．認知症と医療について ………………………………………… 313
　3．認知症の程度と自立度 ………………………………………… 313
　4．認知症を評価する手順 ………………………………………… 314
第4　認知症の人に向き合い後見人がやるべきこと ………………… 316

1．認知症の人に向き合うために……………………………………316
　　2．認知症に備える……………………………………………………317
　　3．予防とケアを考える………………………………………………319
第5　認知症の人と正しく接するために……………………………………322
　　1．認知症の人とは……………………………………………………322
　　2．認知症の人は語る…………………………………………………323
　　3．支えてくれる人への信頼…………………………………………324
　　4．後見人・介護者の接し方とその在るべき姿……………………325
　　5．「物盗られ妄想（物忘れ妄想）」への対応………………………327
　　6．成年後見人としての対応（まとめ）……………………………328
第6　認知症と成年後見開始の申立て………………………………………331
　　1．成年後見開始の申立てと医師の診断……………………………331
　　2．認知症の程度と任意後見開始の申立て時期の見極め…………333
　　3．本人の同意…………………………………………………………336
第7　本人の住まい方と後見人の職務………………………………………337
　　1．成年後見人として選択し行うべき支援…………………………337
　　2．後見人としての責務………………………………………………339
　　3．施設・ホームの選び方……………………………………………340
　　4．地域社会で生活するための環境作り……………………………342

「あとがき」にかえて—私の「公的・地域後見センター」構想………359

事項索引………………………………………………………………………363

目　次

【文　例】

文例1　親族後見人による移行型任意後見契約等 …………………… 200
文例2　市民後見人等第三者後見人による任意後見契約 …………… 207
文例3　移行型任意後見契約の「別紙・代理権目録」………………… 212
文例3－2　任意後見支援型信託契約がある場合の「代理権目録」…… 213
文例4　第三者後見人による見守り・財産管理契約 ………………… 270
文例5　死後事務委任及び財産管理処分信託契約 …………………… 283
文例6　「いざという時の意思表示」宣言及び委任契約書…………… 347

【市民後見人の声・アドバイス】

―実務に就いてみて思うこと「市民後見人のあるべき姿」― ……… 16
―実践を通して学んだこと― ……………………………………………… 25
―「市民後見人の声」をたのまれて― …………………………………… 25
―"市民後見人はボランティア"「この言葉は適切な用語ではない」…… 26
―「診断書の作成はできるが，後見制度は知らない」― ……………… 70
―はじめての任意後見契約―NPO法人が信頼を得ることの難しさ…… 214
―「不用品の処分」― ……………………………………………………… 229
―「庭木の剪定とガレージ撤去」― ……………………………………… 233
―「お金の管理」― ………………………………………………………… 243
―「生命保険の整理について」― ………………………………………… 243
―「遺産相続について」― ………………………………………………… 245
―「入居施設の移動について」― ………………………………………… 247
―「医療行為の同意と後見人の立場」― ………………………………… 251
―「法要」― ………………………………………………………………… 254
―「家族全員が被後見人」― ……………………………………………… 350
―「就労支援について」― ………………………………………………… 352

──後見人として，重度心身障害者の恵子さんとのかかわりを通して感
  じたこと，学んだこと── ……………………………………………… 353

序　章

家族と地域後見人

―認知症高齢者を支える　家族，そして地域の後見人―

　家族後見人は一般市民である。

　筆者は，この「家族の人は一般市民である」ということが，これまで成年後見制度では忘れられていたのではないかと言いたい。成年後見制度の中で，制度発足以来，家族後見人に対しては，公的な支援が全く組織立って行われてこなかった。家族後見人にも，後見人としての研修や後見事務の継続的支援は当然必要であるし，これから就任しようとする者には養成研修を受ける機会を与えるべきである。

　これらの公的支援を行わずに，家族は公的支援者である後見人にはふさわしくないと決めつけたり，あるいは一方で第三者である一般市民こそが後見人にふさわしいとして一般市民だけを支援するのはいかがなものかという思いがある。

　いま，認知症高齢者の問題と家族をも含めた支援策は，我が国だけの課題ではなく，全世界が抱える問題である。

　超高齢社会にある我が国の認知症対策は，いま直ちに取り組まなければならない国家としての大きな課題であり，平成24年に計画されたオレンジプラン（認知症施策推進5か年計画）すら見直しを始めなければならないほど認知症の問題は拡大し深刻である。

　その中にあって認知症の人への法的な支援を担う成年後見制度は，これまでのように家族や専門職の団体だけに任せる時代は終焉を迎えたと言える。国家の認知症にかかわる施策の中で，認知症と後見の問題をも取り上げて総合的な対策を考え，認知症の人が生活する地域社会において，国・市町村も家族もそして一般市民も一体となって認知症高齢者を護る必要が出てきている。そのためには，その任に当たる後見人は，認知症についてこれを正しく理解し，かつ地域の力を借りて行う地域支援型後見の担い手（「地域後見人」

と呼ぶ。）として本人を護るため職務を遂行しなければならないと言える。

ここで言う「地域支援型後見」とは，地域の力を基軸として，認知症高齢者等被後見人を支える後見人を支援することによって被後見人本人を護る仕組みのことである。

しかし，残念なことに，この地域の力を担う医師をはじめ医療関係者や福祉等の関係者は，成年後見制度を正しく理解している人が少ないのが現状のようである。"診断書は作成できるが，後見制度は知らない"では困る。医療関係者も，認知症の人を支援する人も成年後見制度について正しく理解し，地域の力になることが必要である。

―成年後見制度利用者の増加と後見人からの家族の排斥―

認知症高齢者を中心とする成年後見制度の利用は，増加の一途をたどっている。認知症の高齢者は，誰かが見守り，しっかりと支援しなければならない。

成年後見制度は，こういった認知症高齢者を，そして知的・精神障害を抱え判断能力が低下している人たちを見守り，支援するための制度である。これまで，この支援などは家族の問題として捉えられてきたが，その家族・親族が家庭裁判所により後見人の選任に当たって排斥される事例が多く発生している。その理由は，親族後見人において被後見人本人の財産を費消してしまうなど後見人としての役割や責任をよく理解していないということや，家族を成年後見人に選任することは本人の権利や行動を制限してしまうという考え方にあるようである。そのほか"誠心誠意護る"という親族の関係が希薄になっていることなどさまざまな事情もあろう。もとより，家庭裁判所が家族であっても公的支援者としての資質に欠ける者を選任しない，このことは当然のことである。

しかし，親族が後見人になれないと知って驚く方も少なくないのではない

かと思う。認知症の親や障害を持つ子の支援，そして財産管理を，家族がいるのに第三者に任せてもよいのかという疑問を抱くのではないだろうか。当然，高齢者や障害を持つお子さんは，親身になって世話をしてくれる親族に生涯の支援を期待しているはずである。

―市民後見人の重用と「地域後見人制度」の始まり―

　成年後見制度は，親族後見人と第三者後見人によって支えられている。
　いま，この第三者後見人として，新たに登場した「市民後見人」が注目され，国もこの市民後見人の養成等の事業（市民後見推進事業）に乗り出した。市民後見人とは，主に社会貢献のために成年後見制度の知識，資質，倫理観を身につけ，被後見人本人の目線で，地域の力を借りて本人の権利を擁護するための成年後見人となることを希望する，本人とは親族関係，交友関係のない一般市民のことである。
　最近，この市民後見人の養成や支援等につき，新しく法律により市区町村が担うものと義務付けられた。それは，それぞれの地域において後見制度を必要としている人々と市民後見人のための後見ニーズ等に応えるために，市区町村が主体となり，家庭裁判所をはじめ法律家や福祉等の専門家の団体等と連携を図りながら，社会福祉協議会，NPO法人などの団体に委託し，「後見実施機関（成年後見センター）」の設置と市民後見人養成研修を実施すること，そして研修等を受け資質の備わった市民後見人（候補者）を実際に公的後見人として活用しかつ組織立って，継続的に支援するという取組である。
　これらの取組は，地域で市民後見人の仕事を支える「地域後見人制度」の始まりを意味する。

序章　家族と地域後見人

―家族が「家族市民後見人」となるために―

　家庭裁判所において家族・親族が後見人（成年後見人，保佐人，補助人）として選任される割合は，現在，この制度発足当初の半数以下となっており，その割合のみならず人数も著しく減少している。

　成年後見の相談業務に携わっている専門職の方も，「資質に欠けるという理由で家族が公的後見人から排除されているという現実があるため，これまでのように家族の人に成年後見の申立てを簡単にすすめることができなくなっている」と説明している。

　いま，「家族」の人も，後見人に就任するには市民後見人と同じ素養を求められ始めたということを認識する必要がある。市民後見人と同様，「家族市民後見人（地域後見人）」としての知識と資質，それに倫理観を備えなければならない時代がきたのである。

　幸い，市区町村による市民後見人の育成支援事業（市民後見推進事業）の本格的な開始はこれからである。すでに後見人になられている方も，これから後見人を目指す家族の方も，この市民後見推進事業の対象者（地域後見人の一員）に含めてもらい（というより，自ら積極的に参加し），市民後見人と同じ知識と資質，倫理観を養うべきである。

　誰もがその必要性を感じながら，国として具体的な取組をしてこなかった家族後見人への組織立った養成教育と研修指導（後見人の受け皿としての養成と正しい後見を行うことに対するきめ細かな指導），それに各種の支援が上記の事業で実現できる環境にあること，その一方で，家族は公的後見人として不適切ということの一言では片づけられない問題も起きていることを誰もが認識すべきである。

　家族は最良の後見人候補者である。この家族後見人の養成・研修教育そして指導支援なくして我が国の成年後見制度は成り立たないことを再認識し，市民後見人とともに，国が推進する「地域の後見人育成支援事業」に組み込み，その育成指導そして支援を行うべきである。

筆者が考えている「公的・地域後見センター」である「地域後見支援組織」の在り方（構想）については，本書末尾に説明してある。地域の後見人育成支援事業の構築，組織作りにかかわる人の参考にしていただければありがたい。

　ドイツ型の名誉職世話人（市民後見人と家族後見人のこと）の誕生を目指してもよいのではないかと考えている。筆者は，この地域で本人もさらに後見人をも支える地域支援型後見制度の後見人側の中心にいるのは，本来，市民後見人ではなく，今でも後見人の多数を占める家族後見人でなければならないと考えている。

　いま一つ申し上げておく。それは，本人もまた家族の人も成年後見制度を考えるのであれば，まず任意後見制度を考えてほしいということである。この制度は，誠実な家族が何ら制限なくして後見人（任意後見人）に就任できる。また，後見制度（後見類型）のように，本人が有する数多くの権利が喪失したり資格がはく奪されることはない。

　そして，この任意後見人も，今動き出そうとしている上記の地域後見支援組織の対象者に含めて公的・地域後見センターを利用させるべきである。それによって，はじめて二つある成年後見制度が開眼し，真の地域支援型後見が可能になると言える。

第1章

地域支援型後見

―市民後見人の役割―

● 市民後見人は，成年後見制度の知識を有する者として，後見を必要とする本人の目線で，地域の力を借り本人の権利を擁護し最善の生活を確保するためさまざまな支援や手配を行う一般市民である。

　今まさに，市民後見人の重要性が認識され，その支援事業も始まった。地域支援型後見の本格的な始動である。全国で市民後見人の力によって成年後見制度の利用促進が図られる日は，目の前に来ている。

● 市民後見人は，被後見人やその家族から信頼され事務を任されるためには，専門的な知識と揺るぎのない倫理観を持ち合わせていることが必要である。いまや，その資質，特に倫理観は，専門職後見人に劣らないだけのものが求められていると言えよう。

● 国が地域の人々と市民後見人のための後見ニーズに応えるために，市町村を主体として家庭裁判所や専門職の団体等と連携を図りながら，地域の社会福祉協議会やNPO法人などの団体に委託して後見実施機関（成年後見センター）の設置を促すとともに，市民後見人養成研修や各種の支援を実施することで動き出した。

　地域で後見制度を支える「**地域後見人制度**」の始まりである。

―家族市民後見人の育成―

● 親子家族の絆が再認識されているこの時代，子が親の面倒を見る，親が障害を持つ子を支援する，この当たり前のことが，我が国の後見制度の中で否定されつつある。

　親族後見人が，後見制度を理解せず，本人の財産を食い物にしている。近時，家庭裁判所は，このような理由などから資質に疑いがある親族を大幅に公的後見人から排斥している。

● しかし，新しい成年後見制度発足以来，最も重要な家族後見人に対す

る育成教育や後見の在り方についてのきめ細かな指導支援はあったのだろうか。筆者が知る限り，公的な事業としてはなかったと言える。

　今回の市民後見推進事業も同様，家族後見人は直接視野には入っていない。最も後見人として適任の家族という人材を，後見制度を知らない者という理由で後見人から排除しているのであれば，その前にやるべきことがあるように思う。ドイツでは，家族世話人（後見人）と市民世話人（後見人）は「名誉職世話人」として重用され，教育も受けているという。

　市民後見人が多くの市町村で地域後見人として登場してきた場合には，「**親族後見人は無免許運転をしている。学科試験も実地研修もない。我々は違う**」と言う者も出てこよう。

● 　家族後見人は，本人にとって最も適任の後見人である。現状をこのまま座視していては，高齢の親や障害を持つ子の期待や願いには応じることができない。

　家族についても，市民後見人と同じく後見実施機関において，専門的な知識と倫理観などを制度的に学べるようにすべきである。本来，地域後見人制度の中心にいるべきなのは家族後見人であり，一般市民の人と同様，家族も市民後見人として育成すべき時がきている。市民も家族も後見人として仕事をするうえで支援が必要なのは全く同じである。

● 　その中で，家族の人は，本人の意思を最も尊重できる「**任意後見制度**」を学び，これを必要とする親や障害を持つ子に説明し，自ら後見人（任意後見人）に就任して家族の期待や願いに応えるべきである。任意後見制度は，後見制度（後見類型）のように権利制限や資格のはく奪はなく，自分で選んだ人を後見人に選任できる制度だからである。

　任意後見制度の利用を度外視して，家族市民後見人は，成り立たない時代がきていることを認識すべきである。

第1 後 見

1.「大事なこと」

　人は,「これまで生きてきた歴史のうえに,今の人生があり,また生活がある」,そして,「これまでの長い人生の中で培ってきた考えや価値観,抱いてきている生きがいや幸福感,さらに持っている感情や思いを礎にその人の生活があり,また残りの長い人生をおくる」,しかも「日々,人生観,価値観を新たにしてゆく」と言われている。

(1) 本人の考え・生きがいを大切に

　成年後見人・任意後見人はもちろん,本人を介護する人,ケアする人をはじめ,本人を支援する人は,本人の持っているこれらの価値観,生きがい,大切にしているものを否定しあるいは無視してはならないのである。成年後見人自身の価値観で物事を判断し,あるいは本人への支援,サービスを決めてはならず,あくまでも本人を中心に据えた本人の意思を実現する後見事務でなければならない。そうでなければ,任意後見にあってはもちろん,法定後見においても最も大事な信頼関係を築き上げることはできない。

　これまで,この信頼関係が築けず,後見人が途中で交代したり,あるいは任意後見契約が解除されている現実がある。この信頼関係が,成年後見人や任意後見人（任意後見受任者）にとって,いや成年後見制度にとっていかに大事かが,今浮き彫りになっているのである。

　だが,本人の考えや言葉を最も優先するという考え方をするわけではない。本人の保護という側面をも考慮し,その保護を優先させることも選択肢としてあり得るのである。この点は,成年後見制度に携わる者として,大事なところであり,また難しいところでもある。

(2) 後見人の役割と立場を知る

　成年後見制度は,物事を判断し契約などを結ぶ能力に欠ける人を支援し保護する制度である。この保護支援を行う人は,一般に「後見人」と呼称され

ている。その一翼を担う市民後見人は，まず，さまざまな制度設計の複数の後見制度があるということと，その中で後見人と呼ばれる複数の支援者が登場し，その役割（職務権限等）が大きく異なっているということを十分に理解することが不可欠である。そのうえで，自分に与えられた後見制度の中で，いかなる立場（権限と責務）でどのような支援手配をすべきかを常に考えて行動する必要がある。

しかし，成年後見制度，その指向，目指すところは，後見の類型等が異なったとしても同じである。それは，本人の意思を最大限尊重し，本人の権利を擁護するとともに，本人の生活や福祉の中で本人が最善の利益（ベスト・インタレスト）を享受するために必要な支援と手配（法律行為）をすることにある。そして，この制度は，精神的な障害によりこの法律行為ができない人々の手足となりあるいは「後ろ見」により本人を支える制度なのである。

2．後見人として

(1) 後見人の行動指針（心構え）

後見人は，重い責任と義務を負う。それは，家族が後見人に就任する場合も同じである。

平易な言葉で言えば，後見は，人の財産（財布）を預かり，その人の生活を護るという仕事をするのである。本人側から言えば，その人に財産も命を預けるもの，という言い方もできよう。それだけ重責であり，生半可な気持ちでは，この仕事には就けないのである。

そこで，最初に，後見人が守るべき事柄や心構えを掲げておく。

1 常に本人が最善の利益を享受するために必要な支援と手配をすること
2 本人の意思や思いを最大限尊重し，実現に向けて努力すること
3 本人の財産を明確に分別管理し，本人の物には手を付けない。食事代も本人には支払わせないこと
4 権限内のことを行い，権限を濫用したり権限外の行為はしないこと
5 本人の心身の状況や生活状況を把握し，これに十分配慮すること

⑥ 本人の権利を擁護するとともに，消極的対応で本人が不利益をこうむることのないよう最大限配慮すること
⑦ 本人と利益相反する行為はしないこと
⑧ 本人が望むといえども資産の運用はしないこと
⑨ 後見人の判断で何事も決めないこと
⑩ 本人のためとはいえ，後見人の仕事には限界があることを認識して一線を画し，一方で本人や家族との信頼関係の確保に努力すること

(2) **公的支援者である後見人**

この「後見人10か条」ともいうべき行動指針は，後見人としてまた公的立場にある支援者として一時たりとも忘れてはならない事柄である。

後見人は，一般に言われている支援者ではない。法的根拠に基づき本人を保護するさまざまな責務を有し，しかも公的性格を有する立場にあるものである。

第2 市民後見人と地域後見

「市民後見人」この言葉が定着するまでに時間がかかった。

その黎明は，筆者も参加させてもらった東京都の「社会貢献型後見人」の育成事業（「成年後見活用あんしん生活創造事業」）にあったと言えよう。それから9年，萌芽した社会貢献型後見人が，ようやく「市民後見人」として社会的にも認められ，枝葉を伸ばし始めたが，ここに来てすでに葉変と新しい萌芽も始まっている。

1．「市民後見」

(1) **市民後見人**

(a)「市民後見」 この言葉が，高齢化社会の中で，ようやく認知され，人々のためにその力を発揮することになったのは，平成24年4月，老人福祉法に「後見等に係る体制の整備等」の規定が新設され，国によって，市民後

見人を含めた後見事務を担う人たちの育成や活用などに向けた新しい仕組みが動き出したことからである。

　もちろん，この支援制度の中心にいるのが，「市民後見人」である。

　市民後見人は，成年後見の養成研修を受けあるいは経験を持ち，しかも地域の後見支援組織の支援を受けて，被後見人の権利を擁護し，かつ本人が地域社会で生きて行くための支援や手配を担う一般市民である。

　学者や実務家の中で，市民後見人の定義や要件につきさまざまな考え方が示され議論されている。

　次の3要件が必要だという考え方も有力である。

① 市民後見人養成研修の履修者であること
② 後見支援組織の指導監督により後見事務を行うものであること
③ ボランティアもしくは非営利活動であること

　国が養成を目指す「市民後見人」としては，かかる要件を満たすものと考えざるを得ない。しかし，実践で後見事務を担ってもらう市民後見人には，すべての要件を満たしている必要はない。必ずしも後見人養成研修の履修者でなくても，さまざまな資格や経験で知識を持っているものでもよいし，また第三者機関による後見支援組織の指導監督がなくても，自ら所属する組織（NPO法人や社会福祉法人等）の支援監督でもよいと考える。

　ただし，後見人の仕事は，基本的には社会貢献型の活動でなければならないとは考えている。この意味は，本来的な営利事業であってはならないということであるが，無報酬を意味するものではない。この点は，後述する。

(b)　後見人の中で市民後見人は，本人と同じ目線と感覚で，専門職後見人ではできない，本人が生きてきた，またこれから生きて行くために地域の力を借りて，本人を支える重要な役割を果たす人である。したがって，後見事務を遂行できる能力を有するだけでなく，地域に溶け込みまた地域の力を活用できる能力なども求められよう。

　これが「地域後見人」と言われる所以である。

　新しく改正された老人福祉法は，市区町村だけでなく，都道府県にまで市

民後見制度への責任を持たせた。国の後押しのもと，成年後見制度の中で市民後見人が正式に認知され，専門職後見人とは立場を変え市民後見人の力を発揮できる礎ができたと言えよう。

(2) **市民後見人の役割**

市民後見人がやるべきことは一つ，地域で後見が必要な人にすべからく，地域の後見人としての「血の通った後見活動」を行うことである※。

そして，それはやりがいのある仕事でなければならない。

市民後見人，この人たちの役割・あるべき姿とは何か。

時代の流れによって当然変化するものと言えるが，筆者は，市民後見人のあるべき姿をこのように考えている。

まず，市民後見人は，純粋なボランティアとしての社会貢献型後見人であるべきであるという考え方はしていない。もし，このような考え方をするならば，そもそも後見人は，それを仕事としてする人であってはならないということになろう。そして，市民後見人が国（自治体）の支援を受けているものという点を加味し，この考えをさらに貫けば，市民後見人は，専ら法定後見人（成年後見人，保佐人，補助人）を担う，ボランティア活動を基調とした後見人と定義づけることになろう。しかも，市民後見人は，報酬は一切受け取ってはならずボランティアに徹するべきであるということも考えられる。

しかし，どうであろうか，かつてボランティアとは，一般的に自主的に無償で社会活動などに参加し，奉仕活動をする人を指すといわれていたが，今日，ボランティアというと，交通費など活動経費の実費だけでなく「謝礼的な金銭」や「活動経費としての一定額の支給」などの金銭の支払いを受ける有償ボランティアが支配的になっているとも言われている。しかも，市民後見人を目指す人の中には，その者が有する資質（知識や能力，倫理と責任感）が高く，しかも地域の中でこれまでさまざまな形で貢献してきた人が少なくないように思う。中央大学の新井誠教授は「市民後見人を無償のボランティア市民活動と位置づけて，報酬請求の申立てを排除することは必ずしも妥当ではない」と述べている（新井誠ほか「成年後見制度　第2版」有斐閣12-13

第1章　地域支援型後見

ページ)。筆者も，後見人としての資質が備わっているのであれば，成年後見人のみならず，広く任意後見制度や周辺の支援制度の受任者(任意後見人等)を担うことに何ら垣根を設けるべきではないと考えている。

そして，自分の時間を持てるようになった主婦の方，定年退職し十分働ける壮年の方には，第二の働きの場として後見人の仕事を選択し，社会で何がしかの報酬を得て活躍する場があってもよいと考えている。これらの方々の支援を受けなければならない家族のいない高齢者(独居高齢者)，家族がいても支援が受けられない高齢者は，増加の一途をたどっているからである。

本書では，市民後見人は，法定後見人を担うもので，しかも報酬の全くないボランティア活動に徹するものという考え方はせず，それが相応の報酬が付与される仕事であってもよいのではないかとの考えで構成されている。また，市民後見人は，上記のように法定後見人であるべきだという考えもあるが，そこまで限定すべき理由は何もないと考えている。任意後見人としても，社会に貢献する道は広がっているはずである。

※　地域市民後見人(地域後見人)として事務処理に当たって「するべきこと」は何か
　　地域市民後見人としてするべき事柄，そしてしてほしい事柄(地域後見人の行動指針)を考えてみる。もちろん，報酬の有無や過多には関係がないし，先に述べた後見人の行動指針(心構え)も加わる。
　　第1は，本人の生活する地域の一員として，本人の思いを実現し，地域で本人を支える人でなければならないことである。
　　第2は，本人に必要な手配は地域の力も借りて確実に実現するように努めることである(もちろん資産の裏付けがないためできないことまでは要求はされない)。
　　このために，地域後見人が成年後見人・任意後見人という立場で行動するときの指針は，次のような内容となろう。
　❶　本人らしい生活，本人が抱いている幸福な人生を実現できるよう本人の目線に立ち手を貸し，必要な手配をすること
　❷　本人の意思決定に当たり支援しまたは補完し，あるいは代人となり，本人の安定した生活と福祉を確保すること
　❸　本人，さらには家族との信頼関係の構築に努め，その基盤に立った事務処理を行うこと
　❹　本人が地域の中でこれまでのように生活し，必要なサービスを受けられるよう，地域の力を借りて必要な手配をすること

2.「地域後見人制度」の始まり

(1) 市民後見人を支える

　市民後見人，この立場の後見人は，本人が生活する地域社会で本人を支える一般市民である。

　実は，この市民後見人をも地域社会で支えること，サポートすることは不可欠である。市民後見人の周りには，当然，医師をはじめとする医療関係者，法律関係者（弁護士，司法書士など），介護福祉関係者，そして地方自治体関係者が待機し，さまざまな形でサポートすることが必要である。そうすることにより，市区町村において市民後見人を確保できる体制ができ，地域における市民後見人の活動を推進するための「市民後見推進事業」が根を下ろしてしっかりと始動できるのである。

　これが「地域後見人制度」である。

(2) 市民後見人と地域支援型後見の仕組み

　地域後見人制度とは，被後見人本人のみならず，後見人（地域後見人）をも地域で支え，本人の権利を擁護しようという仕組みである。

　市民後見については，これまでに後見業務に携わる団体から，「国及び地方公共団体は，市民後見人制度の推進に当たり，公的責任及び公的費用負担の下で，権利擁護の観点に立った，制度整備を進めるべきであり，その制度整備に際しては，市民後見人の養成に止まらず，支援・監督等の一貫した体制を構築し，中核となる拠点（公的後見サポートセンター）を設置・運営すべきである」という提言がなされていたところ，その一歩が上記の国の市民後見支援事業によって踏み出されたと言える。

　こうして，本人が生活する地域で活躍する市民後見人を主体とする地域後見人制度ともいうべき仕組みが動き出すことになったのである。

　筆者がここで強調したいのは，この市民後見人の支援組織について市民後見人に限定せず，後見人の役割を志向する人の多くにその門戸を広げてやるべきだということである。確かに，国から示された地域後見支援事業の対象

者は，市民後見人であるが，今後，公的後見人への就任が難しくなっている家族後見人をして，もう一人の主役に据えなければならないと考えている。「家族が親や子の面倒を見ることができなければ後見は使わない」という声が多くなれば，成年後見制度は家族の心から離れ，制度そのものの信頼を失いその瓦解につながってしまう。家族後見人には地域市民後見人の一員になれるよう特に配慮すべきである。

✻ 市民後見人の声

―実務に就いてみて思うこと「市民後見人のあるべき姿」―

① 市民後見人も専門職も責任は同じ。
　　大事なのは，「厳格な財産管理」と「丁寧な身上監護」，そして事務的でなく，血の通った「温かな後見活動」。
② 市民の特性を活かし，地域支援の担い手としての志と倫理感を持つこと。
　　常に，「困っている隣人を手助けする気持ち」を持つこと。
③ 「誰のため，何のための後見人か」，本人の人権擁護を常に考えること。
　　その際，「迷った時には，自分だったらどうしてほしいか」を考え，「安全・安心の確保」は欠かせない。
④ 被後見人本人をありのまま受け入れる。対象者の人格・障害を理解し，そのまま受け入れたとき，後見人も被後見人に受け入れられる。
⑤ 後見人は全方位外交を目指す。関係者すべてに理解者・支援者になってほしい。
⑥ 後見人は被後見人本人によって，鍛えられ育てられる。
　　「10の知識よりも1件の後見活動」
⑦ 一人ではなく仲間の中で育ち合う。

「相談しながら，みんなで知恵を出し合う」
⑧　被後見人から与えられるものがある。それが後見人のやりがい・意欲につながる。

第3　家族後見人と地域支援型の後見

１．家族は後見人になれない時代に

(a)　家庭裁判所は，成年後見人を選任するに当たり，家族後見人を厳しい基準で選任し始めている。

成年後見制度が開始された当初は，本人の子など親族が後見人に就任するケースが圧倒的に多く，実に９割が親族後見人であった（初年度の数字は，子が成年後見人等に選任されたものが全体の約35％，兄弟姉妹が約16％，配偶者が約19％）。しかし，現在では５割を切り，平成25年には，配偶者，親，子，兄弟姉妹及びその他親族が成年後見人等に選任されたものが全体の約42.2％となっている。前年と比べると約6.3％減，人数的には1,592人も減っているのである。

この傾向は，歯止めがかかりそうもない。もちろん，後見人に適さない人を排除するという意味では正しいことではあるが，一方で，これでよいのであろうかという思いはある。

(b)　しかし，この数字を見て当然認識しなければならないことがある。

それは，家族も，市民後見人と同様の専門的な知識や資質，それに倫理観が要求されるようになったことを意味するということである。

極論すれば，これに欠ける者は，ますます家庭裁判所では，後見人に選任されないということになる。※これまでのように，身近な家族であるという理由だけでは，後見人には就任できない時期がきていることから，家族はこれを黙って見過ごしているだけではいられない，成年後見制度の専門的知識を

得るために行動しなければならない時代を迎えていると言える。

それと同時に，本人・家族側も，制度の選択を考える時期にきたと言える。

それは，本人にとって最も適した任意後見制度の選択という道である。本人が，後見制度（後見類型）の対象になるまで，何もしないというのは本人のみならず家族の不利益が多く，家族の絆も失わせるものだということを認識すべきだということである。

※　「認知症の母の後見人に長女がなることについて」
　　裁判官が「家庭裁判所の役割」についての説明の中で，家族後見人に触れた部分を紹介する。
　　「たとえば，認知症により判断能力が低下した母に代わって銀行の定期預金を解約するために，長女が後見人になることを希望しており，母もこれに同意しているという例を思い浮かべてください。この場合，母と長女が合意していることのみをもって，後見を開始して長女が成年後見人になることができるとすれば，成年後見による保護を必要とするほどに判断能力が低下しているのかどうかもわからないまま，母の行動が制限されてしまうことになります。」（内田哲也「家庭裁判所の役割」［市民後見人養成講座２］民事法研究会304ページ）

2．家族は最良の後見人適格者

後見人は，本人の有する財産の管理を行いかつ生活や療養看護に携わる支援者である。このため後見人は，長年，本人と一緒に生活してきた家族が担うのが最も望ましいと言える。親族後見人は，後見人の最適格者なのである（新井誠ほか「成年後見制度　第２版」有斐閣11-12ページ）。家族は，本人のことのみならず，本人が地域社会で生きて行くための支援や手配を行うすべは十分に知っている。しかも，地域の人の力を借りることにも何ら抵抗はないだろうから，第三者後見人より長けているのは言うまでもない。

このように，さまざまなハンディを有する本人にとって最良の支援者は家族のほかにはないのである。ただし，それには家族において，後見人が公的責任を負っている本人のために事務処理する立場にあることと，本人の財産を私的に流用はしないという倫理観が備わっていることが当然必要である。

3．家族後見人も専門的知識を

　家族後見人も，地域の支援を受ける「家族市民後見人」になるべきであるということである。

　我が国では，後見人について，親族後見人とそれ以外の第三者後見人とに区別しているが，親族後見人と市民後見人は似通ったところもあり，その支援や研修は一体となすべきではないかと筆者は考えている。

　当面は，老人福祉法第32条の２に定める「市民後見推進事業」の一環として，家族後見人を市町村が行う後見人育成業務の中に取り込むべきであろう。そして，家族後見人にも，市民後見人と同様，地域後見人制度の中の一員として，養成・研修教育とその支援の場（成年後見支援センター）を与えて養成研修を受けさせ，知識のある後見人として，親など本人の権利を擁護し，本人がその地域で家族とともに生きて行くための支援や手配を担う人として育て上げるべきである。

　かかる措置等を講じないで，後見人から排除するだけでは，何の解決にもならないし，被後見人本人にとっても不幸である。また，家族も，本人の支援をし得ないという悔しさだけが残り，家族であるのに面倒も見られないとして家族間の融和に欠けたりあるいは地域での蔑視につながってしまうのではなかろうかと危惧している。もちろん，後見人と家族との対立も懸念され，この点からも後見業務の難しさが一層深刻になるかもしれない。現に，「屈辱的な毎日を送っている」「定年後の楽しい暮らしをこの制度で奪われ台無しにされてしまった」と嘆いている家族の人もいる（北海道障害者団体・脳外傷友の会「コロポックル」第55号５ページ）。

　家族後見人は，家族の支援が終われば，その実績を活かして，一般市民の後見人として貢献する人も少なくないはずである。すでに，その実現に向けて動き出す時期にきていると言える。支援の場は，同じ後見実施機関（成年後見支援センター）でよいと考えている。成年後見制度は，社会化に向けて大きく動き出しているのである。家族後見人だけを蔑視扱いはすべきではな

い。地域後見人は，家族後見人と市民後見人で成り立っていると考えるべきである。

4．家族後見人も活用できる後見支援センターの仕組みへ

(a) 本書はしがきでも記述したとおり，成年後見という社会制度の中で，家族後見人にはこれまで組織立った公的な支援は全くなかった。任意後見人（任意後見受任者）についても同じことが言える。

本来，国は，公的な仕事を担っている家族後見人に対し，後見人としての適正さを確保するための組織的な指導支援（❶後見事務を正しく担うための研修，❷後見事務遂行上の各種の支援）を行うべきであったことはもちろん，広く家族の後見人候補者に対しても受け皿としての養成教育を行うべきである。

この後見人のための養成教育，研修と後見支援は，誰もがその必要性を感じていたと思う。一番実感していたのは，裁判所であろう。親族後見人などによる被後見人の金融資産を中心とする数十億円を超える財産の使い込みをはじめ，家事審判官が職権で行う成年後見人の選任につき国家賠償責任が認められるなど，親族後見人の資質等の問題は裁判所としても大きな悩みであったといえる。この後見人の相当数を占める親族後見人に対する組織立った養成教育（徹底した初期教育）と継続的な指導が不可欠だという思いは，裁判所だけではなく，家庭裁判所から数多く後見監督人として選任されてきた専門職後見人とその所属団体も痛感しているはずである。かかる団体等は，国家機関である裁判所と異なり自由に関係機関に対しさまざまな提言ができ，また自らも行動できる立場にあったのに，これまでの養成教育への取組はどうであったのだろうか。専門職後見人の中には，最良の後見人候補者である家族に対する受け皿としての養成教育や就任後の組織的な指導助言が必要なことは考えていたというものもいる。

しかし，その考えが，強く提言されずに，先に述べた国が推進する「地域の後見人育成支援事業」にも明確に組み込まれなかったことは残念である。

(b) 家族後見人も，「家族市民後見人（地域後見人）」として活躍するには，

活動基盤となる公的な後見支援センターが必要である。

もちろん，家族後見人も自らの努力で，後見制度を知り倫理観を会得すべきではある。しかし，後見の実務には専門職でも難しい事務の選択を求められることがあり，自己流に学ぶだけでは足りず，しっかりした支援組織によるアドバイスや支援が不可欠である。

当面は，これを前記の後見実施機関（成年後見センター）に担ってもらうほかない。この後見実施機関の組織作りについては，さまざまな考え方があろう。そして，それぞれの自治体の取組体制やこれに携わる人などの地域資源によっても異なるであろう。

自治体の行うこの地域市民後見人の活動基盤作りは，これからであるが，その中で常に家族市民後見人の存在を忘れることのないよう強い働きかけが必要だということを申し上げておく（なお，本書末尾「私の『公的・地域後見センター』構想」参照）。

第4 これからの安心設計は資格はく奪のない任意後見制度で実現

1．高齢者・障害者の安心設計

成年後見制度は，「老後の安心設計」につながる。

公証人の業務の中で，「老後の安心設計6点セット」という言葉がある。市民後見人など，第三者後見人が本人を支えるに当たり，本人にあらかじめ「いざという時のこと」を考えてもらい，その準備行為をしていただくものである。このいざという時とは，(a)加齢や精神上の障害で自分のことができなくなったとき，(b)終末期の医療等のこと，(c)財産の相続や遺贈のこと，(d)死後の事務のことである。

第1章 地域支援型後見

老後の安心設計と公証業務

　これらの法律行為などについて順番に言うと，①継続的見守り委任契約，②任意の財産管理委任契約，③任意後見契約，④尊厳死宣言を含むいざという時の指示書（意思表示），⑤遺言，⑥死後事務委任契約（祭祀用金銭管理信託契約をも含む）である。これが安心設計6点セットである。

　何らかの障害を持つ人でも，意思表示できる方が多い。これらの人たちが，これからの自らの安心設計を考え，配偶者なき後や親なき後に備えることは大事である。親なき後の支援は，一般には親から見ての支援制度であるが，本人自身にも，意思決定支援という考えから自分のことは自分で選択できるよう学び，そして必要な選択ができるように能力を身につける必要がある。

2．成年後見と安心設計

　本書での成年後見の説明は，前記1．(a)の中の精神上の障害によって自分のことが自分でできなくなった場合のことである。しかし，人は必ず死を迎える。したがって，本人には，この6点セット（家族がいる場合には，①と⑥が不要になるので，4点セットである）を考えていただくことによって，本人の安心設計を構築するのである。

　これらの中には，後見人の業務と関係がない事柄というべき遺言などもある。しかし，この6点セットの多くは成年後見人，中でも任意後見人（受任者）の役割に関連する事柄と言えよう。もちろん法定後見の場合も死後事務委任契約などについて考えてもらうことが少なくないと思う。ただし，遺言

などは，後見人がどこまで関与できるかは難しい問題があり，後見人が積極的に本人に遺言の作成を慫慂(しょうよう)（他人が勧めてそうするように仕向けること）することは後見人の事務の域を超えている。したがって，本人から相談があったとしても，法律専門家や公証人に取り次ぐ以上のことはするべきではないと言えよう。

3．これからの安心設計

(1) まず，資格制限のない任意後見制度を選ぶ

後見制度では，さまざまな規制や資格制限（権利のはく奪）が働く。本人の財産を自由に活用できないばかりでなく，法定後見制度（後見類型等）では，本人が有する数多くの権利が喪失し資格がはく奪される。選挙権の問題は解決したが，法人の役員等の地位や各種資格が失われるのである。しかも，前述したように，実務では家族が後見人に就任するのも事実上制限されている。

そこで，かかる権利の制限や資格のはく奪のない任意後見制度をまず考えるのが，これからの後見制度の活用のあるべき姿と言えよう。まして，誠実な事務処理ができる家族の人であれば何ら制限なくして後見人（任意後見人）に就任できるのである。

成年後見制度を考えるなら，まずは，任意後見制度の選択である。

(2) 家族信託を併用する

家族信託とは，家族のための民事信託であり，成年後見制度と同じ財産管理制度である。家族信託制度の仕組みや機能の詳細は，第7章「福祉型家族信託（配偶者・親なき後問題を信託で）」で説明するが，後見制度では達成できない，本人や家族のためさまざまな財産の管理活用の機能を有する制度である。

後見制度では，本人の財産を自由に配偶者や財産管理能力のない子（さらには，これらを支える家族）のためには使えないうえ，近時，本人のために自由に財産を活用することも難しくなっている。そこで，私的自治が最大限発

揮できる民事信託を選択し，本人のみならずその家族の生活や福祉を支援し確保するために信託という財産管理制度を活用するのである。

この信託も，本人の判断能力が十分なうちの契約，あるいは単独の意思表示により設定して利用するのである。ただし，この家族信託では，直接本人の身上監護の分野には立ち入ることができないので，やはり，一方では任意後見契約を締結し，生活や療養看護のための支援や手配に備える必要がある。

(3) 最後に法定後見を考える

本人に上記の契約をするだけの判断能力がない場合には，法定後見の道しか残されていない。結局，3制度ある法定後見制度を活用することになる。

現在の後見制度は，本人のため正しい使い方がされているかどうか疑問が残る。私見であるが，残念ながら二つの点で正しい利用がなされていないように思う。

その1は，最も本人の意思や思いが実現できる任意後見制度，さらには補助制度が活用されていないということである。成年後見制度の大半が後見制度（後見類型）の利用である。これは，本人に必要な権利行使ができなかったり，あるいは権利侵害があってその必要に迫られて後見制度を利用する場合である。しかも，この種の相談を見てみると，その背景には，家族自身のためにこの制度を選択するという場合も多いように思う。

その2は，後見制度を利用しなければならない多くの人が，この制度を利用していないということである。この制度を利用するのは，その多くは，認知症の高齢者である。その患者数は，500万人とも言われているが，後見制度の利用者はその4％にも満たない。そのほとんどが法的支援の対象外に置かれているのである。

❋ 市民後見人の声

—実践を通して学んだこと—

- 多くの案件を担当していくと、とかく事務的な対応に陥りがちです。
- 被後見人本人のために後見人がいます。被後見人にかかわる関係者は立場の違いはあっても、被後見人にとって良い働きをしようという点は一致しているはずです。
- 親も子も施設職員、医療従事者、行政、後見人すべては被後見人のためにいることを忘れないようにして話し合えば理解し合えると考えます。
- また、被後見人からいただく報酬の重みを忘れないようにしたいと思います。

❋ 市民後見人の声

—「市民後見人の声」をたのまれて—

- NPO法人を立ち上げて法人後見に取り組んでいます。取り扱っている件数は多くはありません。
- 先生から、本に載せる「市民後見人の声」を書いてほしいとの話があり、市民後見人のフォローアップ研修用のテキストにもなるような本の原稿をも見せていただきました。その原稿に書かれていた内容は、私たちが市民後見人養成講座では習っていないことが数多く書かれていました。自分たちが実際にやっている事務がこういう背景・法律で支えられているのだと、「そうか」「そうなんだ」と声を出しながら読ませてもらいました。
- 本の中で、家族後見人が裁判所で選任されなくなってきているという

> ことが印象に残りました。私たちの受けた市民後見人養成講座には,私たちのようにNPO法人を立ち上げて後見活動をしようという人のほかに,高齢の両親や兄姉,それに叔父叔母の後見人になるために受講している人が数多くいました。先生は,本の中で「家族市民後見人」という言葉を使っていましたが,こういう人を言っているのだと思い,養成講座のことを思い出しています。

❈ 市民後見人の声

― "市民後見人はボランティア"
「この言葉は適切な用語ではない」―

"市民後見人はボランティア"この言葉は,これから市民後見人が後見の仕事をするうえで,また市民後見人を支援するうえで安易に使ってはならない言葉のように思います。

本人や家族の人は,この言葉を聞き「ただ働きをしてくれる人」という考えを持ってしまいます。にもかかわらず,家庭裁判所から報酬付与がなされると,「なんだ,ただじゃないんじゃないか」と不平不満を漏らし,ついには信頼関係の破たんにつながってしまいます。

一方,市民後見人は,「自分の努力で専門的知識をつけて,これを活用しているのであり,報酬が付与されて当然」という考えを持っています。

多くの人は,このことを理解してくれていますが,「市民後見人」イコール「ボランティア」イコール「ただ働きする人」と思っている人も少なくありません。

言い方は変えるべきです。

「社会貢献型」の「後見人」でよいと思います。

第 2 章

成年後見制度の概要

―成年後見制度―

● 成年後見制度は，認知症や知的障害その他精神上の障害により判断能力が不十分な人のために，後見人が，本人を代理して必要な契約を締結し，あるいは本人が締結した不要な契約等を取り消し，さらには財産の管理をして，その支援や手配を行う制度である。

● このような契約の締結や取消しなどの法律行為を行うには，本人に，自分の行為の内容と結果について判断できるだけの判断能力（意思能力）が必要である。この判断能力がない人，不十分な人のためにあるのが成年後見制度である。

● 成年後見制度には，法定後見制度と任意後見制度がある。法定後見制度は，判断能力が不十分になった者に対し，申立てにより，家庭裁判所が，本人を保護する者を選任する制度である。一方，任意後見制度は，判断能力が十分なうちに，信頼できる者を自ら選び，必要な事務を委任するとともに代理権を与えておく制度である。

● 本章では，現在の成年後見制度の実情を知っていただき，制度の中で，どれが最も本人のために財産を守り身上監護のためにこれを活かすことができるか，また，本人の財産や家族関係等から考えて，後見事務の担い手を誰にすればよいかを本人や家族に知っていただくという視点をも含め，市民後見人，そして家族後見人が知らなければならない基礎知識や実務の実情などを説明する。

第2章　成年後見制度の概要

第1　成年後見制度について

1．成年後見制度の始まり

(1)　新しい成年後見制度

　成年後見制度は，平成12年に新しくできた制度である。

　この制度は，従来の，禁治産・準禁治産制度を全面的に改正し，さらには任意後見制度という新しい特別法（ただし，単独法ではない。）を制定して，「本人の自己決定を尊重し，本人の保護と調和を図る制度」として創設された。※

　我が国は超高齢社会，この超高齢社会においては，判断能力の減退した高齢者をあまた生み出している。成年後見制度は，このように精神上の障害により物事を判断し契約などを結ぶ判断能力が欠ける人，自分のことが自分でできない人を支援し保護する制度である。

(2)　成年後見制度と介護保険制度

　成年後見制度と介護保険制度とは車の両輪の関係にある。

　我が国は，平成7年の調査で数字的にも高齢社会を迎えていることが分かり，高齢者に対する介護保険制度の導入の必要性に迫られていた。この介護保険制度の特徴は，介護を必要とする本人及びその家族が主体的に利用する制度であることから，その1は，介護保険のサービスを受けるには，本人自らが申請をし，要介護認定（「要介護・要支援」）を受けることが必要であった。その2は，介護保険制度では，介護の度合い（要介護度のレベル）によって，さまざまな介護サービスを受けることができるが，これらのサービスを選択しこれを実際に利用するには，本人とこれを提供する事業者との契約によって行う必要があったのである。

　我が国の社会は，その多くは契約によって成り立っている。

　人が，物を買う，借りる，乗り物を利用する，預金を行い払戻しをする，役務の提供を受ける，これらはすべて契約である。しかし，当事者の一方が

意思能力を欠き物事を判断できなければ，この契約はできず，この社会では生きて行けない。介護保険を申し込みこの保険を利用して介護サービスを受ける場合も例外ではない。

　この介護保険制度の利用対象者は，認知症者が相当数を占めている。そのため，これらの人々がこの制度を利用するには，契約締結能力を制度的に補完する必要があった。この契約締結能力を補完する制度として介護保険制度と同時に創設されたのが，成年後見制度なのである。こうして，成年後見制度と介護保険制度は車の両輪をなすといわれ，ともに利用が始まったのである。だが，成年後見制度は，国民に理解されるのが遅れ，後述のようにこれを利用する人は多いとは言えない。

※　「禁治産・準禁治産制度」
　　平成12年に施行された現行の成年後見制度は，それまでの判断能力不十分な成年者を保護するため禁治産及び準禁治産者を対象にした後見制度と保佐制度を大幅に改めた制度である。禁治産・準禁治産制度は，これを利用すると「戸籍」に記載され，また手続きも時間と費用がかかって使い勝手が悪く，利用も少なかった。しかも，「浪費者」を対象にしているように，本人のための制度というよりは，「家」を中心とする財産の管理を目的とするもので，本人の身上監護の支援という考え方はそもそもなかった。それが改められたのである。

2．成年後見制度が正しく理解され利用されることについて

(1)　成年後見制度への理解と利用

　成年後見制度は，精神上の障害により物事を判断し契約などを結ぶ能力が欠ける人を支援し必要な手配を行う制度である。

　我が国では，これを必要としている人が数百万人いるといわれている。だが，利用しているのは僅かである。そこで多くの人に，この制度を理解してもらい，かかる人のために正しく制度を利用することが求められているが，この制度を正確に知っている人は僅かである。

　この制度は，あらかじめ本人が任意後見人を選ぶ「任意後見制度」と，家庭裁判所が成年後見人等を選任する「法定後見制度」の二つの制度によって成り立ち，しかも法定後見制度はさらに3類型の制度に分かれている。そし

て，これらの仕組みは，それぞれが独立した四つの制度になっており，本人がどの制度を選択すべきか，さらにはいかなる制度設計をすべきかが実に難しくできている。そのうえ，任意後見制度を補完する任意の財産管理等委任契約という制度も数多く利用されているので，これを必要とする多くの人のみならず関係機関等（自治体関係者，金融機関など）に，制度全体がいまだ十分に理解されていないのが現状である。

このため，市民後見人も，家族後見人も地域の中で後見人の仕事に携わる一員として，この制度を正しく理解し，これが必要な人に，あるいは家族に教授し，普及させる責務が課せられていると言えよう。

(2) 成年後見制度は支援の必要な人の身上監護と財産管理を担うもの

成年後見制度は，認知症者，知的障害，精神障害を有する人など判断能力が不十分な人の身上監護や財産管理に関する事務処理を，任意後見人や代理権，同意権・取消権が付与された成年後見人等が代行して行い，あるいは支援する制度である。

分かりやすく言えば，成年後見制度とは「判断能力が不十分なために自分のことが自分でできない人を支援し必要な手配をする制度」であり，その「支援する人」（後見人）を，本人自身が選ぶのが「任意後見制度」であり，家庭裁判所が選ぶのが「法定後見制度」である。

任意後見制度は，本人がその判断能力が十分なうちに，いかなる事務をやってもらうかを決めて自ら選んだ任意後見受任者と契約（任意後見契約）を締結し，判断能力が不十分な状況になったときにその事務（後見事務）を開始するものである。

一方，法定後見制度は，この任意後見契約による備えがなく本人の判断能力が低下したときに，直接家庭裁判所に審判を求めて，判断能力（事理弁識能力）の程度に応じて，「後見」「保佐」「補助」の３類型の審判を受けて後見事務（保護支援）を開始するものである。

この成年後見制度には，上記のように任意後見制度と法定後見制度との二つの制度があり，いずれも，本人の生活や療養看護（身上監護）にかかわる

事務及び財産管理にかかわる制度であるが,※法定後見の3類型は別箇独立した制度になっており，むしろ成年後見制度は四つの制度によって成り立っていると理解した方が分かりやすいと言える。

※ 「身上監護」「財産管理」
　　身上監護及び財産管理の内容等の詳細は，のちに触れるが，分かりやすく言うと，「財産管理」とは，本人の財産を管理し，しかも財産にかかわる保存や必要な処分などを本人に代理して行うことであり（民法859条），「身上監護」とは，本人の生活や療養看護に関する必要な支援と手配等であり，直接的な「世話」や「看病」は含まない。詳細は，第5章第1「2．後見人の事務（職務）」参照。

第2　成年後見制度の理念

1．基本的理念

(1)　成年後見制度の理念とは

　成年後見制度は，基本的な理念の下に制度化され，運用されている。

　この制度は，精神的な障害を抱えた本人（認知症高齢者，知的障害者，精神障害者，高次脳機能障害者等），すなわち成年被後見人などが有する人生観，価値観や幸福感を損なわずにその意思を尊重し，しかも本人が持つ，残っている能力（残存能力）を十分に活用するため，成年後見人等が手を貸し，ごく普通の生活を送らせること，そして本人の有する尊厳ある生き方を支えることに，その理念（使命と存在意義）がある。

　ここで言われている

❶　ごく普通の生活を送らせること（ノーマライゼーション）

成年後見制度の理念

❶　ごく普通の生活を送らせること（ノーマライゼーション）
❷　自己決定の尊重
❸　本人に残っている能力を十分に活用する（残存能力の活用）
❹　身上監護の重視

❷ 自己決定の尊重
❸ 本人に残っている能力を十分に活用する（残存能力の活用）
の三つが成年後見制度の基本的理念となっているが，それに
❹ 身上監護の重視
が，新しくなった成年後見制度の理念の一つとして加えられよう。

(2) ノーマライゼーション

ノーマライゼーションの理念は，北欧諸国で提唱されたもので，その後多くの国で福祉政策の基本理念となったものである。これは，健常者もまた障害者もさらに疾患を持つなど生活のうえで困難を抱えている人が，総じて，その地域で共に生き，共に歩む社会，ごく普通の生活ができる社会を目指すことにあると言われている。なお，「ノーマライゼーション」という言葉については，いまや障害者支援運動の世界では古い概念ということになっているとも言われており，それに代わる理念として「ソーシャル・インクルージョン」（社会的包摂）が提唱されている。※

※ 「ソーシャル・インクルージョン（social inclusion）」
　ソーシャル・インクルージョンは，「すべての人々を孤独や孤立，排除や摩擦から援護し，健康で文化的な生活の実現につなげるよう，社会の構成員として包み支え合う」という理念である。EUやその加盟国では，近年の社会福祉の再編に当たって，社会的排除（失業，技術および所得の低さ，粗末な住宅，犯罪率の高さ，健康状態の悪さおよび家庭崩壊などの，互いに関連する複数の問題を抱えた個人，あるいは地域）に対処する戦略として，その中心的政策課題の一つとされている。
　ソーシャル　インクルージョンは，近年の日本の福祉や労働施策の改革とその連携にもかかわりの深いテーマである。2000年12月に厚生省でまとめられた「社会的な援護を要する人々に対する社会福祉のあり方に関する検討会報告書」には，社会的に弱い立場にある人々を社会の一員として包み支え合う，ソーシャル・インクルージョンの理念を進めることを提言している。
　公益社団法人日本社会福祉士会の倫理綱領に社会福祉士が果たすべき「ソーシャル・インクルージョン」（倫理責任）として，「①特に不利益な立場にあり，抑圧されている利用者が，選択と決定の機会を行使できるように働きかけなければならない　②利用者や住民が社会の政策・制度の形成に参加することを積極的に支援しなければならない　③専門的な視点と方法により，利用者のニーズを社会全体と地域社会に伝達しなければならない」と定めている。
　http://www1.mhlw.go.jp/shingi/s0012/s1208-2_16.html

http://www.jacsw.or.jp/01_csw/05_rinrikoryo/index.html#02

(3) **自己決定の尊重（本人意思の尊重）**
(a) この自己決定の尊重の現れについては，まず，制度設計に関連して説明されている。
① 第1に，「任意後見制度」を創設したことである。

任意後見制度は，高齢化社会への対応と障害者福祉の充実の観点から取り入れられた制度であるが，そこには，自己決定の尊重という理念を最も組み込むことができると考えられている。すなわち，自分の生活，療養看護などその人の私的な事柄は，本人以外第三者によって決定されるべき事柄ではなく，あくまでも本人が決定すべきであるという考えが，この任意後見制度では貫かれている。受任者を誰にするか，またその者にいかなる範囲の代理権を付与するかなど，すべて本人の意思で決められるし，しかも任意後見の開始も本人の同意が必要になっている（任意後見4条3項）。

② 第2は，「補助制度」の新設である。

本人の意思，思いを最大限活かすための制度が任意後見制度であるが，同じく，法定後見制度の中でも可能な限り本人の意思決定をより尊重しようとして生まれたのが，補助制度である。補助制度も，本人の意思を活かして，本人の尊厳を守るという支援の仕組みになっている。この制度では，自己決定の尊重の観点から，それぞれの審判に当たっては，本人の同意を要することになっており，もちろん本人の申立てもできることになっている（民法15条1項・2項，17条2項，876条の9第2項）。また，補助人の同意を得なければならない行為について，補助人が本人の利益を害するおそれがないにもかかわらず同意をしないときは，家庭裁判所は，本人の請求により，補助人の同意に代わる許可を与えることができることになっているのである（民法17条3項）。

なお，保佐制度においても，一部同じ規定が置かれており，自己決定の尊重が図られている（民法876条の4第2項，13条3項）。

③　もう一つの自己決定の尊重という考え方は、成年後見制度の中で、最も自己意思が発揮できる「任意後見の優先」という制度設計になっていることでも、これが明確に裏付けられている。

任意後見法（「任意後見契約に関する法律」）は、「任意後見契約が登記されている場合には、家庭裁判所は、本人の利益のため特に必要があると認めるときに限り、後見開始の審判等をすることができる」（任意後見10条1項）と定め、本人の利益のため特に必要があると認める事由がなく、任意後見契約が有効に締結され登記されている限り、後見や保佐等の審判はできないとしているのである。法定後見と任意後見は併存しないということである。

法律の制度設計は、任意後見制度を最優先にしているのであり、本書もこれを尊重し、任意後見制度を中心に取り上げ説明することにしている。

(b)　後見人の事務処理（権限行使）に当たっての「本人意思の尊重」

この理念を押し通そうとすれば、後見人は、本人の希望を叶えること、常に本人と協議するなどして本人の意思を確かめることや本人の福祉に本人の意思を反映させる義務を負うべきであるという考え方も出てこよう。しかし、法は、単に「後見人は、本人の生活、療養看護及び財産の管理に関する事務を行うに当たっては、本人の意思を尊重し、かつ、その心身の状態及び生活の状況に配慮しなければならない」（民法858条、876条の5第1項、876条の10第1項、任意後見6条）という定め方をし、本人の意思を必ずしも最優先はさせていない。これは、本人の考え方、価値観を優先するというよりも「本人の保護」という側面も後見人は考えなければならないことを義務付けたとも言える。

それとともに、この制度を考える場合、本人の言葉が本人の意思（真意）かというと、そうでない場合もある。このことも、後見人としては理解しておく必要があろう。それは、意思をうまく表現できない人の「いやだ」という言葉をすべて拒否と取ってよいかというとそうではないということである。例えば、「注射は嫌だ。医者にはかかりたくない。」という言葉が、本人の真意かというとそうではないことが多いということである。本人にとっては、

治せる病気は治療し治したい，痛みは取ってもらいたいはずである。そのため，第三者後見人においては，本人の真意をつかみ取る努力は不可欠である。

(4) 残存能力の活用

本人の残存能力の活用については，これを念頭に置いて，法はいくつか規定を置いている※。

任意後見制度は，任意後見契約に当たって，本人の意思により任意後見人の代理権の範囲を制限する方法で，また任意後見の開始に当たっては本人の同意（任意後見4条3項）によってその能力（残存能力）が活用される仕組みになっている。

法定後見については，成年被後見人の法律行為は，原則取り消すことができるが，日用品の購入その他日常生活に関する行為については除かれており（民法9条ただし書），また，被保佐人の行為で保佐人の同意を要するものについても，それが日用品の購入その他日常生活に関するものであれば除かれている（民法13条1項ただし書）。

※ 「成年被後見人の遺言」
　法は，成年被後見人の遺言を一定の場合に認めている（民法973条1項—成年被後見人が事理を弁識する能力を一時回復した時において遺言をするには，医師2人以上の立会いがなければならない）。詳細は，「成年被後見人等の遺言」で説明する（本書92ページ）。

2．身上監護の重視

(1) 身上監護重視の制度

平成12年の成年後見に関する法律（任意後見法と民法の後見に関する規定）は，それまでの財産管理を中心とする制度から，身上監護を重視する制度に変わった。そして，実務においても，財産管理ともども身上監護が重要になっており，しかも明らかに身上監護の事務負担が重くなっている。

(2) 法の定め

成年後見においては，「本人の意思の尊重」及び「身上配慮」の義務が後見人に対する指導原理に据えられ，これらの義務と一体となる本人の身上監

護が重要であることが，法律のうえでも明確にされた。

任意後見法は，まず第2条第1号で，任意後見契約が「精神上の障害により事理を弁識する能力が不十分な状況における自己の生活，療養看護及び財産の管理に関する事務の全部又は一部を委託」する契約であると明確にうたったうえで，第6条に「任意後見人は，任意後見人の事務を行うに当たっては，本人の意思を尊重し，かつ，その心身の状態及び生活の状況に配慮しなければならない」と定めている。

また，民法にも同様「成年後見人は，成年被後見人の生活，療養看護及び財産の管理に関する事務を行うに当たっては，成年被後見人の意思を尊重し，かつ，その心身の状態及び生活の状況に配慮しなければならない」との規定（民法858条，876条の5第1項，876条の10第1項）を設け，身上監護を重視することを明確にしているのである。

(3) **身上監護重視の表れ**

この身上監護重視型の後見の仕組みは，複数後見人の選任が認められたことや，法人後見が可能になったことでも裏付けられている。

本人の支援を厚くするため，すべての後見事務を一人の後見人，例えば法律専門職に負担させるのでなく，複数の者にそれぞれ分担させ，しかも身上監護に強い専門家や家族に一方を任せることができる仕組みになったのである。

しかも，任意後見契約の条項にも，明確に定めを置いている（文例2―第4条参照）。

第3 成年後見制度の種類と役割

1．二つの後見制度

　成年後見制度には，「任意後見制度」と「法定後見制度」とがある。

　しかし，市民後見を学ぶ人は，成年後見制度は，四つの独立した制度であると覚えてもらえれば，この制度は理解しやすい。

　「任意後見制度」は，あらかじめ本人が選んだ任意後見人（任意後見受任者）と任意後見契約を締結し，判断能力が不十分な状況になったときに家庭裁判所に任意後見監督人の選任をしてもらい後見事務を開始するものである。

　一方「法定後見制度」は，この任意後見契約による備えがなく，あるいは任意後見契約はあるが特別の理由でこれを止め，直接家庭裁判所に審判を求めて，判断能力（事理弁識能力）の程度に応じて，「後見」「保佐」「補助」の３類型の審判を受けて保護支援を受けるものである。この三つの類型は，それぞれ独立した仕組み（後見制度，保佐制度，補助制度）になっていて，後者は家庭裁判所の審判によって後見が開始するものという，一つの括りがあるにすぎない。なお，判断能力，事理弁識能力の意味については，後述する（本書136ページ）。

2．それぞれの制度の役割など

　(a)　成年後見制度は，当初に紹介した理念の下，それぞれの必要に応じて選択できるよう，二つの制度を設け，さらに一方の法定後見制度には三つの制度（類型）を設けてある。これにより，高齢者や障害者にあらかじめ生活

の支援のための設計を描いてもらい，判断能力がしっかりしている間に契約（任意後見契約）で後見に関する設計を立てて将来に備え，あるいはこの備えがなく判断能力の低下がみられる場合に家庭裁判所への申立てによって後見を開始するものである。その法定後見の申立ての中では自分の意思を加味した後見（保佐や補助）を開始することができるようにしてある。任意後見制度と法定後見制度のそれぞれの制度の詳細は，第3章及び第4章で述べる。

(b) 任意後見制度は，より本人の意思を尊重する制度として創設されたものであり，成年後見制度の中核にあると考えられている。しかし，任意後見制度が本人にとって最良と言えるのは，受任者との信頼関係が確かな場合であり，また本人に特異な行動がなく後見事務の処理内容が本人の親族等にも認められている場合である。

したがって，例えば，本人が必要のない高額の商品をしばしば買い求めるようなことがあれば，当然後見人として取消権を行使してこれを止めなければならない。また，本人との信頼関係は保たれているが，その家族が後見事務を妨害してこれが履行できないこともある。かかる場合は，もはや任意後見制度の枠内では，後見事務ができないこともあるので，結局は法定後見制度への移行も考えざるを得ない場合もあるのである。

(c) 任意後見制度と法定後見制度とは，補完関係にあるわけではない。しかし，後述のように，法定後見（後見類型）一本だけの制度であってはならず，むしろ任意後見制度がメインであり，権利や地位の喪失につながる法定後見制度は実際の利用の場面でも任意後見制度より後にくるべきであると考えている。

法定後見制度は，3類型の制度を設けている。しかし，これを利用者が自由に選択できる仕組みにはなっていない。したがって，申立人の申し立てる類型（制度）と家庭裁判所の判断が異なれば，当然調整が必要となる（本書81ページ参照）。四つの後見制度は，同じ理念の下にはあるが，それぞれ異なった法的仕組みと運用がなされている。

第4　成年後見制度の対象者

1．「精神上の障害により事理弁識能力が不十分な人」

(a)　成年後見制度は，精神上の障害により事理弁識能力（判断能力）が不十分なことから，契約等の法律行為での意思決定や意思に基づいた行為が困難な人の，生命，身体，自由，財産などを護るため，成年後見人等が判断能力を補い本人を支援保護する制度である。

この制度の理念は，前述のように，認知症などを抱えた高齢者をはじめ，知的障害や精神的障害などを持った人が，身上監護や財産管理の支援を受けながら，減退する判断能力であってもこの残っている能力を活かし，可能な限り地域で自立したごく普通の生活を確保しようとするところにある。

(b)　成年後見制度の対象者は，「精神上の障害により判断能力が不十分な人」である。この定義については，後述する（本書160・333ページ参照）。未成年者にあっても，判断能力が不十分で意思決定が困難ではあるが，未成年者の場合は，これを親権者が補足するので，成年後見制度とは別の未成年後見制度と呼ばれる制度で保護されている。

成年後見制度の対象者の多くは高齢者であり，しかもその多くは，認知症を患った人である。このほかに身体障害者など一部の方を除く障害者もこの制度を利用することになる。

2．高齢の認知症者

(1)　高齢化社会と高齢者の保護

(a)　我が国の総人口は平成24（2012）年10月１日現在，１億2,752万人，65歳以上の高齢者人口は過去最高の3,079万人（前年2,975万人），65歳以上を男女別にみると，男性は1,318万人，女性は1,762万人で，性比（女性人口100人に対する男性人口）は74.8である。

我が国は，昭和45年に高齢化社会（高齢化率7.1％）に，平成７年には高齢

社会（同14.5％）に，さらに平成19年に超高齢社会（同21.5％）となったと言われ，平均寿命，高齢者数，高齢化のスピードという３点において，世界一の高齢化社会と言われている。

　我が国の少子高齢化の原因は，出生数が減る一方で，平均寿命が延びて高齢者が増えているためであるが，この傾向が変化する兆しは今のところはない。しかも，後期高齢者である75歳以上の人口は1,519万人，総人口に占める割合は11.9％と高く，高齢者の一人暮らしや，老老介護の問題も深刻になってきている。すなわち，高齢者人口に占める一人暮らし高齢者の割合が，昭和55年には男性4.3％，女性11.2％であったのが，平成22年には男性11.1％，女性20.3％に上昇，今後も，特に男性の一人暮らし高齢者の比率が上昇する傾向にある。

　(b)　この高齢化社会の中で，自立した生活が難しい多くの高齢者が生み出されたことから，高齢者の多様性にも配慮し，高齢者が安心して自立した生活を送れるよう支援することが必要となっている。そこで，高齢者がさまざまな生き方を主体的に選択することができるよう配慮し，高齢期においても年齢にとらわれずに活動的で多様なライフスタイルを実践させることや，一人暮らしや要介護等の高齢者への支援が大きな課題となっている。

(2)　増加する認知症高齢者

　このように高齢者が増加する中，高齢化社会は負の財産を増大させている。それは，要介護者の増加とともに，認知症の高齢者を数多く生み出していることである。

　認知症を抱えた高齢者は年々増加し，その数を正確に把握することさえ困難になってきている。認知症の人数については，さまざまな研究団体による調査や分析が行われているが，我が国の認知症の人数は500万人（厚生労働省の調査では認知症高齢者は462万人）を超えていると言われている。そのうえ，軽度認知障害（MCI）の人も400万人に達しており，年齢階層別出現率が高齢者になるほど高く，90歳台では50％に至っていると言われている。

　認知症の人と後見の問題については，第８章で紹介する。

http://www.mhlw.go.jp/stf/houdou_kouhou/kaiken_shiryou/2013/dl/130607-01.pdf

3. 知的障害・精神的障害者及び高次脳機能障害者

(1) 知的障害及び精神的障害者

　成年後見制度の対象である精神上の障害により判断能力が不十分な人として，障害者基本法が定める障害者も含まれる。なお，精神上の障害のない身体障害者は除かれるのは言うまでもない。

　障害者基本法は，平成23年8月その一部が改正され，「障害者とは，身体障害，知的障害，精神障害（発達障害を含む。）その他の心身の機能の障害がある者であって，障害及び社会的障壁により継続的に日常生活又は社会生活に相当な制限を受ける状態にあるものをいう」とされた。この改正で，「その他の心身の機能の障害がある者」も障害者に加えられたが，このその他の心身の機能の障害がある者としては，近時注目されている高次脳機能障害者が含まれるであろう。

　我が国の知的障害者と精神障害者数を統計で見ると，平成14年度は，知的障害者45.9万人，精神障害者204万人（うち，総数外来患者170万人，入院患者34万人），平成17年度は，知的障害者45.9万人，精神障害者258.4万人，平成22年度は，知的障害者54.7万人，精神障害者323.3万人（うち，総数外来患者290.0万人，入院患者33.3万人）である。このように，精神障害者の数は，年々増加する傾向にあり，また知的障害者もここにきて増加がみられる。http://www8.cao.go.jp/shougai/whitepaper/index-w.html

(2) 高次脳機能障害者

　高次脳機能障害とは，脳卒中（くも膜下出血・脳内出血等），感染症などの病気や交通事故，転落，転倒等で脳の細胞が損傷されたために言語，思考，記憶，学習等の面で起こる障害である。この障害は，脳損傷の結果，記憶障害や注意障害，遂行障害，社会的行動障害により，生活の中で支障が生ずる病気である。

それは，誰にでも起こり得る障害であり，上記のような疾患や事故での脳の損傷が一応治癒したとみられた後などに，「何か変だ」「だらしがない」「突然キレる」といった，注意障害，易疲労性，失語，記憶障害，失行，脱抑制，意欲低下，判断力の低下や遂行障害などの症状がみられる障害である。多くはこれらの症状の一部がみられるもので，脳の局所的障害により現れるものだと言われている。「見えない障害」とも言われている。しかし，正確な診断と高次脳機能障害に特化したリハビリテーションにより，数年を経て症状が改善し，就労も可能になるという例もあるという。

平成20年5月15日に発表された東京都における高次脳機能障害者の実態調査の結果，都内の高次脳機能障害者数は49,508人（男性33,936人，女性15,572人）とされている。

(3) その他の障害者

成年後見制度のその他の障害者として「発達障害者」が挙げられる。

生まれつき脳の機能に何らかの障害を持つ発達障害の一つと言われている「自閉症・アスペルガー症候群」などがこの範疇に入ることがある。なお，発達障害者支援法では，「『発達障害』とは，自閉症，アスペルガー症候群その他の広汎性発達障害，学習障害，注意欠陥多動性障害その他これに類する脳機能の障害であってその症状が通常低年齢において発現するもの」と定義されている。

第5 後見登記

1．後見登記制度

(1) 新しい登記制度

成年後見制度は，新しい登記制度を創設させた（後見登記等に関する法律）。

成年後見登記制度は，任意後見制度（任意後見契約）及び法定後見制度の内容や任意後見人，成年後見人等の権限等を登記し，登記事項証明書によっ

て登記情報を開示する制度としてできたものである。

以前の禁治産，準禁治産制度では，禁治産等の宣告がなされると，当該事項が本人の戸籍に記載されることになっていたことから，制度利用にはかなりの抵抗感があった。そこで，従来の戸籍への記載を廃止し，成年後見人などの本人特定のための事項や権限，特に任意後見契約にあっては付与される代理権の内容を登記して公示する成年後見登記制度が新設されたのである。

(2) **後見登記ファイル**

後見登記記録は，任意後見契約と後見等の開始の審判ごとに編成されることになっている。したがって，複数の任意後見契約が締結された場合は，その数だけ登記記録ができることとなっている。なお，受任者が複数であっても，共同代理の場合は，一つの契約とされ，ファイルも1個である。

後見の登記は，後見登記等に関する法律によって定められているが，任意後見契約の登記と法定後見の登記は，そもそもの制度が異なるので，区別されて規定されている。任意後見契約の登記は，公証人もしくは裁判所書記官の嘱託あるいは登記申請ができる権限者の申請により，所要の事項を後見登記等ファイルに記録することによって行われる。また，法定後見に関する登記は，裁判所書記官の嘱託または登記申請ができる権限者の申請により，同じく所要の事項をファイルに記録することによって行われる。

2．登記による公示手続と登記内容

(1) **後見に関する登記**

任意後見契約の締結や任意後見監督人が選任された場合，法定後見が開始された場合は，公証人または裁判所書記官の嘱託により，登記所に備える登記ファイルに任意後見及び法定後見についての所要の登記事項が記録される（後見登記4条・5条）。まず，第三者に対する取引の安全に向けて代理権等の公示の要請に応えるため，確実に，しかも迅速に成年後見につき登記がなされ，第三者を保護できるよう，任意後見契約については公証人をして，任意後見契約の登記の嘱託をすることになっている。また，任意後見もしくは

第2章 成年後見制度の概要

法定後見が開始されたときは，裁判所書記官の嘱託により，登記ファイルに任意後見及び法定後見についての所要の登記事項が記録される。

その後の登記事項の変更（任意後見については任意後見監督人の選任前の変更も含む）や終了に関しては，審判に基づくもの以外は，登記申請ができる権限者の申請によって当該登記をすることになっている。

(2) **登記される後見にかかわる事実について**

(a) **任意後見の登記事項**

法が定める任意後見にかかる登記事項は，契約当事者，代理権にかかわる任意後見契約に関する事項及び任意後見監督人の選任に関する事項並びに任意後見終了に関する事項などである（後見登記5条）。

1）任意後見契約に係る公正証書にかかわる事項（作成年月日，公証人氏名と所属法務局），2）本人の氏名，生年月日，住所・本籍，3）任意後見受任者または任意後見人の氏名，住所（法人にあっては，名称または商号及び主たる事務所または本店），4）代理権の範囲，5）任意後見監督人の氏名，住所（法人にあっては，名称または商号及び主たる事務所または本店）及び選任の審判の確定年月日など

次に，上記の登記事項に変更があった場合であるが，変更登記ができるのは次の事項に限るとされている（後見登記7条1項・2項）。

1）本人の氏名，生年月日，住所及び本籍の変更，2）任意後見人もしくは任意後見受任者の氏名及び住所の変更，3）任意後見監督人の氏名及び住所の変更，4）追加の任意後見監督人の氏名及び住所並びに任意後見監督人選任審判の確定日など

なお，任意後見契約の変更の項で詳述するとおり，任意後見契約の変更は，この後見登記制度により，大幅に制限される結果になっていて，任意後見制度の大きな特徴になっている（「任意後見契約の変更」の項参照）。[※1]

第5　後見登記

成年後見登記制度のイメージ

出典：法務省民事局「いざという時のために知って安心　成年後見制度　成年後見登記」

(b) 法定後見の登記事項

　法定後見の場合は，次のとおり審判の種類，当事者に関する事項や同意権の内容・代理権の範囲，さらには法定後見終了に関する事項などが登記事項となっている（後見登記4条1項）。

　　1）後見等の種別，開始の審判をした裁判所，2）開始の審判の確定年月日，3）成年被後見人等の氏名，生年月日，住所及び本籍，成年後見人，保佐人及び補助人の氏名及び住所（法人にあっては，名称または商号及び主たる事務所または本店），4）保佐人または補助人の同意を要する行為または代理権の範囲，5）成年後見人等が数人ある場合におけるその権限行使についての定め（数人の後見人等の事務の分掌・共同行使の有無），6）成年後見監督人，保佐監督人及び補助監督人の氏名及び住所（法人にあっては，名称または商号及び主たる事務所または本店）。

　さらに，上記登記事項に変更があったり，追加の審判があったときは，その変更等の登記（後見登記7条1項・2項）をすることになる[※2]。

※1 「任意後見契約と後見登記制度」
　　後見登記制度は，任意後見制度を特異な仕組みにしている。それは，登記事項が僅かな事項に限られており，この登記事項に定められていない重要な契約の変更等は原則できないということを意味している。
　　この登記制度のため，一般の契約のように，自由な私的自治は大幅に制限されている（「任意後見契約の特殊性について」192ページ，「医師の診断書と審判について」332ページ）。

※2　―登記される「審判」―
　① 後見開始・後見人選任
　② 保佐開始・保佐人選任，同意権付与，代理権付与
　③ 補助開始・補助人選任，同意権付与，代理権付与
　④ 同意権，代理権取消し
　⑤ 後見・保佐・補助・任意後見各監督人の選任
　⑥ 後見開始・保佐開始・補助開始の審判の取消し
　⑦ 成年後見人等または成年後見監督人等の辞任についての許可
　⑧ 成年後見人等または成年後見監督人等の解任
　⑨ 成年後見人等または成年後見監督人等の職務の執行停止，職務代行者の選任・解任
　⑩ 後見命令等の審判及びその財産の管理者の解任
　⑪ 数人の成年後見人等・成年後見監督人等の権限行使の定めまたは定めの取消し

3．登記された後見に関する事実の開示（登記事項証明書等）

(1) 登記事項証明書

　後見登記制度では，登記情報は登記事項証明書として関係者に提供される。
　任意後見契約にあっては，公正証書作成後直ちに，各種の審判にあっては，告知，すなわち送達の時から2週間して審判が確定してから，登記嘱託が行われ，その後，2週間くらいで後見登記等ファイルに該当事項が記録されて登記が完了する。その後当事者は，登記日，登記番号（任意後見契約の場合は，当事者の住所氏名や公正証書作成日等）を明示することにより，登記事項証明書を取得することができる。
　登記事項証明書は，任意後見人や成年後見人等が，本人に代わって法律行為を行う場合，取引相手に提示してその権限等を確認してもらうことに使用され，また，任意後見契約が締結されていないことや法定後見を受けていな

い場合にも，登記されていないことの証明書によって，それが証明できるというものである。

(2) 登記事項の開示

成年後見に関する登記事項の開示については，プライバシー保護の観点から，本人を含め一定の者にしか認められていない。開示の方法は，後見登記等ファイルに記録されている事項を証明した書面（「登記事項証明書」）の交付という方法を取っている。開示内容は，すべての登記事項である。

(a) 任意後見契約についての請求権者は，本人またはその配偶者，四親等内の親族，任意後見受任者，任意後見人，任意後見監督人，成年後見人等，成年後見監督人等，未成年後見人もしくは未成年後見監督人である。なお，退任した任意後見受任者，任意後見人または任意後見監督人も，同様にこれが認められている。

(b) 法定後見についての請求権者は，成年被後見人等またはその配偶者，四親等内の親族，成年後見人等，成年後見監督人等，未成年後見人もしくは未成年後見監督人である。

(c) 任意後見等の情報開示の請求は，取引きの相手方には認められていない。

本人，あるいは任意後見人や成年後見人と直接契約する相手方としては，取引きに当たって，本人に任意後見や法定後見が開始していないか，あるいは保佐人や補助人に間違いなく当該契約につき代理権が付与されているか，登記事項を自ら直接確認したい場合があろうが，法は単なる利害関係人には登記事項の開示請求権は認めていない。

このため，契約等の相手方は，疑いがあれば，本人に対し「登記されていないことの証明書」または「登記事項証明書」の提示を求め，これを確認することになる。もし，本人が，法定後見を受けていないと偽って取引きをすれば，その契約の取消しはできなくなり，結果的に取引きの安全は確保できることになる（民法21条）。

(3) 登記事項証明書の交付

登記事項証明書(登記されていることの登記事項証明書及び登記されていないことの証明書)の交付請求は，全国の法務局及び地方法務局の本局に行う。

郵送による請求も可能である。なお，郵送による申請については，東京法務局民事行政部後見登録課のみの取り扱いとなっている。

4．登記所及び登記官

(1) 登記所

任意後見契約及び後見等についての登記に関する事務は，法務大臣の指定する法務局もしくは地方法務局またはその支局もしくは出張所が，登記所として事務を担当する。

登記に関する事務は，法務大臣が指定する法務局・地方法務局が登記所としてつかさどることになっている。当初は，東京法務局のみが取り扱い，不便であったが，登記事項証明書の発給事務については，平成17年1月から全国の地方法務局の本局50か所が，取り扱うことになった。なお，郵送の場合は，東京法務局民事行政部後見登録課あてに請求することとされている。

(2) 登記官

登記所における事務は，指定法務局等に勤務する法務事務官で，法務局または地方法務局の長が指定した者が，登記官として取り扱うものとするとされている(後見登記3条)。

5．終了登記

(a) 任意後見契約が終了したときは，被後見人本人であった者またはその任意後見受任者，任意後見人もしくは任意後見監督人であった者，さらに相続人その他の承継人が終了登記を申請する(後見登記8条)。ただし，本人について法定後見の審判があったとき，あるいは任意後見人が解任されたときは，当該審判をした裁判所の書記官がこれを行うことになる。

(b) 登記官は，任意後見契約または後見等について，終了の登記をしたと

きは，当該登記に係る登記記録を閉鎖し，磁気ディスクをもって調製する閉鎖登記ファイルに記録される（後見登記9条）。

第6 成年後見の社会化

1．成年後見の社会化とは

　成年後見の社会化とは，被後見人本人の支援や手配が個人のレベルからより社会的に行われるようになること，すなわち成年後見の制度が個人や家族の責任から社会の責任として，社会全体で成年後見を受け持つという仕組みのことである。

　新しい成年後見制度では，それまでの配偶者法定後見制度（旧民法840条）など家族型の後見から社会全体の問題として成年後見を捉える考え方が盛り込まれた。この社会全体で成年後見制度を考えて支援するという理念は，介護保険制度で言われる「介護の社会化」と同様の考え方である。

　成年後見制度の「社会化」は，平成24年4月，老人福祉法に「後見等に係る体制の整備等」の規定が新設され，国によって，市民後見人を含めた後見事務を担う人たちの育成や活用などに向けた新しい仕組みが動き出したことに明確に現れたと言えよう。この「地域後見人制度」については，先に述べたところである。

2．成年後見の社会化に向けての制度

　新しい制度では，成年後見の社会化に向けて制度の改廃がなされ，新しくいくつかの仕組みができた。その代表的なものを紹介する。

(1) 第三者後見人の選任

　その一つは，任意後見人や成年後見人等につき，家族に限らず，幅広く第三者を選任することができるようになったことである。

　法は，「第三者後見人」（家族後見人等を「親族後見人」という。）を認め，そ

れまでの家族内部での後見を社会全体の責任としても捉えようとするに至ったのである。

以前の禁治産，準禁治産制度では，保護者としての後見人・保佐人は，夫婦の場合は必ず配偶者であり，人数も1名に限定されていた。そのため，配偶者が高齢である場合や，複数の後見人が必要な場合にあっては，保護体制が十分とは言えなかったのである。これを改め，しかも家族だけの問題と認めず，専門的な第三者後見人を取り入れ，後見を「広く社会の問題でもある」としたのである。

(2) **複数後見人の選任**

その一環として，成年後見人等を複数選任できることとなったのである（旧民法843条の廃止）。

これは，本人の生命，身体，自由，財産を守るうえで，あるいは身上監護を重視する中で，親族後見人ではできないものについては，第三者後見人を活用しなければならないという必要性もあったのである。しかも，最近では，当初考えられていた「専門職後見人」のほか，社会貢献型の後見人である「市民後見人」も登場し，ますます後見制度を社会の問題として捉えようとする考え方が進み，市区町村をはじめ多くの団体が市民後見人養成のため，養成講座を開催し，しかも実務実践に向けて後援を始めているのである。

(3) **法人後見人**

また，法人も選任できることになったのである（民法843条4項など）。

現に法人後見は，年々増加し，しかも重要な役割を果たしている。家族後見人ではもちろん，専門職後見人においてもこれを適切に事務処理できない，トラブルを抱えている被後見人の後見事務に関し，これを法人で引き受け，対応している。また，後見監督人や保佐監督人に就任して，監督者という立場から市民後見人（NPO法人も）などの後見事務を見て，成年後見制度を支えているのである。

3．法定後見の市区町村長の申立て

(1) 市区町村長の申立て制度

　成年後見の社会化が具体化した制度として，法定後見の市区町村長の申立てが認められた。成年後見の保護を必要とする者が放置されないようにとの社会的要請に基づき認められたものである。

　成年後見制度を利用したい人は数多くあるが，その中に，親族の協力が得られない者や身寄りのない者などが多数いる。これらの人達についても，成年後見制度の適切な利用を可能なものとするために，老人福祉法（市区町村長は，65歳以上の者につき，その福祉を図るため特に必要があると認めるときは，申立てをすることができる），知的障害者福祉法及び精神保健及び精神障害福祉に関する法律（市区町村長は，それぞれの障害者につき，その福祉を図るため特に必要があると認めるときは，申立てをすることができる）に基づいて，市区町村長にも後見開始の申立てが認められるようになったのである。

(2) 成年後見申立て支援事業

　この市区町村長の申立てについては，いまだ取組が消極的な自治体もあるが，多くのところで理解され，平成25年における市区町村長の申立ての件数は5,046件（前年は4,543件，前々年3,680件）と，年々増加している。

4．地域後見の第一歩「市民後見推進事業」

(1) 国の市民後見推進事業

　国は，平成24年，市民後見制度が確立することを目指し，本格的に市民後見推進事業を開始した。

　この制度は，地域で後見制度を必要とする高齢者をはじめとする人々に市民後見人が手を差し伸べられるように，市町村において，その人材の育成と活用を図るための後見実施機関の設置をはじめ，成年後見人養成のための研修の実施と家庭裁判所への市民後見人の推薦など，必要な措置を講ずるように義務付けたのである。

第2章　成年後見制度の概要

(2) 老人福祉法の規定と地域後見

法の定めは次のとおりである。

第32条　「市町村長は，65歳以上の者につき，その福祉を図るため特に必要があると認めるときは，民法第7条，第11条，第13条第2項，第15条第1項，第17条第1項，第876条の4第1項または第876条の9第1項に規定する審判の請求をすることができる。」

第32条の2（後見等に係る体制の整備等）「1項　市町村は，前条の規定による審判の請求の円滑な実施に資するよう，民法に規定する後見，保佐及び補助（以下「後見等」という。）の業務を適正に行うことができる人材の育成及び活用を図るため，研修の実施，後見等の業務を適正に行うことができる者の家庭裁判所への推薦その他の必要な措置を講ずるよう努めなければならない。

2項　都道府県は，市町村と協力して後見等の業務を適正に行うことができる人材の育成及び活用を図るため，前項に規定する措置の実施に関し助言その他の援助を行うように努めなければならない。」

上記に関連して，厚生労働省（老健局　高齢者支援課認知症・虐待防止対策推進室）からの事務連絡も発出された。

そこで示された市民後見人の育成及び活用についての施策は

① 市町村が主体となり，地域の後見ニーズ等の実態を把握するとともに，家庭裁判所及び弁護士，司法書士，社会福祉士等の専門職の団体等と連携を図り，協議を行うこと

② 市町村は，社会福祉協議会，NPO法人など適切に業務運営が確保できると認められる団体に委託し，後見実施機関（成年後見センター）の設置を検討すること

③ 市民後見人としての業務を適正に行うために必要な知識・技術・社会規範・倫理性が習得できるよう，研修カリキュラムを策定し市民後見人養成研修を実施すること

④ 市町村職員及び専門職等で構成する選考委員会等を設置して後見人等

の候補者を家庭裁判所に推薦すること

などである。

　法ができて2年，多くの市町村，都道府県の出足は，いまだ鈍い。※しかし，地域後見に積極的に動き出した市町村もある。

※　「市民後見推進事業の目的について」の厚生労働省の説明
　　認知症高齢者や一人暮らし高齢者の増加に伴い，成年後見制度の必要性は一層高まってきており，その需要はさらに増大することが見込まれる。また今後，成年後見制度において，後見人等が高齢者の介護サービスの利用契約等を中心に後見等の業務を行うことが多く想定される。したがって，こうした成年後見制度の諸課題に対応するためには，弁護士などの専門職後見人がその役割を担うだけでなく，専門職後見人以外の市民後見人を中心とした支援体制を構築する必要がある。
　　このため，認知症の人の福祉を増進する観点から，市町村（特別区を含む。）において市民後見人を確保できる体制を整備・強化し，地域における市民後見人の活動を推進する事業であって，全国的な波及効果が見込まれる取組を支援するものである。
　　http://www.mhlw.go.jp/stf/seisakunitsuite/bunya/hukushi_kaigo/kaigo_koureisha/shiminkouken/

> 事務連絡「市民後見人の育成及び活用に向けた取組について」
> 　各都道府県指定都市市民後見担当（部）局あて，平成24年3月27日付け厚生労働省老健局高齢者支援課認知症・虐待防止対策推進室の事務連絡
> 　日頃より，成年後見制度をはじめとした高齢者の権利擁護の推進に御尽力をいただき，厚くお礼申し上げます。
> 　標記については，昨年6月に老人福祉法が改正され，市町村の努力義務として，市町村長による後見等の審判請求が円滑に実施されるよう，後見等に係る体制の整備を行うことが規定（老人福祉法第32条の2第1項）されるとともに，都道府県の努力義務として，市町村の後見等に係る体制の整備の実施に関し助言その他の援助を行うことが規定（同法同条第2項）され，本年4月1日に施行されます。
> 　つきましては，都道府県においては同法の趣旨を踏まえ，市民後見人の育成及び活用に向けて，下記の内容を参考に取り組むよう管内市町村に周知いただくとともに，市町村の取組に対する支援等をお願いいたします。
> 　なお，本文書については最高裁判所家庭局と協議済みであることを申し添えます。
> 　　　　　　　　　　　　　　　　　記
> 1．市町村の取組体制について
> 　市民後見人の育成及び活用については，市町村が主体となり，地域の後見ニーズ等の実態を把握するとともに，家庭裁判所及び弁護士，司法書士，社会福祉士等の専門職（以下「専門職」という。）の団体等と連携を図り，協議を行うなど，その地域に合った取組を行うことが重要です。

第2章 成年後見制度の概要

　また，都道府県が市町村の取組について，助言や必要な援助を行うなどの支援も必要です。
　市民後見人として家庭裁判所からの選任を受けるためには，その活動を支援することが重要です。市民後見人が適正・円滑に後見等の業務を実施できるように専門職などによる支援体制を整備する必要があることから，市町村は，社会福祉協議会，NPO法人など適切に業務運営が確保できると認められる団体に委託し，後見実施機関（成年後見センター）（以下「成年後見センター」という。）の設置を検討することも必要です。
　こうした場合においても，実施主体は市町村であることから，その業務が適正かつ効果的に行われるよう指導・監督等を実施することが重要です。

２．養成研修の実施について
　市民後見人養成研修については，市民後見人としての業務を適正に行うために必要な知識・技術・社会規範・倫理性が習得できるよう，研修カリキュラムを市町村が策定し，実施する必要があります。また，養成研修修了後のフォローアップのための研修も必要です。
　別添の「市民後見人養成のための基本カリキュラム」は，平成23年度老人保健健康増進等事業により厚生労働省，法務省，最高裁判所がオブザーバーとして参加した「介護と連動する市民後見研究会」（事務局：特定非営利活動法人地域ケア政策ネットワーク）において策定されたものであるので，市町村が研修カリキュラムを作成する際に活用してください。
　なお，前記の研修カリキュラム等が記載された「市民後見人養成研修カリキュラム及び実施に係る報告」が地域ケア政策ネットワークのホームページに４月中旬を目途に掲載されますので参考にしてください。

３．後見等の業務を適正に行うことができる者の家庭裁判所への推薦
　家庭裁判所に推薦する後見人等の候補者は，選考委員会等（市町村職員及び専門職等で構成）を設置するなどして，被後見人の状況なども十分に検討を行ったうえで適任者を決定し，市町村が主体となって家庭裁判所に推薦することが重要です。
　また，推薦する候補者は，家庭裁判所から選任された場合に，成年後見センター等からの支援を受けることを必須とすることが重要です。

４．その他必要な措置
　(1) 養成研修修了者の名簿等への登録
　　養成研修修了者に対して，面接等を行い，後見等の業務を適正に行う意思を有することなどを十分に確認したうえで，研修修了者名簿等に登録する必要があります。
　　なお，登録の適否を検討するため，選考委員会等を活用することも必要です。
　(2) 市民後見人の活動支援
　　市民後見人が困難事例等に適切に対応するためには専門職等による支援は不可欠ですが，こうした専門的な分野のみでなく，日常的な後見事務等についても相談できる体制を作ることも必要です。

なお，相談・支援を行う際には，被後見人のプライバシーにも十分留意する必要があります。
5．「市民後見推進事業」について
「市民後見推進事業」については，平成24年度予算案において実施か所数を40か所に倍増しているので，管内市町村に対し事業の積極的な活用について，周知をお願いします。

第7 成年後見制度の現状と問題点

1．任意後見制度の利用状況

(1) 任意後見制度の利用件数

(a) 任意後見契約は，公証人の公正証書によって契約が締結され，またその嘱託により「任意後見の登記」がなされる。任意後見契約の現状を知るには，契約件数とその直後になされる任意後見の登記件数によって，その利用に向けた準備の状況が分かる。そして，実際の利用状況については，任意後見が開始された件数，すなわち任意後見監督人の選任の審判の件数によって分かる仕組みになっている。

任意後見契約件数については，任意後見契約の契約締結件数や登記件数が公表されているので，これに基づいて説明する。この任意後見契約の契約件数と，任意後見の登記件数は，必ずしも一致はしない。任意後見契約公正証書作成後，公証人からの登記嘱託と登記官による登記簿への登載（コンピュータ・システムでの入力）までのタイムラグがあるためである。

任意後見の件数（平成15年度までは登記件数，16年以降は任意後見契約件数である―平成15年までは任意後見契約の契約件数の統計はない。）は，次のとおりである。

第2章 成年後見制度の概要

平成12年度	801件	平成19年	6,489件
平成13年度	1,106件	平成20年	7,120件
平成14年度	1,801件	平成21年	7,870件
平成15年度	2,521件	平成22年	8,835件
平成16年	3,547件	平成23年	8,378件
平成17年	4,800件	平成24年	9,031件
平成18年	5,385件	平成25年	9,032件

なお、平成12年4月から平成22年12月までの同登記件数累計は4万9,696件となっている。

(b) 任意後見契約の発効は、本人の判断能力が不十分となり、家庭裁判所への申立てにより任意後見監督人選任の審判がなされることが必要である。

ここ数年間の任意後見の開始手続きである任意後見監督人選任の審判の申立て件数は、次のとおりである。

平成20年	441件	平成23年	645件
平成21年	534件	平成24年	685件
平成22年	602件	平成25年	716件

これらの申立てを受けた平成25年12月末日現在の任意後見の利用者件数は、1,999人（前年は、1,868人）で、前年比7.0％増となっている。

(2) **任意後見制度の利用状況と問題点**

(a) 任意後見契約の契約件数は、後見制度をとりまく環境等から見て適切と言えるのだろうか。成年後見制度の最も重要な改正点は、任意後見制度の創設であったが、任意後見制度は思っていたような利用数を見ていないというべきであろう。平成22年12月末までの任意後見の登記件数累計は、前述のように、約5万件にすぎないことからもそう言える。

公証人は、日々数多くの高齢者と接している。この高齢者の方々が、成年後見制度についてどの程度知っているか、制度発足5年目、筆者が公証人に任官した当時を思い起こすと、成年後見制度を知る高齢者は皆無に近かった。

それまでの5年間の任意後見契約の契約件数（登記件数）は，全国で1万件を超えたばかりであったのである。そして，任意後見契約を締結する嘱託人の多くは，弁護士や司法書士が受任者になる事例やその紹介で契約する事例，あるいは任意後見を積極的に推し進める特定の団体が受任者になるという事例が大半であった。それは，それまで法務省あるいは公証人が大々的にこの制度の利用を国民に広報してこなかったからであろう。平成18年には「任意後見制度を悪用」との見出しでの新聞報道もあり，その報道に腰が引け，取り組みが消極的となったこともあるのではないだろうか。

しかし，任意後見契約は，濫用防止に向けた取り組みもあって，次第にこれを必要とする人々や家族に認知され，年々その契約件数を伸ばしてきているのである。最近では，震災のあった平成23年を除外すれば，毎年1年間に1,000件近い契約件数の伸びがある（なお，理由は分からないが，平成25年の伸びはゼロである。）。だが，この件数は，筆者からすれば，まだ不十分だと考える。その理由は，この制度が国民に知れ渡っていないことと，金融機関の消極的対応，それに任意後見人（受任者）をサポートする仕組みができていないからである。

(b) 任意後見監督人選任審判の申立て件数は，適切と言えるのだろうか。

任意後見制度は少しずつ国民に理解され契約件数も伸び，利用数が増加している。そこで，さらに締結された任意後見契約が適切な利用がなされていると言えるか，すなわち適切に任意後見を開始して後見事務が開始されているかである。

任意後見制度開始14年目の平成25年の任意後見監督人選任審判の申立て件数は716件で，登記件数との割合は7.9％である。私見ではあるが，この任意後見監督人選任審判の申立て件数は，その割合は伸びているが，まだ低いと考えている。任意後見契約の委任者の多くは後期高齢者であり，中には初期の認知症とうかがわれる方もいるのである。今日，高齢者の10％前後は，何らかの認知症の症状が見られ，しかも後期高齢者において認知症は年齢階層別出現率が高く，80歳台で20％に至っていると言われている。契約締結の動

機は，将来の認知症に備えてというものがほとんどではあるが，上記のようにすでに認知症の症状も見られる委任者もあり，また後期高齢者の利用者が少なくないことからしても，契約の件数の1割程度の申立てがあってもおかしくないと考えられるからである。ここ5年間に筆者が取り扱った任意後見契約公正証書の作成件数は，年平均90件（特定の団体による継続的大量嘱託はない）であったが，この契約の委任者の年齢は，50代から90代である。もちろん，公正証書作成の嘱託の申し込みを受けて本人との面接をした結果，すでに認知症が進み契約能力がないと認められ，公正証書の作成を断った高齢者も毎年数名はいる。

任意後見契約の類型は，いわゆる即効型契約はなく，将来型契約は僅かで，そのほとんどは嘱託人の希望により任意の財産管理などの代理契約も同時に結ぶ移行型任意後見契約である。移行型任意後見契約については，濫用の危険を指摘されているが，嘱託人にとっては，任意の財産管理契約がないと委任者の年金など生活費の払い戻しができず，加齢による身体的機能の低下を抱えた本人の生活や療養看護の支援を適切にできないという切実な問題があるのである。

(c) 任意後見制度を活用しようと契約を締結した当事者が，これを十分に利用していない理由は，いかなる理由からであろうか。後見制度に携わる実務家や嘱託人（任意後見受任者）の説明をまとめると次のような理由からである。

その一は，任意後見の開始に必要な申立ての義務規定（制裁規定）がないことである。任意後見契約は，ここ3年間を見ても8,000件以上の契約件数があり，しかも，その多くは委任者が高齢者である。したがって，その委任者の中には初期の認知症（MCI）の方も少なくないのであり，任意後見の開始の申立ては，それほど先とは言えない時期になされなければならない事例も多いはずであるが，前述のようにその申立数は低い。その背景には，任意後見契約が移行型でなされ，任意後見の開始の申立ての必要性に迫られていないことが指摘されている。

そこで，任意後見の開始の申立てを義務化すべきであるという考え方もある。本人に一定の事由，例えば一定の基準に達した判断能力の低下が見られる場合は，任意後見受任者は，任意後見監督人の選任の申立てをしなければならないとすべきであるというのである。しかし，判断能力の低下と言っても，その範囲は広く，また誰がその基準判定をするのかという問題もある。そもそも，任意後見制度は，自己決定の尊重を理念とし，任意後見の開始に当たっては本人の同意まで求めているのに，申立てを法定化することは理念に反するという意見が勝り，申立ての法定化には無理があろう。

http://jaga.gr.jp/pdf/H24_kaizen_kaisei.pdf

その2は，任意後見監督人の報酬が負担となるという理由である。

このことは，本人には自宅不動産はあるが，金融資産は僅かだといういわゆる年金生活者の親族後見人である受任者などから聞かされる話である。

そして，裁判所のこれまでの取扱い例から，高額な不動産を所有している本人の場合，金融資産に関係なく，任意後見監督人への比較的高額な報酬付与を決定することもあり，家族後見人の場合，受任者の持ち出しになることを恐れているという。この点，家庭裁判所は，任意後見監督人の報酬につき，基本となる基準（本書86ページ）は示しているが，その実績を公表していないこと，特に金融資産が少ないのに高額の不動産がある場合の任意後見監督人の報酬額が極めて高額に設定されていることも，ネックになっていると説明する実務家もいる。

その3は，いまだ半数以上を占める家族後見人を支える支援システムがないことである。ドイツの後見制度に見られる「世話人協会」のような，公的支援組織（パブリック・ガーディアン）がなく，すべて裁判所に任せていることである。その裁判所も，初期導入指導は行っているものの，その後の支援指導は受動的で，ないに等しいと言われている。なお，国の市民後見推進事業は，残念ながら任意後見制度の利用者は含まれていない。

家族後見人が，問題に遭遇したときにその問題を解決してくれる身近な相談支援組織がない現状では，公的な監督を受けてまで後見事務を行おうとす

る意思を鈍らせてしまっていると言える。現に，筆者の場合，しばしば任意後見受任者からの任意後見の申立て等の相談を受けており，「世話人相談所」の役割を果たさざるを得なくなっているのである。このためにも，国が推進する後見実施機関（成年後見センター）を任意後見人を含む家族後見人にも活用させるべきである。

2．法定後見制度の利用

(1) 法定後見制度の利用状況

　法定後見制度においては，それぞれのニーズに合った後見制度が創設されたが，それが期待どおりの運用はなされているのであろうか。

　そこで，成年後見制度の利用状況（申立件数）を見てみる。

　成年後見制度の利用状況は，毎年，裁判所から公表される成年後見関係事件の概況（後見開始，保佐開始，補助開始及び任意後見監督人選任事件）の申立件数により判る。なお，裁判所が公表している成年後見関係事件には，任意後見監督人選任事件も含まれているので，ここではこれを含めて説明する。これは，任意後見監督人選任事件の件数が，前述のように極めて僅かであるので，全体を把握するうえでこの事件をあえて外すまでもないと考えられるためである。

　成年後見関係事件の申立件数は，次のとおりである。

　平成25年の成年後見関係事件の申立件数は，合計で34,548件（前年は34,689件，前々年は31,402件）であり，対前年比約0.4％の減少となっており，成年後見の利用者は毎年増加していたが，急にブレーキが掛かった。その理由は，法の改正により，申立てを途中で恣意的に取り下げることができなくなったことや，後見人の選任で親族が排斥される傾向が強くなったことから控えるようになったのではないかと言われている。

　その内訳を見ると，①後見開始の審判の申立件数は28,040件（前年は28,472件，前々年は25,905件）で，対前年比約1.5％の減少（その前年は9.9％増加），成年後見事件の全体の81％を占めている。次に，②保佐開始の審判の

申立件数は4,510件（前年は4,268件，前々年は3,708件）で，対前年比約5.7％の増加（その前年は15.1％増加），③補助開始の審判の申立件数は1,282件（前年は1,264件，前々年は1,144件）で，対前年比約1.4％の増加（その前年は10.5％増加）となっており，補助の件数は全体の4％にすぎない。

(2) **項目別の数字からみた利用実態等**

(a) 申立人と本人との関係について

申立人については，本人の子が最も多く全体の約34.7％を占め，次いで兄弟姉妹とその他親族がそれぞれ約13％となっている。

市区町村長が申し立てたものは5,046件（全体の約14.7％）で，前年の4,543件に比べ，約11.1％の増加となっている。

(b) 成年後見人等と本人との関係について

成年後見人等（成年後見人，保佐人及び補助人）と本人の関係をみると，配偶者，親，子，兄弟姉妹，その他の親族が成年後見人等に選任されたものが全体の約42.2％（前年約48.5％，前々年約55.6％）を占めているが，その減少は際立っており，家庭裁判所が資質に欠ける親族を後見人に選任しない方向で運用しているとも言えよう。

親族以外の第三者が成年後見人等に選任されたものは，全体の約57.8％（前年は51.5％，前々年は約44.4％）であった。その内訳は，弁護士が5,870件（前年は4,613件）で，対前年比で約27.2％の増加，司法書士が7,295件（前年は6,382件）で，対前年比で約14.3％の増加，社会福祉士が3,332件（前年は3,121件）で，対前年比で約6.8％の増加となっている。また，その他法人が成年後見人等に選任されたものは959件（前年は884件，前々年は782件）となっている。また，平成23年から統計に載せられるようになった行政書士が864件（前年は829件），税理士が81件（前年は71件），そして市民後見人が167件（前年は118件，前々年は92件）である。

(c) 鑑定について

後見開始，保佐開始，補助開始及び任意後見監督人選任事件の終局事件のうち，鑑定を実施したものは，全体の約10.9％（前年は約10.7％，前々年約

13.1％）であった。鑑定の期間については，1か月以内のものが最も多く全体の約56.6％（前年は約55.9％）を占めている。鑑定の費用については，5万円以下のものが全体の約67.0％（前年は約68.9％）となっており，全体の約97.8％の事件において鑑定費用が10万円以下であった。

(3) **利用統計からみた問題点等**

(a) 補助制度は低迷

　成年後見制度では，任意後見制度のほかに，先に説明したとおり利用者本人のニーズに応える新しい制度として補助制度が新設された。

　補助制度は，精神上の障害（認知症・知的障害・精神障害・自閉症等）により判断能力（事理弁識能力）が不十分な者のうち，軽度の状態にある者を対象とする制度として設けられ，しかも家庭裁判所が補助開始の審判とともに本人のために補助人を選任し，当事者が申立てにより選択した「特定の法律行為」について，審判により補助人に代理権のみならず同意権や取消権の一方または双方を付与することができることとなっている。しかし，この高度な制度設計は国民に受け入れられていないことがはっきりした。制度が難しすぎるのである。もちろん，一方に本人に「まだまだやれる」という考えが強いからであろう。

(b) それでも成年後見制度の利用は少ない

　新しい成年後見制度では，新たに四つの制度を設け，活用しやすいよう大幅に内容を改め，法定後見制度においてもそれぞれの能力水準や要望に応えられるよう弾力的活用ができる仕組みになったのである。しかも，補助制度や保佐制度では，本人の意思が大幅に尊重される仕組みになったのであるが，全体的にもこの二つの制度の利用者数は少ないといわざるを得ない。

　成年後見制度は，介護保険制度による各種の手続き（契約）を見通してのものであるが，介護保険の利用者数は，増加の一途をたどっていて，平成24年度の年間介護保険実受給者数は，543万600人（なお，平成20年度451万6,400人，平成22年度492万8,200人）に達している。他方，要介護者のおおよそ半数は認知症高齢者が占めるという報告もあるところ，任意後見の利用者と法定

後見の利用者は，合わせても25万人にも至っていない。推定される認知症高齢者（介護保険の利用者数とほぼ同じ）500万人のうち相当数の人は成年後見制度を利用しなければならない高齢者とみられ，まさにその0.5割しかその制度設計を利用していない計算になる。

(c) 任意後見制度は，将来万が一認知症等を患い判断力が低下し，自分のことが自分でできなくなった場合に備えての安心設計である。任意後見制度は，能動的で，しかも本人があらかじめ公正証書でその意思を明確にし，法的紛争の未然防止を図ろうというものである。一方，法定後見制度は，本人が法的紛争の未然防止を図ろうとして，自らが補助や保佐の審判を求めるということも考えられるが，そのほとんどは本人の判断能力が著しく低下して，その必要に迫られて成年後見（後見類型）の審判を求めているという実情にある。安易な制度設計になっている後見制度に走っているのは，それ以前にも保護が必要な人たちが放置されているとも言えよう。

(d) 上記のほかにも，①身上監護の事務が適任と思われる親族後見人の選任の排斥　②診断書の過度な重用の問題が取り上げられよう。

(4) 法定後見における取消権の行使

法定後見制度において最も注目されている仕組みが取消権の行使である。任意後見制度には，この独立した取消権の制度はない（本書169ページ参照）。この取消権は，本人を護る最大の武器と考えられている。

しかし，最近の公益社団法人成年後見センター・リーガルサポートの調査では，これがそれほど利用されていない結果が報告されている（平成24年4月調査結果—被後見人では5,777件中63回，被保佐人1,089件中53回，被補助人447件中33回の取消権行使があった）。

http://www.legal-support.or.jp/data/1204torikeshiken-anke-kyotu.pdf

3．成年後見制度の問題点のまとめ

(1) 高度な制度設計

法定後見制度において最も活用すべきである補助制度が本人にとって最も

難しい制度になっていることが利用を阻害している。

この補助制度の「極めて高度な制度設計」の仕組みについては，後に述べるが，本人申立てにおいてこの制度設計がクリアできず，裁判所で門前払いとなっている例もある。当然，その手当は必要になっている。

(2) **法定後見制度（後見類型）に利用が偏重**

この制度が後見制度（後見類型）に利用が集中し偏った運用がなされていることは，前述のとおりである。

法定後見制度の内の後見類型の利用が多いのは，もちろん本人が後見類型に至っていることもあろうが，この類型の制度設計が最も単純で誰でも利用できる仕組みになっていることもあろう。それだけではない。その他の理由もありそうである。実務家の話を聞くと，本来保佐類型相当の事例でも成年後見の審判が下りているのは事実のようである。よく耳にするのは，診断書の問題である。一つは，聴力をほとんど失いかけている本人につき医師がこれに気づかず認知症と診断したというもの，あるいは医師の「じき，後見類型になる状況にあるので」という先を見越しての安易な判断で診断書が作成されたという場合などである。

医師の中には，成年後見制度を正しく理解していない者がいるということ，特に任意後見制度と法定後見制度，また法定後見制度の３制度を区別して説明できる医師があまりいないということを仄聞する。この点は後述する（本書69ページ参照）。裁判所が認める「かかりつけの医師」というのは，大変曖昧であり，原則，裁判所で本人に面接し，明確に意思能力を喪失していると認められる場合を除き，後見の審判に当たっては精神科医師の診断書もしくは鑑定と限定すべきではなかろうかと考える。特に，本人の地位を喪失させ権利をはく奪する「後見」と「保佐」類型については，一層厳格な，そして本人の利益を考えた審判が求められよう。安易な診断や意を尽くさない審判によって，本人が遺言証書を作成したいと願ったとしても，これが実現できない例が幾例もおきていることを，また各種の権利がはく奪されていることを忘れてはならない。

成年後見制度に詳しい医師にあっても，この診断が難しいことを述べている（水野裕：「判断能力診断・鑑定における精神医学上の課題」（「成年後見制度をめぐる諸問題」―87ページ以下）。

(3) 家庭裁判所の事務処理が難しくなっている

家庭裁判所の成年後見に関する事務処理が限界に達しており，後見人に対しきめ細かな指導監督ができない状況にあると聞く。後見にかかわる各種の審判の増加からもうかがえることである。

家庭裁判所では，後見業務を担当する部署を増やすとともに，後見制度について専門的な知識のない人が適正に後見事務を行うには，正しい知識を身につけることが何よりも重要であると考えて，親族後見人を選任する場合，担当者からの口頭説明に加え，パンフレットやQ&A方式の冊子を交付したり，教育用DVDを視聴させたりして，後見人の仕事の内容と責任の重さについて説明をしている。

しかしながら，後見人が裁判所に指導助言を求めても，満足できる助言には程遠いという声もあり，※また裁判所によっては，専ら診断書に頼り必要な鑑定を省略したり，さらに最も重要な被後見人本人との面接を実施しなかったり，あるいは後見人に当然必要な指導監督の事務処理に関する報告書の提出を省略させているところもあるなど，誰の目から見てもその事務処理能力の限界に近い仕事をしている状況が現実に起きている（公益社団法人成年後見センター・リーガルサポート「成年後見監督人の手引き」1，5-8，14-15ページ）。憶測ならよいが，そんな中で，手間暇のかかるしかも成年後見制度を十分理解をしていない親族後見人に任せるより専門職に任せたほうがよいという気持ちが働いてしまっているようなことはないのだろうか。ここ数年の親族後見人に付される後見監督人の数が約3倍に増えていることからもうかがえないわけではないが，何より，親族後見人の減少数が年間に1,500人を超える数字をみると，それが本人にとって良いのだろうかという思いがしてならない。

それはさておき，専門職等を含めた地域の力を借り，その指導の下に後見

事務を行う市民後見人の活躍は、期待も大きい。しかし前述のように、家庭裁判所が親族後見人の選任を抑えようとする一方で、この市民後見人への門戸も多くの裁判所で事実上閉ざされているとしか思えない（前述のように、市民後見人選任の絶対数に大きな伸びはない—本書61ページ参照）。このままで、国が掲げる市民後見推進事業は大丈夫なのだろうかと心配もある。

それとともに、このような後見人に対する支援の現状のままでは、家族後見人の倫理違反等も含め何も解決されまい。いま、家族も、市民後見人として資質を養い、家族との絆を守る時期が来ていると言える。このためにも、家庭裁判所をはじめ関係機関が連携の強化を図り、公的支援組織（「成年後見センター」）の創設に力を貸し、ここを拠点とする後見推進事業の中で一般市民も家族も支援が受けられるようにすべきである。

※ 「家庭裁判所の後見人に対する指導助言について」
　　後見人に対する家庭裁判所の指導等の在り方（考え方）等についての裁判官の説明を紹介する。
　　「家庭裁判所には、必ずしも法律的な判断に関連しない事項や、後見人の裁量判断に委ねられるべきであるような性質の事務に関しても、日々問い合わせがあります。家庭裁判所では（中略）後見人の行為が本人のために行われている限りは、基本的に後見人の裁量に委ねられるべきものですので、すべての事項について家庭裁判所が具体的な助言・指導ができるわけではありません。例えば、本人の生活環境の改善のため、費用はかかるものの設備やサービスの充実した施設を選ぶか、設備やサービスはやや劣るものの、万が一の出費に備えて費用を抑えた施設を選ぶかといった事項は、家庭裁判所が適切に判断できる性質のものではなく、後見人の裁量判断に委ねられると回答をせざるをえません。後見事務について疑問が生じた場合に、事前に家庭裁判所に相談していただくことは重要ではありますが、家庭裁判所に与えられた権限と役割に照らし、すべての疑問について具体的な回答ができるわけではないことをご理解ください」（内田哲也「家庭裁判所の役割」［市民後見人養成講座２］民事法研究会318ページ）

(4) 後見監督人の役割

筆者が知る、後見監督人等の選任の在り方や「監督」の役割について生起している二つの問題を紹介する。

その１は、選任そのものの問題である。事例で説明する。それは、交通事故により高次脳機能障害を負った青年に１億円を超える多額の損害賠償金が

支払われたが、この青年について後見が開始されかつ後見監督人が付された。この後見監督人の報酬は、年額にして100万円に近い高額なものであった。この青年の平均余命を考えると、後見監督人に支払われる報酬は、4,000万円を超える計算になる。誰のための後見制度なのかという、家族の怒りはよく分かる。かかる事例の場合は、後見制度支援信託制度を活用し、裁判所自らが監督すれば足り得るという考えはできないのだろうか。類似の問題として、特定の家庭裁判所では、市民後見人には必ず後見監督人を選任するといういささか硬直的な運用があるようである。この点も見直してもよいのではなかろうかと考えている。

その2は、後見監督人の「監督」業務に対する考え方である。

法律専門職の中には、後見監督人の「監督」の中には「指導」は含まれていないと豪語し、後見人や任意後見人から助言を求められてもこれに対し一切答えない者もいるという。

この監督業務の内容については、「課題解決型」「指導支援型（助言）」それに「不祥事防止型（監視）」という考え方がある。この中の不祥事防止型（監視）の事務しか担わないというのでは、後見監督人を選任する意味は半減するのではないだろうかと思う。このような狭い考えを持つ監督人については、不要だと思うのは後見人だけでなく、本人も同じであろう。本人にとっても急迫時の必要な処分や利益相反行為の代理を自分のためにしっかり実行してもらえるのかと不安を抱く要素になる。法の不備だと言えば、それまでであるが、老人福祉法などに新しい定めができて市民後見人を養成支援するとして動き始めたこの時期に「不正防止の監視監督しかしない」というのはいささか時代遅れではないかとしか言いようがない。

ここで、後見監督の業務や後見監督人の在り方について提言させていただく。

❶ 監督業務の内容については、上記の課題解決と不祥事防止（監視）のほかに「指導支援（助言）」を含むものであるという考えを徹底すべきである。これからの成年後見制度は、当面、地域後見人を中心に考える

ことになろう。地域後見人に対する後見監督の業務は、「指導支援（助言）」抜きでは考えられないからである。

❷ 後見監督人自身、本人との面接及び居宅の訪問を励行すべきである。
　後見監督の業務は、後見人に対する監督等を通じて究極的には本人の権利を擁護し最善の生活を確保することにある。これが後見人によって実現されているかどうかは、到底書面の審査だけでは分かるはずがない。後見監督人も少なくとも年2回以上は本人に面接等を行うべきである。

❸ 後見人に対する指導、その他法的な効果が生じる事柄についての照会や通知等（例えば、民法855条2項に関する事柄など）は書面で行い指導等が確実になされたことを明確にしておくべきである。

❹ 後見監督人としての事務内容等を常に点検し見直すことが必要である。
　後見監督人が選任されるのは、やはり特別の理由があるからであり、後見監督人は、その趣旨を理解し、家庭裁判所からの具体的な教示、指示がなくとも、後見監督人として、自らの判断で後見事務を監督すべき職務を誠実に履行しなければならないと言える。後見人からの報告や財産目録の提出だけでなく、後見監督人自身が実際の後見事務を確認し財産状況の調査（民法683条1項）をすべきである。もし、これを怠れば、善管注意義務違反が問われ、損害賠償責任を負うことを自覚すべきである（大阪地堺支判・平成25年3月14日判決）。

(5) **任意後見制度も手当が必要**

現行の制度は、画竜点睛を欠くとも言える。

実際の運用を見た場合、現行の法制では、任意後見人（任意後見受任者）は全く放置され、誰からも手を貸してもらえない状況にあると言えよう。結果、任意後見契約の委任者本人も、この制度の恩恵を得られていないとも言える。本来、かかる任意後見受任者の相談に乗り指導すべきは、家庭裁判所となろうが、現状では裁判所を期待するのは難しい。むしろ関係者の多くは敷居が高いとして一歩を踏み出せないでいる。

このことは先にも触れたところであるが、こうした現状、法制度の欠陥と

もいうべき状況を見た場合，任意後見受任者において，契約条項（任意後見開始の申立て）を守ろうとしていないなどと批判している場合ではない。法定後見同様，その相談や指導については，誰かが手を貸さなければ，この素晴らしい制度は活きてこない。この任意後見人にも，前述した後見実施機関（公的後見支援センター）の門戸を開くべきである。

さらに理想は，ドイツのような，本人や家族等から本人の財産管理，権利擁護などの相談を受け，世話人の派遣を裁判所に要請する「世話人支援センター」（世話官庁）や，社会福祉士や法律家が常勤し名誉職世話人の教育や監督も行う「世話人協会」のような仕組みの全国各地への設置であろう。そして当面は，その役割を市町村の後見実施機関（成年後見センター）に担わせればよいと考えている。

(6) **診断書を作成する医師が成年後見制度を知らないこと**

「医師は後見制度を知らない。このため自分は学んでいる」
ある大学の市民後見人講座の受講生であるベテラン医師が，筆者に語ってくれた言葉である。同じことは，次のページに載せてある市民後見人の声でも述べられている。成年後見制度で最も大事な診断書，鑑定書がこの制度（理念や4制度の仕組みなど）を知悉していない医師によって作成されている，そしてこの制度でボタンの掛け違い（裁量の範囲かもしれないが，大は小兼ねる運用）が起きている，そんな声を聞くが事実なのであろう。早急に対策を講じるべきであろう。

✳ 市民後見人の声
―「診断書の作成はできるが，後見制度は知らない」―

　この言葉は，ある地域医療に携わる医師の発言です。

　最近２回にわたり，地域医療に携わる方々のセミナーで，成年後見制度についての講師を務め後見制度の仕組みや実務等について説明をするとともに，医師の人も加わったシンポジウムのコーディネーターを務めました。

　最初のセミナーは，地域の医療機関の関係者を集めた研修会で，医師は30名ほど，そのほか看護師，MSW（医療ソーシャルワーカー）の人たちが多数参加したセミナーでした。

　残念ながら，参加者で成年後見制度をきちんと理解しているという医師はほとんどいないという印象でした。精神科の医師ですら，診断書は家族の人のために作成するものと言う先生もおり

「大（後見）は小（保佐や補助）を兼ねると思っていた」

「家族の人から言われるまま，後見類型で診断書は作成していた」

という説明をされていました。

　２回目は，ある地域の認知症ケースカンファレンスで，講師とコーディネーターをやらせてもらったのですが，医師とMSWの方がそれぞれ約60名，そのほか市民の方などが参加した研修会でした。その研修会で，医師の方から出たのが〝診断書の作成はできるが，後見は知らない〟という言葉です。

　幸い，パネラーを務められた医師は，後見制度の中の法定後見制度は知っておられましたが，その方ですら発表を聞いている限り任意後見制度は知らない様子で，ほかの医師の先生方は詳しい成年後見制度の話しを聞くのは初めてという印象を持ちました。

　このほか，ある町の医師の後見相当の診断書が，３件立て続けに診断内容に問題ありとして，家庭裁判所が鑑定に付したという報告も聞いています。医療関係者には，成年後見制度をしっかり学んでほしいと思っています。

第 3 章

法定後見制度の概要

第1　法定後見制度の概要

―法定後見制度―

● 法定後見制度は，認知症などが発症して進行し判断能力が不十分になった者に対し，申立てにより，家庭裁判所が，本人を保護する者（成年後見人等）を選任する制度である。
● この制度には，補助制度，保佐制度及び後見制度（後見類型）の3制度がある。本人の判断能力に応じて，判断能力が不十分な人は『補助制度』，判断能力が著しく不十分な人は『保佐制度』，判断能力が全くない人は『後見制度（後見類型）』という三つの類型があり，これを利用する人は，その判断能力に合致した一つを選択するというものである。これらの制度のどれでも自由に選べるものではない。
● 法定後見制度は，いずれも精神上の障害により事理を弁識する能力（判断能力）が不十分な者を対象者にはしているものの，3類型は全く独立した別個の制度である。この3制度の内容は，ことごとく異なっており，当事者や事務の名称だけでなく，成年後見人等のそれぞれの職務権限も大きく異なっている。

1．法定後見制度

(1) 成年後見制度の中で位置づけ

　成年後見制度は，従来の，禁治産・準禁治産制度を全面的に改め，さらには任意後見制度を創設し，「法定後見制度」と「任意後見制度」の二つの仕組みを作ったのである。本章では，その一つ，法定後見制度について，その理念をも含めその仕組みを説明する。
　法は，本人の意思の尊重や残存能力の活用等の考えから，法定後見の中に

3類型の仕組みを創設した。法定後見制度は，任意後見制度の補充的役割を果たすものとし，また補助制度を法定後見の中核に据えるという考えもあったようであるが，成年後見制度の中では法定後見が，そして後見制度（後見類型）が今や主役を果たしている。しかし，この制度は，前述のように，偏った使われ方をしているとも言える。

成年後見制度を考えるに当たっては，疾患や障害を持つため判断能力が不十分な人は数多くいるうえ，その程度もさまざまであるということを念頭に置く必要がある。認知症高齢者，知的障害者，精神障害者，高次脳機能障害者，その他の心身の機能の障害等を有する人の中には，判断する能力を全く欠いている状態の人もいれば，反対にそこまで至っていないものの，やはり特定の契約等に当たっては援助が必要であるという人もいる。

(2) **精神機能の低下と制度設計**

この制度の対象者の多くは，認知症の人が占めるとみられる。そこで，認知症の人（アルツハイマー型）を例にとってこの3類型の制度を考えてみる。

認知症の方の多くは，発症からの経年とともに認知機能の低下がみられ，それとともに判断能力も減退すると言われている。

多くの場合，最初に，認知機能の低下に気づき，それが「目立つ」（精神上の障害により事理を弁識する能力が不十分なもの）と感じる，次に「ひどくなった」（精神上の障害により判断能力が著しく不十分なもの），そして「認知機能はないか，あっても僅か」（精神上の障害により判断能力を欠く常況にあるもの）という段階に至る。このため，法は，分かりやすく言えば，この3段階を「補助」「保佐」「後見」という，3類型に分けて制度設計をしていると言える。

認知症については，第8章で説明する。

2．成年後見人等について

(1) **成年後見人等とは**

任意後見制度では，契約当事者の一方である委任者を「本人」といい，受

任者を「任意後見人（任意後見受任者）」というが，法定後見制度では制度ごとでその名称が異なる。

法定後見のスキーム

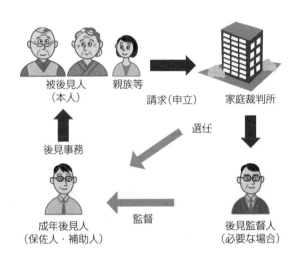

　補助制度においては，本人を「被補助人」といい，後見事務を担う人を「補助人」という。保佐制度においては，「被保佐人」と「保佐人」，後見制度（後見類型）においては，「成年被後見人」と「成年後見人」としている。

　一般には，成年後見制度での本人の支援者については，後見人という呼び方をしているが，法定後見において後見事務を担う人は「成年後見人等」と称されることが多い。

(2) 選任と欠格事由

　成年後見人等は，法定の申立権限者の申立てより，家庭裁判所が審判し，それぞれの類型に従って選任される。

　成年後見人等の資格は，特にない。しかし，法は，欠格事由を定めている。その欠格事由は，次の五つの事由である（民法847条，876条の2第2項，876条の7第2項）。

① 未成年者
② 家庭裁判所で免ぜられた法定代理人，保佐人または補助人
③ 破産者
④ 被後見人に対して訴訟をし，またはした者並びにその配偶者及び直系血族
⑤ 行方の知れない者

3．申立てと審判

(1) 申立て手続き

(a) この制度は，法定された申立権限を有する者による，家庭裁判所への申立てが必要である。

申立権限を有する者は，それぞれの類型で異なるが，基本的には，①本人，②配偶者，③四親等内の親族，④未成年者後見人・未成年者後見監督人，⑤成年後見人等とそれぞれの監督人，⑥市区町村長，⑦検察官である。なお，特別の事由がある場合に限るが，任意後見契約が登記されているときは，⑧任意後見人（任意後見受任者）及び任意後見監督人も申立権を有する。

(b) 申立て及び準備する書類

申立ては，家庭裁判所が定める様式の申立書に必要事項を記載のうえ，必要書類を添えて行う。

提出する資料や書類は，次のものである。

・申立書
・申立事情説明書（ソーシャル・レポートを含む）
・親族関係図
・本人の財産目録及びその資料（不動産登記簿謄本や預貯金通帳のコピー等）
・本人の収支状況報告書及びその資料（領収書のコピー等）
・後見人等候補者事情説明書
・親族の同意書
・本人及び後見人等候補者の戸籍謄本

・本人及び後見人等候補者の住民票(世帯全部,省略のないもの)

・登記されていないことの証明書

・成年後見用の診断書と診断書付票

(2) 審判手続き

成年後見人等の選任の審判手続は,それぞれの類型によって異なるが,家事事件手続法によって定められている手続にしたがって,次のような手順となる。

① 管轄の確認(家事事件117条)

② 精神鑑定もしくは医師の意見聴取(同法119条)と本人の陳述・意見等の聴取(同法120条)

③ 審判の告知(同法122条)

④ 即時抗告(同法123条)

⑤ 審判前の保全処分(同法126条)

(3) 成年後見人等の候補者

本人やその他の申立人は,成年後見人等の候補者がいる場合は,これを申立書に記載し,裁判所の審判に供する。

家庭裁判所では,申立書に記載された成年後見人等候補者が適任であるかどうかを審理し,その結果,候補者が選任されない場合がある。候補者がいない場合も含め,本人が必要とする支援や手配の内容などによって,弁護士,司法書士,社会福祉士等の専門職や家庭裁判所にある名簿に基づき市民後見人(NPO法人など)を成年後見人等に選任することになる。

複数の後見人の選任も可能であり,したがって候補者のほかに,かかる専門職後見人が選任されることもある。

なお,成年後見人等に誰が選任されたかについての不服の申立てはできない。

4. 鑑定（診断書の活用）

(1) 法の定め

家事事件手続法は、被後見人に関する精神の状況に関する鑑定につき、「家庭裁判所は、成年被後見人となるべき者の精神の状況につき鑑定をしなければ、後見開始の審判をすることができない。ただし、明らかにその必要がないと認めるときは、この限りでない。」と定め（家事事件119条1項）、これを保佐類型にも準用している（同法133条）。

他方、補助類型については「家庭裁判所は、被補助人となるべき者の精神の状況につき医師その他適当な者の意見を聴かなければ、補助開始の審判をすることができない。」と定めている（同法138条）。

したがって、審判に当たっては、原則、鑑定が必要になるが、補助類型だけは、鑑定は必要なく、医師だけでなく「適当な者」に聞けばよいことになっている。しかし、実務では、前述のように「診断書」の活用が一般的である。

(2) 鑑定の実施状況と鑑定料

後見等の審判に当たって、裁判所が行う鑑定の実施状況については、毎年最高裁判所からホームページ等で公表される。家庭裁判所の鑑定の実施状況は、前述のとおりであるが、家事事件手続法が新しく施行された後も大きく変わってはいない。現に、裁判所が実施する鑑定の数は、平成25年は全体の10.9％（前年は10.7％）であり、法定後見の審判のほとんどが診断書に依拠しているのである。

次に鑑定料であるが、一般には5万円を目安にしていると言われているが、10万円を超えるものもある。平成25年の裁判所統計によれば、鑑定の費用は、5万円以下のものが全体の約67.0％（前年は約68.9％）となっており、全体の約97.8％（前年は約98.6％）の事件において鑑定費用が10万円以下であった。

(3) 鑑定の在り方

裁判所が行う鑑定の在り方については、後に考えを述べるが、学者や実務

家からさまざまな意見が述べられている。考え方は同じで，適正に，かつ迅速にであるが，費用についての意見もある。筆者は，「成年後見制度をも考えた鑑定を」という，1項目の追加を提言したい。

5．成年後見人等の職務

(1) 成年後見人等の職務について

成年後見人等の職務については，それぞれの制度（類型）によって異なる。

身上監護と財産管理に関する後見事務は，後見（後見類型）が最も広く，他の制度は限定的である。例えば，補助制度では代理権が付与されていなければ，同意権と取消権だけであり，次に述べる義務も違ってくる。それぞれの制度の職務については，各制度の中で説明する。

(2) 職務と権限

成年後見人等の職務権限として，次のものがある。

(a) 代理権

本人の代理人（法定代理人）として契約等の法律行為をする権限である。

(b) 取消権及び追認権

成年後見人には，後見開始の審判の確定後に，本人が締結した契約等の法律行為を取り消す権限（民法9条本文，120条1項）と，取り消すことができる行為について，取消権を放棄して有効な行為として確定させる権限（民法122条）がある

(c) 財産管理権

財産の保存，利用，改良又は処分をする権限である。

実務では，民法第103条を根拠に保存行為と利用・改良行為に限定される傾向にある（民法103条―権限の定めのない代理人は，保存行為と代理の目的である物又は権利の性質を変えない範囲内において，その利用又は改良を目的とする行為のみをする権限を有する）。

(d) 権限の制限

次の場合，成年後見人等は権限が制限される。

①　成年後見人が複数選任された場合であって，権限の共同行使又は事務の分掌の定めがなされたとき（民法859条の2第1項）

②　居住用不動産を処分するとき（民法859条の3―家庭裁判所の許可）

③　成年被後見人と利益が相反する行為（民法860条，826条）

④　成年後見人が，成年被後見人に代わって，営業もしくは民法13条1項各号に掲げる行為（元本の領収を除く。）をするには，成年後見監督人があるときは，その同意を得なければならないこと（民法864条）

⑤　成年被後見人の行為を目的とする債務を生ずべき場合には，本人の同意を得なければならないこと（民法859条2項，824条ただし書）

⑥　本人が行った日用品の購入その他日常生活に関する行為（民法9条ただし書―取消すことができない）

6．成年後見人等の義務

(1)　成年後見人等の義務とは

　成年後見人等は，法律の定めによりさらには制度の仕組みからさまざまな義務を負う。考えられる義務は，次のとおりである。なお，財産管理等の代理権の付与されていない保佐人や補助人には，具体的な義務の多くは法定されておらず，その一部の義務を負うことになる。

(a)　一般的な義務

①　善管注意義務（民法869条，644条）

②　事務完遂義務

③　本人の意思尊重義務及び身上配慮義務（民法858条）

④　自己執行義務

⑤　守秘義務

(b)　具体的な義務

⑥　財産調査，財産目録等作成義務（民法853条，856条）

⑦　債権債務申し出義務（民法855条，856条）

⑧　支出計画（後見計画）の策定義務（民法861条1項）

⑨ 管理計算義務(民法870条)
⑩ 利息付加及び損害賠償義務(民法873条)
⑪ 報告義務(民法863条)
⑫ 変更・終了登記申請義務
⑬ 財産引継ぎ義務及び応急処分義務(民法874条,654条)

詳細は,本章・第2以降の各法定後見制度及び第5章「後見事務の内容」を参照されたい。

(2) **成年後見人等の義務違反と公的性格**

家庭裁判所から選任された成年後見人等の後見の事務は「公的性格を有するものであって,成年被後見人のためにその財産を誠実に管理すべき法律上の義務を負っている」のであり,被後見人の財産を私的に流用したりすることはできない。

しかし,これを理解しない家族後見人が少なくない。

このため,成年後見人等が本人の財産を本人以外の者のために費消するなどの不祥事が後を絶たず,その後見人の数のみならず,不正使用した金額は驚くべき数字である。そこで裁判所が取り入れたのが,後見制度支援信託の仕組みである(本書122ページ)。

7．成年後見監督人等の概要

(1) **成年後見監督人等とは**

任意後見制度では,監督人については「任意後見監督人」というが,法定後見制度では制度ごとでその名称が異なる。また,絶対必要な機関でもない。

補助制度においては,監督人を「補助監督人」,保佐制度においては,「保佐監督人」,後見制度においては,「成年後見監督人」という。

(2) **選任と欠格事由**

(a) 後見監督人の選任は,関係者の申立てのほかに,職権でもなされる(民法849条)。

成年後見監督人等は,任意後見監督人と異なり,必ず置かれるわけではな

い。その必要性は，裁判所が判断することになる（民法849条，876条の3等）。

市民後見人にあっては，実務をみると，多くの場合後見監督人を選任しているようであるが，もちろん選任していない裁判所もある。反対に，専門職後見人の場合でも，後見監督人が選任されている例もある。

(b) 欠格事由

任意後見監督人と同じで，配偶者，直系血族及び兄弟姉妹（民法850条）と，①未成年者，②家庭裁判所で免ぜられた法定代理人，保佐人または補助人，③破産者，④本人に対して訴訟をし，またはした者並びにその配偶者および直系血族，⑤行方の知れない者である（民法847条，852条等）。

(3) 成年後見監督人等の職務

法は，成年後見監督人等に，任意後見監督人と同様，成年後見人等の事務を監督し，その事務について家庭裁判所に定期的に報告することを主たる職務とし，その監督を実効あるものにするための権限や，さらに特定の場合成年後見人等に代わって後見事務を行う権限を付している。

(a) 成年後見人等が行う後見等の事務を監督すること（民法851条1号等）

(b) 成年後見人等に対し事務の報告及び財産の目録の提出を求め，事務や本人の財産の状況を調査すること（民法863条1項）

(c) 家庭裁判所に対し本人の財産の管理その他の事務について，必要な処分の申立てをすること（民法863条2項）

(d) 成年後見人等の不正な行為や不適任な事由の存在を知ったときの解任を請求すること（民法846条）

(e) 成年後見人等が欠けた場合のその選任を家庭裁判所に請求すること（民法851条2号）

(f) 急迫時の必要な処分と利益相反行為の代理（民法851条3号・4号）

「急迫の事情がある場合」「必要な処分」及び「利益相反行為」の内容については，任意後見監督人の項目を参照されたい（本書184ページ）。

(4) 成年後見監督人等の辞任と解任

成年後見監督人等の辞任及び解任の要件と手続きは，任意後見監督人の場

合と同じである（民法852条等，844条準用，846条準用）（任意後見監督人の辞任・解任の項参照）。

8．法定後見相互の調整

法定後見制度は，それぞれ独立した制度であり，一つ型を補完する制度ではない。したがって，審判の過程において法定後見相互間での調整は当然起こり得る。

(1) 法定後見開始の審判相互の調整

補助・保佐・後見のいずれかの審判を受けている者について，本人の判断能力の状況の変化により他の制度の開始の審判をする場合には，家庭裁判所は従前の審判を職権で取り消すことになる（民法18条）。

例えば，保佐開始または補助開始の審判を受けている本人の判断能力の状況が後見開始の要件に該当する程度に至った場合は，申立権者により，後見開始の審判の申立てを行い（民法7条），後見開始の審判をするが，この場合，家庭裁判所は，職権による保佐開始または補助開始の審判の取消しをすることになる（民法19条1項）。また，反対のケースの場合にも，同様な手続を踏むことになる（民法19条2項）。

(2) 申立て相互の調整

(a) 本人の精神上の障害の状況が申立人の見込みより重度と認定された場合，例えば，保佐開始の審判の申立てで審理の結果本人の判断能力が後見開始の要件に当たるときである。

この場合，家庭裁判所は，申立人に対し，その旨を伝えたうえで，申立ての趣旨を後見開始の審判の申立てに変更するか，または予備的に後見開始の審判の申立てを促すことになる。そして，申立人が釈明に応じその申立てをした場合は，後見開始の審判をすることになる。なお，かかる釈明に応じない場合は，保佐開始の審判の申立てが後見開始の審判の申立てを包含するものと解する余地はないので，家庭裁判所は，保佐開始の申立てを却下することになる。

これは，補助開始の審判の申立てで本人の判断能力が保佐または後見開始の要件に当たる場合も同じである。

(b)　次に，本人の精神の状況が申立人の見込みより軽度と認定された場合である。

　後見開始の審判の申立てについて審理した結果，本人の判断能力の状況が保佐開始もしくは補助開始の要件を満たすと認められる場合であるが，もちろん後見開始の審判はできないので，家庭裁判所は，(a)と同じ手続を踏んで，申立人が家庭裁判所の釈明等に応じれば，保佐開始もしくは補助開始の審判をすることになる。

　問題は，申立人がかかる家庭裁判所の釈明に応じない場合であるが，従来の実務の取扱いは考え方が分かれている。

　家庭裁判所は当事者が求めた申立ての趣旨の範囲を超えて審判をすることはできないが，後見開始の審判の申立てについては，行為能力の制限の範囲がより小さい保佐開始や補助開始の審判の申立てを包含するものと解するという考え方がある。

　しかし，一方で後見開始の審判の申立てが保佐開始の審判の申立てを包含するとしても，裁判所が同意権の範囲を拡張限定したり，取消権を付与したりすることはできないのであり，当事者の考えが確定できない以上審判はできないのではないかという考え方もある。

9．申立ての取下げ

　成年後見等の申立ての取下げは，家庭裁判所の許可を得なければならない。

　成年後見等の開始については申立主義を採用していることから，そもそも後見開始等の審判確定前であれば，その申立ての取下げができるとされよう。このため，これまで手続が進行して，裁判所によって後見の保護が必要であると認定されているときでも，申立人の一方的な都合や思惑で取下げがなされていた。この取下げに関し，本人の保護に欠けること甚だしいといわざるを得ないとの理由で，取下げを認めるべきではないとの考え方が強く主張さ

れていた。

　そこで，新しく制定された家事事件手続法では，取下権の濫用と認定されるような場合には取下げを認めないとの考えが貫かれ，「審判がされる前であっても，家庭裁判所の許可を得なければ，取り下げることができない」とされた（家事事件121条，133条準用，142条準用）。

10. 申立て費用

　(a)　申立てに当たっては，さまざまな費用がかかる。裁判上の費用とそれ以外の費用である。裁判所に納める費用としては，後見等開始申立手数料（印紙），送達等に要する郵券，後見登記手数料や鑑定費用などがある。

　(b)　この費用の負担者は原則として申立人となる。

　この費用が嵩む場合，費用を支払えない人もいる。特に，鑑定費用などは高額になることが多く，これが利用障害の大きな原因ともなっていた。このため，申立費用等の支援制度（成年後見制度利用支援事業—市町村申立ての低所得の高齢者に係る成年後見制度の申立てに要する経費や成年後見人等の報酬の助成等を行うもの）もできている。

11. 後見事務処理と報告

(1) 成年後見人等の事務処理

　成年後見人，保佐人，補助人の事務については，法律や審判の内容によって異なり，それぞれの後見人に与えられた職務に従って事務処理を行うことになる。

　この後見人が行うべき事務については，成年後見人については「後見の事務」（民法863条），保佐人については「保佐の事務」（民法876条の5），補助人については「補助の事務」（民法876条の10）であるが，本書での説明は，本章第2ないし第4を除きすべて「後見事務」で統一している。

(2) 事務の報告

　成年後見人等の事務処理については，家庭裁判所は（後見監督人がいる場

合は，後見監督人も）報告を求め，この報告を通じて後見人を監督することになる（民法863条1項，876条の5第2項，876条の10第1項）。

　この報告は，一般には1年あるいは6か月毎の書面の提出によって行われる。

(3) 事務処理費用

　後見人の事務処理費用については，被後見人本人の財産から支弁する（民法861条2項，876条の5第2項，876条の10第1項）。成年後見人等や成年後見監督人の報酬も同様である（民法862条，876条の5第2項，876条の10第1項）。

12. 後見人等の報酬

　(a)　家庭裁判所は，成年後見人等として事務処理した期間，被後見人の財産の額や内容，成年後見人等の行った事務の内容などを考慮して，上記のように，被後見人の財産の中から，相当な報酬を後見人に与えることができるとし，これが保佐人や補助人及びそれぞれの監督人に準用されている。したがって，成年後見人等の報酬は，種々の事情を勘案して家庭裁判所が決めることになる。

　この成年後見人等の報酬の付与は，家庭裁判所の審判事項になっているので（家事事件39条，別表第一13・31・50），定められた家事審判（成年後見人に対する報酬付与）申立書によって手続きをすることになる。

　http://www.courts.go.jp/saiban/syosiki_kazisinpan/syosiki_01_48/

　(b)　最近，この成年後見人や後見監督人等の報酬について，東京家庭裁判所等から基準（めやす）が示された。次表の「成年後見人等の報酬額のめやす」である。

　その中で，専門職の成年後見人等の報酬につき「成年後見人が，通常の後見事務を行った場合の報酬（基本報酬）のめやすとなる額は，月額2万円。ただし，管理財産額が1,000万円を超え5,000万円以下の場合には月額3万円ないし4万円，管理財産額が5,000万円を超える場合には月額5万円ないし6万円」と示されたが，さらに「付加報酬として，身上監護等に特別困難な

事情があった場合には，上記基本報酬額の50パーセントの範囲内で相当額の報酬を付加する」とされた。そして，親族を含めその他の成年後見人もこれに準ずるとの説明がされている。

第3章 法定後見制度の概要

平成25年1月1日
成年後見人等の報酬額のめやす

東 京 家 庭 裁 判 所
東京家庭裁判所立川支部

1　報酬の性質
　家庭裁判所は，後見人及び被後見人の資力その他の事情によって，被後見人の財産の中から，相当な報酬を後見人に与えることができるものとされています（民法862条）。成年後見監督人，保佐人，保佐監督人，補助人，補助監督人及び任意後見監督人についても，同様です。
　成年後見人等に対する報酬は，申立てがあったときに審判で決定されます。報酬額の基準は法律で決まっているわけではありませんので，裁判官が，対象期間中の後見等の事務内容（財産管理及び身上監護），成年後見人等が管理する被後見人等の財産の内容等を総合考慮して，裁量により，各事案における適正妥当な金額を算定し，審判をしています。
　専門職が成年後見人等に選任された場合について，これまでの審判例等，実務の算定実例を踏まえた標準的な報酬額のめやすは次のとおりです。
　なお，親族の成年後見人等は，親族であることから申立てがないことが多いのですが，申立てがあった場合は，これを参考に事案に応じて減額されることがあります。
2　基本報酬
(1)　成年後見人
　成年後見人が，通常の後見事務を行った場合の報酬（これを「基本報酬」と呼びます。）のめやすとなる額は，月額2万円です。
　ただし，管理財産額（預貯金及び有価証券等の流動資産の合計額）が高額な場合には，財産管理事務が複雑，困難になる場合が多いので，管理財産額が1000万円を超え5000万円以下の場合には基本報酬額を月額3万円～4万円，管理財産額が5000万円を超える場合には基本報酬額を月額5万円～6万円とします。
　なお，保佐人，補助人も同様です。
(2)　成年後見監督人
　成年後見監督人が，通常の後見監督事務を行った場合の報酬（基本報酬）のめやすとなる額は，管理財産額が5000万円以下の場合には月額1万円～2万円，管理財産額が5000万円を超える場合には月額2万5000円～3万円とします。
　なお，保佐監督人，補助監督人，任意後見監督人も同様です。
3　付加報酬
　成年後見人等の後見等事務において，身上監護等に特別困難な事情があった場合には，上記基本報酬額の50パーセントの範囲内で相当額の報酬を付加するものとします。
　また，成年後見人等が，例えば，報酬付与申立事情説明書に記載されているような特別の行為をした場合には，相当額の報酬を付加することがあります（これらを「付加報酬」と呼びます。）。
4　複数成年後見人等
　成年後見人等が複数の場合には，上記2及び3の報酬額を，分掌事務の内容に応じて，適宜の割合で按分します。

以上

出典：http://www.courts.go.jp/tokyo-f/vcms_lf/130131
　　　seinenkoukennintounohoshugakunomeyasu.pdf

13. 成年後見人等の辞任と解任

(1) 解　任

　成年後見人等に不正な行為，著しい不行跡その他法定後見の任務に適しない事由があるときは，家庭裁判所は，成年後見監督人（保佐監督人・補助監督人），本人，その親族もしくは検察官の申立てによって，又は職権で，これを解任することができる（民法846条，876条の2第2項，876条の7第2項）。

　「不正な行為」，「著しい不行跡」の具体的内容は，任意後見人の場合と同じである。

　なお，本人や親族から，解任の申立てがなされる事例が少なくないが，その主な理由は，「本人との面接不足」「親族への説明不足」や「強制的な入所」などである。

(2) 辞　任

　成年後見人等は，正当な事由があるときは，家庭裁判所の許可を得て，その任務を辞することができる（民法844条，876条の2第2項，876条の7第2項）。

　この場合の「正当な事由があるとき」とは，転勤や転居等により後見事務を遂行でき得ない遠隔地へ住居を移転したとき，疾病，身体障害などにより後見事務の遂行に支障があるとき，本人またはその親族との不和により事務遂行ができないとき，他に担当する成年被後見人等が多数でその事務負担が予想以上に過重になったときなどが考えられる。

　この場合，成年後見人等は，家庭裁判所に辞任の許可の申立てをし，その許可の審判を得る必要がある。

14. 取引の相手方の保護

(1) 相手方の催告権（民法第20条）

　法定後見制度により取消権の付与を受けた本人と取引をした相手方が，早期に取消権または追認権の行使についての不安定な状態を解消するために，相手方に対し催告権が認められている。

この場合，相手方は，本人の法定代理人もしくは行為能力の回復後の本人に対して，1か月以上の期間を定めてその期間内に追認するかどうかを確答すべき旨の催告をする。そして，成年被後見人等（同意権付与の審判を受けた補助人及び保佐人を含む。）が，その期間内に確答がない場合は，当該行為は追認したものとみなされる。

なお，特別の方式（後見監督人の同意）を要する行為（民法864条）については，期間内にその方式を履践した旨（後見監督人の同意を得た旨）の通知を発しなければ，当該行為は取り消されたものとみなされること，同意権付与の審判を受けた被補助人または被保佐人と取引をした相手方は，本人の行為能力が制限されている間は，本人に対し，1か月以上の期間内に補助人または保佐人の追認を得るべき旨の催告をし，その期間内に追認を得た旨の通知がない場合は，当該行為は取り消したものとみなされることになる（民法20条3項・4項）。

(2) **詐術による取消権の制限（民法第21条）**

本人が，取引の相手方に対して，自己が制限能力者でないと信じさせるために「詐術」を用いたときは，取引の安全の観点から取消権の行使が制限される。

この規定は，外観上健常者と区別できない状態にある被補助人の場合が問題になる。それは，本人が，当該取引について同意権付与の審判を受けている事実を相手方に告げずに取引をした場合であるが，それが被補助人の言動が相手方の誤信を強めさせたものとして「詐術」に該当すると判断される場合もあり得るということである。

15. 成年後見人等の死亡

(1) **成年後見人等の死亡と後見**

成年後見人，保佐人，補助人が死亡した場合，家庭裁判所は，本人もしくはその親族その他利害関係人の申立てによって，または職権で，新たな成年後見人等を選任することになる（民法843条2項，876条の2第2項，876条の7

第2項)。

　成年後見人等の死亡によっては，後見は終了しない。この点は，任意後見人の場合と異なる。

(2) **成年後見人等の死亡後の事務処理**

　成年後見人の相続人が後見の計算をし，家庭裁判所に報告(民法870条)するとともに，新たな成年後見人に対して後見事務及び財産の引継ぎを行うことになる。なお，急迫の事情があるときは，成年後見人の相続人が，新たな成年後見人において後見事務を処理することができるに至るまで，必要な処分をすることになる(民法874条，654条)。

16. 本人の死亡と死後事務

(1) **成年被後見人等本人の死亡と後見**

　成年後見制度では，被後見人本人が死亡すると後見事務は終了する。

　成年後見人は，後見の結了に向けて次のようなさまざまな事務処理を行うことになる。

(a) 後見の計算と報告(民法870条，871条，876条の5第3項，876条の10第2項)

(b) 終了の登記

(c) 相続人等への財産等の引渡し(なお，民法873条，876条の5第3項，876条の10第2項)

(d) 応急処分(民法874条，654条，876条の5第3項，876条の10第2項)

(2) **死を迎える本人のための後見人の事務**

　成年後見人は，成年被後見人(本人)の死亡など後見終了に向けての備えは不可欠である。本人が死亡して初めて，祭祀をつかさどる相続人探しをするのでは後見人失格である。

　後見人は，あらかじめ本人死亡に伴うさまざまな事務を想定して，準備をしておかなければならない。具体的内容は後述するが，大事な事務の一つである。

(3) 成年後見人等と死後事務

(a) 成年後見制度をみると，本人の死亡後にあっても，他に相続人がいないなどの理由で，成年後見人（正確には，成年後見人であった者）が処理しなければならない死後事務が数多くあるにもかかわらず，現行法では，成年後見人であった者には，この死後事務を処理するための権限がほとんど与えられていない。このため，成年後見人は，これらの事務に一切関与すべきではないとの考えも有力である。

しかし，一方で成年後見人は，本人の生前において，本人の最も身近にいて，身上監護等に当たった者として，本人を取り巻く関係者からは，かかる死後事務をも処理してもらえるものと期待され，対応を迫られているのである。このため，成年後見人等としては，やむを得ず，法的に許容されるものか否かについてはさまざまな法解釈を試みながら，時には，苦しい理由をつけて死後事務の処理を行っているという，制度上の問題が生起している。

(b) 成年後見人の死後事務については，さまざまな考え方があるが，市民後見人の中には，法的根拠を考えることなくこれを行っている者もいる。実際，裁判所からは，爾後報酬の付与がなされているという話も聞く。

この死後事務に関しては，多くの場合，**応急処分義務**（法定後見については民法874条，876条の5第3項，876条の10第2項による民法654条の準用，任意後見（任意後見監督人）については任意後見法7条4項による民法654条の準用），それに**事務管理**の規定（民法697条以下）によって正当化が図られていると言われている。

筆者は，成年後見人による死後事務委任契約を考えるべきではないかと思う。誰かが人の死にあえば，葬儀，納骨をし，また必要に応じて永代供養を手続きしなければならないのである。これらの手続きは，本人に相続人やこれを行う親族がいなければ，誰かが代わって行う必要がある。それが成年後見人であっても良いはずであるし，かかる契約を締結したからと言って善管注意義務違反には問われまい（遠藤英嗣「増補　新しい家族信託」日本加除出版65，470ページ）。

法定後見(補助・保佐・後見)の仕組み

		補　助	保　佐	後　見
	(対象者)判断能力	精神上の障害により判断能力が不十分な方	精神上の障害により判断能力が著しく不十分な方	精神上の障害により判断能力を欠く常況にある方
開始手続	申立権者	①本人,②配偶者,③4親等内の親族,④未成年者後見人・未成年者後見監督人,⑤成年後見人等とそれぞれの監督人,⑥市区町村長,⑦検察官,⑧任意後見人(受任者)・任意後見監督人		
	本人の同意	必　要	不　要	不　要
機関の名称	本　人	被補助人	被保佐人	成年被後見人
	保護支援者	補助人	保佐人	成年後見人
	監督人	補助監督人	保佐監督人	成年後見監督人
同意権・取消権	付与の対象	申立ての範囲で家庭裁判所が定める特定の法律行為(民法13条1項が定める行為の一部)	①民法13条1項が定める行為 ②追加した特定の法律行為(民法13条2項)	日常生活に関する行為以外の行為
	付与の手続	補助開始の審判と同意権付与の審判(要本人の同意)	保佐開始の審判 上記②については同意権付与の審判	後見開始の審判 (同意権はない)
	取消し権者	本人・補助人	本人・保佐人	本人・成年後見人
代理権	付与の対象	申立ての範囲で家庭裁判所が定める特定の法律行為	申立ての範囲で家庭裁判所が定める特定の法律行為	財産に関するすべての法律行為
	付与の手続	補助開始の審判と代理権付与の審判(要本人の同意)	保佐開始の審判と代理権付与の審判(要本人の同意)	後見開始の審判
	本人の同意	必　要	必　要	不　要

第3章　法定後見制度の概要

17. 成年被後見人等の遺言

(1) 成年被後見人の遺言

　遺言は，それが自筆証書遺言であろうと，公正証書遺言※であろうと遺言者に判断能力（遺言能力）がなければ，有効な遺言とはならない（民法963条）。

　成年被後見人は，一般には判断能力（事理弁識能力）がないとして，後見開始の審判がなされているわけであり，遺言を作成することはできないとされよう。しかし，成年被後見人であっても，その経過等によって判断能力が回復することもあり，この判断能力が回復し，遺言をするのに必要な能力があるときは，成年被後見人が単独で遺言を作成することができることになっている（民法973条）。

(a)　遺言作成の手続き

① 　成年被後見人が事理を弁識する能力を一時回復した時において，遺言をするには，医師2人以上の立会いを必要とする（民法973条1項）。

② 　遺言に立ち会った医師は，遺言者が遺言をする時において精神上の障害により事理を弁識する能力を欠く状態になかった旨を遺言書に付記して，これに署名し，印を押さなければならない。ただし，秘密証書による遺言にあっては，その封紙にその旨の記載をし，署名し，印を押さなければならないとされている（同条2項）。

(b)　実際の被後見人の遺言

　公証業務において，被後見人の遺言作成の相談を受けることは少なからずあるが，実際に遺言公正証書を作成する例は少ない。それは，2名の医師を確保するのがかなり難しいということである。

　また，成年被後見人の遺言公正証書を作成する場合，公証人は，本人につき面識がない限り，本人証明を求めることになる。成年被後見人は，印鑑登録証明書の登録ができないので，第三者による証言により本人証明をすることになる。

　なお，成年被後見人の嘱託による公正証書遺言については，その後見人か

ら当該公正証書遺言の閲覧や謄本請求はできないとされている（昭和63年12月2日民一第6767号法務省民事局長通達）。

(2) 被保佐人等の遺言

　被保佐人及び被補助人の場合，成年被後見人のような手続等の定めはない。

　被保佐人の場合，公証人にあっては，本人との面接及び担当医師作成の診断書等を総合判断して，遺言能力があると認めるときは，医師の立会いなくして遺言を作成できる。なお，場合によっては，医師の意見を聞き公正証書の作成に当たることになる。被補助人の場合も同様である。

※　「公正証書遺言」について
　　公正証書遺言は，公証人が作成する遺言である。
　　遺言者が，公証人の面前で，遺言の内容を口授し，それに基づいて，公証人が，遺言者の真意を正確に文章にまとめ，公正証書として作成する。
　　公証人は，多年，裁判官，検察官等の法律実務に携わってきた法律の専門家で，正確な知識と経験を有しており，遺言作成に当たって法律的な面からも適切にアドバイスしてくれる。まして，遺言の内容が複雑な内容であっても，公証人が親身になって相談を受けながら，最善と思われる整理した遺言を構成するため，方式の不備で遺言が無効になるおそれはなく，公正証書遺言は，自筆証書遺言と比べて，安全確実な遺言方法であると言える。
　　公正証書遺言を作成するに当たっては，最寄りの公証役場に赴いて公証人にまず相談することから始まる。ただし，遺言者が加齢で体力が弱りあるいは病気や怪我等のため，公証役場に出向くことが困難な場合には，公証人が，遺言者の自宅や老人ホーム，病院等へ出張して遺言書を作成することもできる。
　　あらかじめ，①委託者（遺言者）の印鑑登録証明書，②遺言者と受遺者（相続人）とのつながりが分かる戸籍謄本，③その他の受遺者の住民票，④遺産である不動産に関する資料（登記事項証明書，固定資産税評価証明書等），⑤金融資産の金融機関名・口座番号，⑥遺言執行者の住民票などを準備し，相談の中で，遺言の内容を確定し，証人2名以上の立会いを得て公正証書を作成する。

第2　補助制度

―補助制度―

- 補助制度の対象者

　精神上の障害により事理を弁識する能力（判断能力）が不十分な者である。

- 補助開始の手続

　補助開始の審判の申立てに当たっては，同時に，補助人に同意権もしくは代理権または両者を付与する審判の申立てを行うことが必要である。

　補助開始の審判及び同意権または代理権を付与する審判には，本人の申立てまたは同意が必要となっている。

- 補助の事務

　同意権が付与された場合は，同意権，取消権及び追認権の行使，また，代理権が付与された場合は，その代理権を行使して本人を代表する。

- 補助人の権限（権限の制限がある）

　① 同意権，取消権及び追認権の行使

　② 付与された代理権の行使

- 補助人の義務

（一般的な義務と具体的な義務）

　補助人には，財産調査及び財産目録作成義務，債権債務の申出義務，支出金の予定義務の各規定は準用されていない（ただし，補助人に財産管理の代理権が付与されている場合は，民法第855条は除き，多くは準用されよう）。そして，補助人の任務が終了した場合には，管理計算義務，利息付加及び損害賠償義務，応急処分義務を負う。

1．補助制度とは

(1) 補助制度の理念

　補助制度は，任意後見制度と同様，自己決定権の尊重と残存能力を活用するという成年後見の理念を，最大限取り入れる制度として創設されたものである。

　本人が生活するうえで必要な契約等の法律行為についての判断能力が不十分な人のために，必要な範囲で保護・支援をしようとするのが，補助制度である。この補助制度を利用する人は，もちろん判断能力はある。このまだまだ残っている能力を最大限に活用し，しかもその人の手で，制度設計をさせて，自分のことは自分で守る制度として，補助制度が新設されたのである。

(2) 補助制度の基本的な仕組み

　補助制度では，軽度の認知症者や比較的軽度の知的障害者，精神障害者，その他の心身の機能障害等のある人を対象としているものであって，自己決定権の尊重の観点から，この制度を利用するに当たっては，まず本人の申立てまたは本人の同意が必要となっている（民法15条2項）。

　しかも，本人が受ける保護の内容及び範囲をすべて本人の選択に委ねているのである。すなわち，本人が一定水準以上の判断能力を有する者であることから，保護の内容や範囲の設定を全面的に本人の選択に委ね，本人のイニシアティヴによる自由度及び柔軟性・弾力性の極めて高い制度設計となっているのである。

　この補助制度においては，補助開始の審判（補助人の選任）をするだけの手続にはなっていない。すなわち補助人を選任するのみでは，本人の保護にとって何ら実益がないからである。

　この制度は，本人の意思（申立て）により，補助人への代理権や同意権，取消権の付与及び対象の法律行為の範囲を決定する仕組みになっているのである。それは，この補助制度が，本人や家族が申し立てる場合には大変難しい仕組みになっているということを意味している。

すなわち

(a) 代理権のみの付与
(b) 同意権・取消権のみの付与
(c) 代理権及び同意権・取消権の付与

の三つの選択とさらに

(d) 代理権または同意権・取消権の対象となる法律行為の範囲も選択できること（民法17条1項・2項）

そして，その追加変更も可能となっているのである（民法876条の9第1項）。

2．被補助人と補助人

(1) 被補助人

「被補助人」は，補助開始の審判を受けた本人のことである。

補助開始の審判を受けた者は，被補助人とし，これに補助人を付するとされている（民法16条）。

(2) 補助人

「補助人」とは，補助開始の審判を受けた本人（被補助人）の支援保護を任務として選任される者である。

(a) 補助人の選任

家庭裁判所は，補助開始の審判をするときは，職権で，補助人を選任するものとされている（民法876条の7第1項）。この補助人については，成年後見人に関する選任（民法843条2項～4項），後見人の辞任，新後見人の選任，解任，欠格事由（民法844条～847条）の規定が準用される。

補助人は，当事者の申立てにより特定の法律行為について代理権の付与が

された場合には，法定代理人として当該法律行為について代理権を行使することができる。また補助人は，特定の法律行為について同意権の付与がされた場合には，被補助人が当該法律行為をすることについて同意するか否かの権利を有し，被補助人が補助人の同意を得ないでした法律行為については，補助人においてこれを取り消すことができることになっている。

(b) **補助人の欠格事由**

補助人は，法定の欠格事由がない限り，一定の資格など要求されていないので，親族はもちろん，専門職後見人や法人も選ばれることになる。法が定める欠格事由は，①未成年者　②家庭裁判所で免ぜられた法定代理人，保佐人または補助人　③破産者　④被補助人に対して訴訟をし，またはした者並びにその配偶者及び直系血族　⑤行方の知れない者である（民法876条の7第2項，847条）。

(3) **臨時補助人の選任**

補助人またはその代表する者と被補助人との利益が相反する行為については，補助人は，臨時補助人の選任を家庭裁判所に請求しなければならない。ただし，補助監督人がある場合は，この限りでないとされている（民法876条の7第3項）。

3．補助制度の対象者

(1) **対象者**

補助制度の対象者は，精神上の障害により事理を弁識する能力が「不十分である者」である（民法15条1項）。

ここでいう「精神上の障害」とは，身体上の障害を除くすべての精神的障害を意味し，認知症者，知的障害者，精神障害者やその他の心身の機能の障害（交通事故や転落事故による脳の損傷または脳の疾患に起因する高次脳機能障害者も含む。）等を有する人を広く含むものである。

次に，「事理を弁識する能力」（事理弁識能力）は，任意後見法第2条の定めにもあるもので，同じ意義である。事理弁識能力とは，有効に意思表示を

する能力のことをいい、具体的には物事の道理や道筋、そして自分の行為の結果を認識判断するに足りる精神的な能力のことである。一般的な説明としては、「判断能力」という表現が用いられることが多い。

(2) 「不十分である者」とは

補助開始の審判の対象者は、上記の精神上の障害により「事理を弁識する能力が不十分である者」である。

この場合、同じ判断能力が不十分な方であっても、精神上の障害により判断能力が著しく不十分な者は保佐、精神上の障害により判断能力を欠く常況にある者は後見の審判の対象者であるので、このような人は除かれる。したがって、被補助人の対象者は、精神上の障害により判断能力が不十分な者のうち、後見や保佐の程度に至らない軽度の状態にある人ということになる。

一般には、日常の買物程度は自分でできるが、特に重要な財産に関する法律行為につき、自分では適切に行うことができず、常に他人の援助を受ける必要がある者（誰かに代わってやってもらう必要がある、あるいは誰かにその都度助言を受ける必要がある者）である。

こうしてみると、被補助人の対象者は、認知症の人でも初期の方や、知的障害者、精神障害者やその他の心身の機能の障害等を有する人で軽度の方となろう。

4．補助開始の審判の申立てと審判

(1) 補助の申立て

(a) 管 轄

補助開始の審判の管轄は、本人の住所地の家庭裁判所である（家事事件136条1項）。なお、代理権または同意権・取消権の対象となる法律行為の範囲の追加変更等については、本人の住所とは関係なく、補助開始の審判をした家庭裁判所が管轄となる（家事事件136条2項）。

(b) 申立て

補助開始の審判は、家事事件手続法（新法）別表第一の家事事件手続きと

され，家庭裁判所に，申立ての趣旨と理由を記載した申立書を提出することになっている（家事事件49条1項・2項）。

申立権者は，補助開始の申立てができる者（民法15条1項）および補助人，補助監督人であり，また市区町村長（老人福祉法32条，知的障害者福祉法28条，精神保健福祉法51条の11の2）である。任意後見受任者・任意後見人・任意後見監督人も任意後見法10条2項の趣旨から申立権があると解される。

❶ 補助人の場合は，代理権はもとより同意権（同意権には取消権を伴う。）も，申立人の請求により初めて付与される。補助の対象となる者は被保佐人以上に判断能力を有することから，保護の範囲のすべてを本人の自己決定に委ねることとしたものである。したがって，補助人が同意権・取消権を持たず代理権のみを持つという場合も認められる。

　しかし，同意権も代理権のない補助開始は意味がないので，補助開始の審判は，同意権または代理権付与の審判と同時に行うとされている（民法15条3項）。したがって，補助開始申立てとともに，必ず同意権，代理権のいずれかまたは双方の付与を申し立てなければならない※。

❷ 同意権付与の申立ては，家庭裁判所に対し特定の法律行為を行うことにつき補助人に同意権を付与する旨を請求する（民法17条1項）。同意権が付与された場合は，同意なくしてなされた行為は補助人も本人も取り消すことができる（同条4項，120条1項）。同意権付与の対象となる行為については，民法第13条第1項に定める行為の一部に限定される（民法17条1項ただし書）。

(c) 申立書

最高裁判所のホームページには，最高裁判所事務総局家庭局が作成した定型の申立書式が登載されており，これをダウンロードできるほか，各家庭裁判所にもこれが備え置かれている。

(http://www.courts.go.jp/saiban/syosiki_kazisinpan/syosiki_01_43/index.html)

　補助においては，**代理権**，**同意権付与**の申立てについても検討し，必ず，いずれかまたは双方の付与を申し立てる必要がある。

第3章　法定後見制度の概要

　申立てに当たっては，申立書とともに本人の身上や申立てに至った事情を説明する申立書付票（申立てを本人が知っているか，本人の判断能力や生活状況はどのような状態か，本人の資産，収入などについて記載）の提出が求められている。

※　「代理権・同意権の付与」
　　この制度が，理想に走るが故，本人申立てを難しくしている，そのような話を耳にする。現に，本人申立てにおいてこれが理解できず，特定しないまま申立てをして却下され，上訴でも棄却された事例がある。

(2)　**申立てに当たって準備する書類**
(a)　補助開始の審判の申立書とともに，次の書類を準備することになっている。
　　□　本人の戸籍謄本（全部事項証明書）
　　□　本人の住民票または戸籍附票
　　□　本人の登記されていないことの証明書
　　□　本人の診断書（家庭裁判所が定める様式のもの）
　　□　本人の財産に関する資料
　　□　補助人候補者の住民票または戸籍附票
　　□　同意権または代理権を要する行為に関する資料（契約書写し等）
　なお，本人以外の申立ての場合は，申立人に関する
　　□　戸籍謄本
　　□　住民票（世帯全員のもの）
(b)　診断書について
　補助を除く法定後見にあっては，「家庭裁判所は，成年被後見人となるべき者の精神の状況につき鑑定をしなければ，後見開始の審判をすることができない」とされているが（家事事件119条1項，133条），補助については，「家庭裁判所は，被補助人となるべき者の精神の状況につき医師その他適当な者の意見を聴かなければ，補助開始の審判をすることができない」と定められており，鑑定を原則にしていない（家事事件138条）。

このように，補助の場合には原則鑑定はせず，まず診断書で判断することになっているのである。したがって，診断書は，審判に当たって重要な意味合いを持つことになる。このため，診断書の様式について，最高裁判所事務総局家庭局では「成年後見制度における診断書作成の手引」を発行して，成年後見用の定型書式を作成するように求めている。

(c) 補助人の候補者

補助人の候補者に関する次のもの。

候補者の戸籍謄本，住民票，市町村の発行する身分証明書，成年後見に関する登記事項証明書（登記されていないことの証明書），候補者が法人の場合は，その商業登記簿謄本。

なお，候補者がいない場合には，家庭裁判所が適任者を探すことになる。

5．補助開始の審判と本人の同意

(1) 本人の同意

本人以外の者からの補助審判の申立ての場合，補助開始の審判をするに当たっては，本人の同意が必要となる（民法15条2項）。

本人の同意は，同意権の付与や代理権の付与の審判にあっても必要となる。

家庭裁判所は，それぞれの申立ての内容を確認し，同意権の付与につき必要性が認められるときには，本人の同意を得て，同意権を付与することになる（民法17条2項）。同意権は取消権と一対になるものであるため，自己決定権の尊重及び取引の安全の観点から，必要性が明確であるとともに対象となる法律行為についての特定性が要求される。

一般には，不動産の売買，賃貸借を含む処分，金銭消費貸借契約，保証契約，商品取引，あるいは1回の取引（複数取引も含む）につき金10万円を超える通信販売取引等について同意権を付与することになる。

次に，代理権を付与する審判を行う場合も本人の同意を得ることになる（民法876条の9第1項・2項）。詳細は次項参照。

(2) 補助開始の審判

これらをまとめると，審理の結果，補助を開始するのが相当と判断されれば

① 補助開始の審判
② 補助人の選任の審判
③ 補助人の同意を要する行為を定める審判
④ 代理権を付与する審判（民法876条の9第1項）

を行う（なお，③及び④については，いずれか，または双方）[※]

後見の場合とは異なり，補助開始の審判は本人にも告知される。

補助開始の審判に対しては，即時抗告ができ（家事事件85条1項），即時抗告の期間は補助人として選任された者への審判の告知から2週間である（家事事件86条1項）。なお，補助人の選任の審判に対しては，即時抗告はできない。

※ 「補助命令の審判」（家事事件143条）
　「補助命令の審判」は，家庭裁判所が，補助開始及び補助人の同意を得なければならない行為の定めの申立てがあった場合において，被補助人となるべき者の財産の保全のため特に必要があるとき，当該申立てをした者の申立てにより，補助開始の申立てについての審判が効力を生ずるまでの間，被補助人となるべき者の財産上の行為（民法13条1項に規定する行為であって，当該補助人の同意を得なければならない行為の定めの申立てに係るものに限る。）につき，「財産の管理者」の補助を受けることを命ずる審判である。

6．補助人の代理権

(1) 代理権付与の申立て

代理権付与の申立てについては，補助開始の申立てができる者及び補助人，補助監督人は家庭裁判所に対して補助人に代理権を付与する旨を請求することができる（民法876条の9第1項）。

(2) 代理権付与の審判

家庭裁判所は，代理権付与の必要性を認めるときにこれを付与する。ただし，自己決定権の尊重から，代理権付与の申立てが本人によるものでない場

合には，本人の同意が必要である（民法876条の9第2項）。

付与することのできる代理権の対象となる行為は，同意権・取消権の対象となる行為に限定されない。

この代理権も，必要がなくなれば，申立てによって代理権の範囲を縮減し，または代理権を消滅させることができる（同2項）。

7．補助人の職務と権限

(1) 補助人の職務

補助人の職務は，同意事項にかかる行為の同意，同意なしにした場合の追認と取り消し，それに代理権を付与された行為についての代理行為である。もちろん，必要に応じて財産目録の調整や資産の調査等も行うことになる。

(2) 職務の制限

その権限が制限されているのは

❶ 居住用不動産の処分等（民法876条の10第1項，859条の3）

❷ 利益相反行為（民法876条の7第3項）

❸ 日常生活に関する行為（民法9条ただし書）の取消し

である。

8．補助監督人及び臨時補助人

(1) 補助監督人の選任

家庭裁判所は，必要があると認めるときは，被補助人，その親族もしくは補助人の請求によって，または職権で，補助監督人を選任することができる（民法876条の8第1項）。

(2) 成年後見監督人に関する規定の準用（民法第876条の8第2項）

(3) 臨時補助人（民法第876条の7第3項）

補助人と本人との利益が相反する行為，例えば相互の売買契約や遺産分割協議などについては，補助人は，臨時補助人の選任を家庭裁判所に申立てしなければならない。なお，補助監督人がいる場合は除かれる。

第3 保佐制度

―保佐制度―

- 保佐の対象者
  精神上の障害により事理を弁識する能力（判断能力）が著しく不十分な者である。
- 保佐開始の手続
  保佐開始の審判の申立てに当たって，同時に，追加の同意事項や保佐人に代理権を付与する審判の申立てを行う。保佐人に代理権を付与する審判には，本人の申立てまたは同意が必要となっている。
- 保佐の事務
  保佐制度では，法定された同意事項，さらに同意事項が追加付与された場合には，これらに関し同意権，取消権及び追認権を行使する。また，代理権が付与された場合は，その代理権を行使して本人を代表する。
- 保佐人の権限（権限の制限がある）
  ① 同意権，取消権及び追認権の行使
  ② 付与された代理権の行使
- 保佐人の義務
  一般的な義務と具体的な義務
  保佐人には，財産調査及び財産目録作成義務，債権債務の申出義務，支出金の予定義務の各規定は準用されていない（ただし，保佐人に財産管理の代理権が付与されている場合は，民法第855条を除き，多くは準用される）。これに対して，保佐人の任務が終了した場合には，管理計算義務，利息付加及び損害賠償義務，応急処分義務を負う。

1. 保佐制度の概要

保佐制度は，それまでの準禁治産制度を大きく変え，自己決定権の尊重，残存能力の活用と身上監護の重視という成年後見制度の理念を取り入れるかたちで誕生した。

従来の準禁治産制度は，「心神耗弱者」と「浪費者」を対象にしていたが，これを廃止し，あくまでも成年後見制度の中で，精神上の障害を持ち支援を必要とする者への保護支援制度として生まれ変わった。このため，浪費者は，対象から外された。

保佐制度では，保佐人の権限を拡充して本人保護の実効性を高めるため，①本人保護の一環として，新たに，民法第13条第1項所定の行為について保佐人に取消権を付与し，また審判により保佐人に代理権を付与することもできるとし，②制度の弾力性・連続性の観点から，同意権の範囲を拡張すること，そして代理権の付与やその範囲については，当事者の申立てに委ね，③また自己決定の尊重の観点から，代理権付与の審判は本人の申立てまたは同意を要件としたのである。

2. 被保佐人と保佐人

(1) **被保佐人**

「被保佐人」は，保佐開始の審判を受けた本人のことである（民法12条）。

(2) **保佐人**

「保佐人」は，保佐開始の審判を受けた本人（被保佐人）の支援保護を任務として選任される者である。

家庭裁判所は，保佐開始の審判をするときは，職権で，保佐人を選任する（民法876条の2第1項）。

保佐人は，法定の欠格事由がない限り，一定の資格など要求されていないので，親族はもちろん，専門職後見人・市民後見人や法人も選ばれることになる。法が定める欠格事由は，①未成年者　②家庭裁判所で免ぜられた法定

代理人，保佐人または補助人　③破産者　④被保佐人に対して訴訟をし，またはした者並びにその配偶者及び直系血族　⑤行方の知れない者である（民法876条の2第2項，847条）。

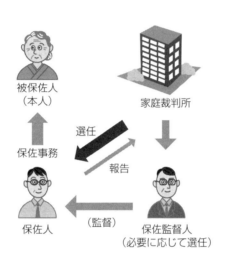

保佐制度

3．保佐制度の対象者

(1) 対象者

保佐制度の対象者は，「精神上の障害により事理を弁識する能力が著しく不十分である者」である（民法11条）。

「精神上の障害」及び「事理を弁識する能力」の意義については，補助の項において述べた。

(2) 「著しく不十分」とは

保佐制度の対象者となり得るのか否かは，本人の判断能力が「著しく不十分」であるかどうかによって区別されることになる。

最高裁判所事務総局家庭局が提供している「成年後見制度における診断書作成の手引」には，保佐の対象者は，判断能力が著しく不十分で，自己の財

産を管理・処分するには，常に援助が必要な程度の者，すなわち，日常的に必要な買い物程度は単独でできるが，不動産，自動車の売買や自宅の増改築，金銭の貸し借りなど，重要な財産行為は自分ではできないという程度の判断能力の者のこと」としている。したがって，このような重要な財産行為について自分ではできず，常に援助が必要であるという程度の判断能力の者が保佐の対象者となり，それ以上の状況，すなわち自己の財産を管理・処分がほとんどできない程度に判断能力が欠けている者は，保佐ではなく後見の対象者となる。このように，これらの重要な財産行為のみならずほとんどの法律行為について常に代わってやる必要はあるかどうかが，保佐に該当するか，後見の範疇かが決まるし，自己の財産の管理・処分など重要な財産行為をするに当たって，常に援助が必要な状況か否かによって，保佐か，補助かを判断する指標となろう※。

※ 「まだら認知症」
　「まだら認知症」は，かつては「まだら呆け」と言われていたが，近時は改められた。まだら認知症は，脳機能が全体的に低下するのではなく，部分的に脳機能が障害されるため正常な部分と認知機能低下の部分ができ，低下する機能としない機能が混在する状態で，知能の侵され方にむらがあることからまだら認知症とよばれている。
　ある事柄についてはよく分かるが，他のことは全く分からない，あるいは制限されているというタイプ，また日によって普段の日と認知機能が著しく低下している症状が出る日があるというタイプの双方があるといわれる。これは多くは脳血管性認知症の方にみられる症状であるが，記憶が断片的ではあるがはっきり残っており，また記憶についての障害が著しいわりには，人格や判断力，理解力が比較的よく保たれているのが特徴といわれている（十束支朗「認知症のすべて」9ページ，http:// www14.plala.or.jp/koimo01/1yogo212.html）。

4．保佐人の同意権と取消権

(1) 保佐人の同意権

保佐人は，補助人と異なり法定の同意権と取消権（追認権）がある。

法は，次の行為につき，「本人がこれを行おうとするときは，保佐人の同意を得なければならない」と定め，保佐人に同意権を与えた（民法13条1項）。

(a) 法定同意事項

次の9項目の事項であるが，民法第9条ただし書に規定する行為は除かれる。

❶ 元本を領収し，または利用すること
❷ 借財または保証をすること
❸ 不動産その他重要な財産に関する権利の得喪を目的とする行為をすること
❹ 訴訟行為をすること
❺ 贈与，和解または仲裁合意（仲裁法第2条第1項に規定する仲裁合意をいう）をすること
❻ 相続の承認もしくは放棄または遺産の分割をすること
❼ 贈与の申込みを拒絶し，遺贈を放棄し，負担付贈与の申込みを承諾し，または負担付遺贈を承認すること
❽ 新築，改築，増築または大修繕をすること
❾ 民法第602条に定める期間を超える賃貸借をすること

(b) 任意の同意事項

ところで，法定の申立権者または保佐人もしくは保佐監督人は，法定同意事項だけでは本人の保護が不十分という場合は，その請求により，上記以外の特別の法律行為につき保佐人の同意を得なければならない事項（ただし，第9条ただし書に規定する行為は除かれる）に加えることができるとされている（民法13条2項）。

(c) 保佐人の同意の方法については法の定めはない。

したがって，本人に対して，あるいは相手方に対しても可能であり，また口頭でもよいことになる。しかし，紛争のおそれを考えて場合によっては文書により行うのが望ましい場合が多いであろう。

(2) **保佐人の取消権**

保佐人の同意を得なければならない行為でその同意またはこれに代わる許可を得ないでしたものは，これを取り消すことができる（同条4項）。

(3) 保佐人の同意に代わる許可

　保佐人の同意を得なければならない行為について，保佐人が被保佐人の利益を害するおそれがないにもかかわらず同意をしないときは，家庭裁判所は，被保佐人の請求によって，保佐人の同意に代わる許可を与えることができるとされている（同条3項）。

5．保佐人の代理権（民法第876条の4）

(1) 代理権付与の申立て

　保佐人には当然には代理権は付与されない。この点は，後見とは異なる。

　保佐制度においては，本人保護のため，保佐人に代理権を付与することができる。この場合，本人の自己決定の尊重の観点から，代理権の付与及びその範囲を当事者の申立てに委ね，しかも本人以外の申立てによる場合には本人の同意が必要とされている（民法876条の4第2項）。

(2) 保佐人の財産管理

　保佐人に対し財産管理に関する代理権が付与されたときは，その代理権の範囲において被保佐人の財産を管理する権限を有することになる。それとともに，保佐人は財産管理につき善管注意義務を負うことになる（民法876条の5第2項，644条）。

(3) 代理権付与の審判

　保佐人に代理権を付与する旨の審判の申立ては，保佐開始の審判の申立てに当たって，その必要があると認められる場合，審判の申立てとともにこれを行うことになる。もちろん，保佐開始の審判後にこれをすることも可能であり，また，さらに特定の法律行為につきこれを追加することも可能である（民法876条の4第1項）。

　審判の申立権者は，保佐開始の審判後にされる場合もあるので，民法所定の保佐開始の審判の申立権者（民法11条）に加えて，保佐人及び保佐監督人にもその申立権が付与されている（民法876条の4第1項）。

(4) 代理権の対象となる特定の法律行為

保佐人の代理権の対象となる「法律行為」には，財産管理に関する法律行為のほか，身上監護に関する法律行為が含まれる。

保佐人の代理権は，申立人の請求により，その請求の範囲内で付与されるので，当該申立人において，代理権の範囲である法律行為を具体的に特定して請求することが必要である。なお，「特定の法律行為」についてであるので，当然特定性は要求されるが，ある程度包括的（本人の所有する不動産の譲渡その他の処分）でもよいとされている。

また，この代理権は，同意権・取消権とは別の保護方法の手段であることから，代理権付与の対象となる法律行為は，同意権・取消権の対象行為の範囲に限定される仕組みにはなっていない。したがって，民法第13条第1項所定の法定同意事項の行為に限定されるものではなく，これを制限しあるいは拡張することも可能である。

6．保佐開始の審判の申立てと審判

(1) 保佐の申立て

(a) 管　轄

保佐開始の審判の管轄は，補助と同様，本人の住所地の家庭裁判所である（家事事件128条1項）。なお，代理権または同意権・取消権の対象となる法律行為の範囲の追加変更等については，保佐開始の審判をした家庭裁判所が管轄となる（同条2項）。

(b) 申立て

保佐開始の審判は，家事事件手続法（新法）別表第一の家事事件手続きとされ，家庭裁判所に，申立ての趣旨と理由を記載した申立書を提出することになっている（家事事件49条1項・2項）。

保佐開始の審判の申立てに当たっては，保佐開始の審判とともに必要に応じて特別の法律行為についての代理権付与の申立てなどについても記載することになる。

(c) 審判の申立権者

保佐開始の審判の申立権者は，①本人，配偶者・四親等内の親族，後見人・後見監督人，補助人・補助監督人または検察官（民法11条），②市区町村長（老人福祉法32条，知的障害者福祉法28条，精神保健福祉法51条の11の2），③任意後見人，任意後見監督人（任意後見10条2項）である。

(d) 申立書

補助制度と同様，定型の申立書式によって申立てすることになる。

保佐においては，民法第13条所定の行為のほか特定の法律行為につき同意権を求める必要があるか，また何につき代理権付与の申立てをするかについても検討し，これが必要であればその付与を申し立てる。

申立書の例を見ると，「本人について保佐を開始するとの審判を求める」とする申立ての趣旨欄の下欄には，「必要とする場合に限り，当てはまる番号を〇で囲んでください。」と記載され，「1　本人が以下の行為（日用品の購入その他日常生活に関する行為を除く。）をするにも，その保佐人の同意を得なければならないとの審判を求める。2　本人のために以下の行為について保佐人に代理権を付与するとの審判を求める。」を選択し，その下欄には「行為の内容」を記載することになっている。

また，申立書とともに本人の身上や申立てに至った事情を説明する申立書付票を提出することになるが，この付属書類は補助の場合と同じである。

(2) **申立てに当たって準備する書類**

(a) 保佐開始の審判の申立書とともに，準備する書類は補助の場合と同じである。

(b) 本人の診断書も要求されている。保佐については，「家庭裁判所は，被保佐人となるべき者の精神の状況につき鑑定をしなければ，保佐開始の審判をすることができない」とされているが（家事事件119条1項，133条），裁判所の実情は，その多くは鑑定はせず診断書だけで判断しているので，ここでも診断書は，審判に当たって重要な役割を果たしている。

(3) **保佐開始の審判**

　保佐の審判については，本人の同意は不要である（補助の民法15条2項のような定めはない）。しかし，本人以外の申立てにより，保佐人に代理権を付与する審判を行う場合は，本人の同意を得ることになる（民法876条の4第1項・2項）。

　審理の結果，保佐を開始するのが相当と判断されれば，保佐開始の審判と保佐人の選任の審判（民法11条，876条の2第1項），それから保佐人の同意を要する特定の行為を定める審判（同法13条2項）及び代理権を付与する審判を行う（同法876条の4第1項）。

7．保佐人の職務と権限

(1) **保佐人の職務**

　保佐人の職務は，前記法定同意事項及び任意の同意事項の行為の同意，同意なしにした場合の追認と取消し，それに代理権を付与された行為についての代理行為である。

　もちろん，必要に応じて財産目録の調整や資産の調査等も行うことになる。

(2) **職務の制限**

　その権限が制限されているのは

❶　居住用不動産の処分等（民法876条の5第2項，859条の3）

❷　利益相反行為（民法876条の2第3項）

❸　日常生活に関する行為（民法9条ただし書）の取消し

である。

8．保佐監督人及び臨時保佐人

(1) **保佐監督人**

　家庭裁判所は，必要があると認めるときは，被保佐人，その親族もしくは保佐人の請求によりまたは職権で，保佐監督人を選任することができる（民法876条の3第1項）。

(2) 臨時保佐人

保佐人またはその代表する者と被保佐人との利益が相反する行為については，保佐人は，臨時保佐人の選任を家庭裁判所に請求しなければならない。なお，保佐監督人が選任されている場合は除かれる（民法876条の２第３項）。

第３章　法定後見制度の概要

第4　後見制度（後見類型）

―後見制度（後見類型）―

- 後見の対象者
  精神上の障害により事理を弁識する能力を欠く常況にある者（多くは「判断能力が全くない人」ということになる）
- 後見開始の手続
  後見開始の審判の申立ては，法定の申立権者がこれを行う。なお，任意後見契約が締結されているときは，後見開始の審判が本人の利益に特に必要な場合に限る。
- 後見の事務
  後見制度では，包括的な代理権と取消権が付与され，本人を代表するとともに取消権を行使する。なお，同意権はない。
- 成年後見人の権限（権限の制限がある）
  ①　取消権の行使（追認権はある）
  ②　代理権の行使
- 成年後見人の義務
  一般的な義務と具体的な義務
  成年後見人には，財産調査及び財産目録作成義務，債権債務の申出義務，支出金の予定義務，管理計算義務，利息付加及び損害賠償義務，応急処分義務を負う。

1．後見制度（後見類型）について

　後見制度は，判断能力を欠く常況にある者を対象とする制度である。このため，本人保護に重点が置かれ，包括的な代理権と取消権による保護が規定

され，その代理権の範囲に応じた広範な財産管理権が後見人に付与されている。ただし，自己決定の尊重と残存能力の活用の観点から，日常生活に必要な範囲の行為については，取消権の対象から除外されている。

後見制度は，法律に従えば「後見開始の審判」により「成年後見人」を選任し，後見事務を行うことが制度の仕組みである（民法843条）。

2．成年被後見人と成年後見人

(1) 成年被後見人

「成年被後見人」は，後見開始の審判を受けた本人のことである。

後見開始の審判を受けた者は，成年被後見人とし，これに成年後見人を付するとされている（民法8条）。

(2) 成年後見人

「成年後見人」とは，後見開始の審判を受けた本人（成年被後見人）の支援保護を任務として選任される者である。

(a) 成年後見人の選任

家庭裁判所は，後見開始の審判をするときは，職権で，成年後見人を選任するものとされている（民法843条1項）。

(b) 欠格事由

成年後見人は，法定の欠格事由がない限り，一定の資格など要求されていないので，親族はもちろん，専門職後見人・市民後見人や法人も選ばれることになる。法が定める欠格事由は，①未成年者，②家庭裁判所で免ぜられた法定代理人，保佐人または補助人，③破産者，④被後見人に対して訴訟をし，

またはした者並びにその配偶者及び直系血族、⑤行方の知れない者である（民法847条）。

3．後見制度の対象者

(1) 対象者

後見制度の対象者は、「精神上の障害により事理を弁識する能力を欠く常況にある者」である（民法7条）。

成年被後見人は、精神上の障害により判断能力を欠く常況にある者ということになる。

ここに言う「精神上の障害」とは、補助や保佐の場合と同じであり、したがって、成年被後見人の対象者は、精神上の障害により判断能力が不十分な者で保佐の程度を超えている状態にある方を対象とするものである。具体的には、財産行為は、自分では適切に行うことができず、常に他人に代わってやってもらう必要がある者とされよう。

こうしてみると、成年被後見人の対象者は、認知症の人でも重度・末期の方や、知的障害者、精神障害者やその他の心身の機能の障害等を有する重度の方となろう。

(2) 「事理弁識能力を欠く常況にある者」とは

後見にあっては、「判断能力を欠く常況」にあることが必要である。

「常況」とは、通常は事理を弁識する能力を欠く状況にあることを表すと言われている。したがって、一時的に判断能力（意思能力）のある状態に戻ることがあっても、その多くの時間が意思能力を欠く状態にあれば、判断能力を欠く「常況」にあるものということができるとされている（小林昭彦・大門匡ほか「新版　一問一答　新しい成年後見制度」91ページ）。その具体的な例としては、①通常は、日常の買物も自分ではできず、誰かに代わってやってもらう必要がある人　②家族の名前や自分の居場所も分からなくなっているなど、ごく日常的なことも分からなくなっている人　③完全な植物人間の状態にある人であるとされている。

4．後見人の代理権と取消権

(1) 代理権と取消権

成年後見人には，広範な代理権と取消権を付与されている。

成年被後見人の法律行為は，一律にこれを取り消すことができるものとされている。これまで説明した補助・保佐制度のように，同意権や代理権に関する審判を求める必要はないのである。

(2) 取消権の除外

成年被後見人は，上記のように包括的な代理権と取消権を有する。しかし，法は，日用品の購入その他日常生活に関する行為については，取消しはできないとしている。これは，自己決定の尊重の観点からかかる行為は本人の判断に委ねることとして，取消権の対象から除外されたのである。

5．申立てと審判

補助や保佐開始の審判の申立て及び審判と変わるところはないが，同意権や代理権に関する申立てとこれに対する審判はなく，制度設計はシンプルである。

管轄は，本人の住所地の家庭裁判所であり（家事事件117条1項），また後見にかかわる家事審判事項については後見開始の審判をした家庭裁判所である（同条2項）。

審判に当たっての諸手続や審判手続，申立ての取下げの制限等は保佐と同じである（家事事件118条～123条）。※

※ 「診断書のみの判断」
　新しく家事事件手続法が制定され，後見や保佐の審判に当たっては，引き続き「鑑定」が原則になった。平成25年の後見開始，保佐開始，補助開始及び任意後見監督人選任事件の終局事件のうち，鑑定を実施したものは，前述のように，全体の約10.9％（前年は約10.7％）で，残りは診断書による判断がなされているのである。
　これまで，鑑定の省略については，一般に問題はないとは説明されている。しかし，この制度は，本人の有する資格や権利を一方的にはく奪する制度である。それが精神医

第3章　法定後見制度の概要

学に精通した医師や専門家とは言えない医師の診断書に絶対的信頼を置くのは疑問であるという意見も少なくない。

6．後見開始の審判の取消し（民法第10条）

民法第7条に定める原因が消滅したときは，家庭裁判所は，本人，配偶者，四親等内の親族，後見人，後見監督人または検察官の申立てにより，後見開始の審判を取り消さなければならない。

7．後見人の職務と権限

(1)　成年後見人の職務

成年後見人の職務は，主として身上監護と財産管理に関する事務である（民法858条，859条）。そして，財産管理については，包括的な代理権を有している（民法859条）。具体的な職務の内容は，取消権を除いては包括的代理権を付与された任意後見人とほとんど変わりはない。

(2)　職務の制限

成年後見人には，包括代理権はあるが，同意権はない。

成年後見人でも次の事項については，代理権が制限され，あるいは取消権を行使できない。制限の内容は，保佐人と同様であり，❶については家庭裁判所の許可が必要であり，❷及び❸については，成年後見監督人もしくは特別代理人に代理してもらうことになり（民法826条），❹についてはそもそも本人が制限を受けることなく自由に行為ができる。

❶　居住用不動産の処分等（民法859条の3）
　　成年後見人が，成年被後見人に代わって，その居住の用に供する建物またはその敷地について，売却，賃貸，賃貸借の解除または抵当権の設定その他これらに準ずる処分をするには，家庭裁判所の許可を得なければならない。

❷　営業及民法第13条第1項規定の行為（民法864条本文）
　　後見監督人が選任されている場合において，これらの行為（民法第13

条第1項第1号は除く。）を成年後見人が行うに際しては，後見監督人の同意が必要である。

❸ 利益相反行為（民法860条，826条準用）

成年後見人と成年被後見人との利益が相反する行為については，成年後見人は，成年被後見人のために特別代理人を選任し，自らは代理できない。ただし，後見監督人がいる場合はその者が代理する。

❹ 日常生活に関する行為（民法9条ただし書）

追認権は認められる（民法122条）。

(3) 就任時の職務

1 家事事件審判記録の閲覧

2 登記事項証明書の入手

3 本人及び関係者との面接

4 事務処理に必要な書類及び物品等の引渡し

5 財産目録の作成

6 金融機関に対する届け出と預金口座の集約等

及び法が定める

7 支出計画（後見計画）の策定（民法861条1項）

8 債権債務の申し出（民法855条）

である。

後見開始の審判による成年後見人の就任時の職務については，第5章・第2の「就任直後の後見実務（主な内容）」で詳しく述べる。

8．成年後見の終了

(1) 終了事由

(a) 絶対的終了事由

次の場合，後見等が終了するので，清算手続をし，事務を終了させることになる。

① 本人の死亡

② 後見開始等に審判の取消し
(b) 相対的終了事由
次の場合は、新たな後見人等を選任し、後見等を継続する。
① 成年後見人等の死亡
② 選任審判の取消し
③ 辞任（民法844条）
④ 解任（同法846条）
⑤ 資格喪失（同法847条）
(2) 終了時の職務
清算業務と財産及び書類等の引渡し、そして死後事務が問題となる。
なお、財産及び書類等の引渡しについては、相続人への引渡しにつき紛争に巻き込まれることのほか、不適切な処理であるとのクレームがつく場合があるので、特に注意が必要である。

9．成年後見人の職務の限界と成年後見監督人

(1) 成年後見人の職務内容の限界
(a)金融資産の管理と投機的取引、(b)保証、(c)医療行為の同意、(d)親族への扶養義務履行と贈与等については、後見事務（職務）の項目を参照。

(2) 成年後見監督人の選任等
(a) 成年後見監督人の選任と監督等（民法849条—家庭裁判所は、必要があると認めるときは、成年被後見人、その親族若しくは成年後見人の請求によりまたは職権で、成年後見監督人を選任することができる。）
(b) 利益相反行為の特別代理人（民法860条、826条準用—利益相反する行為については、後見人は、本人のために特別代理人を選任することを家庭裁判所に請求しなければならない。ただし、後見監督人がある場合は除かれる。）

10. 成年後見人の倫理と後見制度支援信託

(1) 成年後見人の規範意識の欠如

　成年後見人には，広範な代理権が付与されているが，それは本人の権利を擁護し，安全な生活と最善の福祉を確保するためのものであって，後見人や第三者のために権限が与えられているのではない。

　そこには，崇高な使命感と倫理観に裏打ちされた公人（公的立場の代理人）である後見人の職務の遂行が期待されている。しかし，現実は違っている。

　後見人の中には，公人であるという認識を持たず，本人に監視能力がないこともあって本人の資産を食い物にし，刑事事件になっている例も多い（志村武「成年後見人の権利義務と民事責任―成年後見人による横領の事例を中心として」：田山輝明「成年後見　現状の課題と展望」日本加除出版189ページ以下―横領等の事例が一覧表で紹介されている）。その多くが親族後見人であることから，裁判所は，次に紹介する後見制度支援信託を導入した。しかし，横領等の事件は，主に親族によるものと言われているが，専門職後見人によるものも少なくないうえ，横領金額も高額である。

　この倫理観の醸成は，家族後見人のみならず市民後見人の共通の課題であ

後見人の倫理違反

❶ 本人の生活状態の見守りをせず，生活に必要な支援や手配を怠る
❷ 本人の意思を尊重せず，これを無視する
❸ 本人の財産を着服する（報酬を勝手に決めて本人の財産から引き出すことも含む）
❹ 権限を乱用したり，権限の逸脱をする
❺ 自己及び第三者の利益を図る（本人の財産に担保を設定して借金をしあるいは債務を負わせる）
❻ 利益相反行為について代理する
❼ 後見事務の報告を怠る
❽ 後見人の責任を勝手に放棄する

り，必ず身につけなければならない事項でもある。

(2) 後見制度支援信託

後見制度支援信託は，平成24年に裁判所が後見制度の中で取り入れた仕組みであり，信託契約を利用し，本人の財産（金銭）を独立管理させる制度である。

この制度は，成年後見（後見類型）と未成年後見制度の本人の財産のうち，日常的な支払いをするのに必要な金銭を後見人（主に親族後見人）が管理し，通常使用しない金銭を信託銀行等に信託するものである。この信託契約は，後見開始に当たってまたはすでに審判開始のあった事案につき，後見人に専門職（場合によっては同時に親族後見人）を選任し，金銭信託契約の必要性の有無を調査させて，これが適していれば信託契約を締結させるというものである。なお，ある家庭裁判所では，親族を成年後見人に，専門職後見人を後見監督人に選任して，後見監督人から後見人に信託契約を奨めさせ，その信託設定行為後に後見監督人を辞任させるという方法もとられている。

この信託契約後は，信託財産の払戻し（なお，自動的に定額が送金される定期金交付型契約もある）や信託契約の解約にはあらかじめ家庭裁判所が発行する指示書が必要となるというものである。

この制度は，❶金融資産が少額の場合，❷金融資産が現金（預金）でなく株式等有価証券等の場合，❸本人に遺言がある場合，❹本人に多額の施設利用費（ホームの頭金など）や医療費が見込まれる場合や　❺本人の親族が信託利用に反対するなど紛争性のある場合については活用されないという。※

(3) 使途不明金と賠償責任

後見人が，被後見人の金融資産を使い込みした場合はもとより，第三者に貸し付けたり，あるいは民法第855条第2項に基づき後見監督人に債権債務の申出をせず権利を失った債権の回収として本人の金銭を自己の用途に費消した場合も（本書226ページ参照），本人に対して民事上の賠償責任等（不法行為による損害賠償責任や不当利得による返還義務）を負う。親族の場合でも，不正な費消は親族相盗例の適用はなく，場合によっては，刑事告発されるこ

ともある。

この民事上の賠償責任は，後見人を解任された親族（唯一の相続人である実子）でも負うことになる。家庭裁判所によっては，後任の後見人に代理させて本人と後見人であった者との間で，使途不明金をも含め公正証書により強制執行認諾付きの準消費貸借契約を締結させ，割賦弁済させている例もある。

※　「後見制度支援信託」は限定的に
　　後見制度支援信託は，当初親族後見人を対象に利用されていたが，いまや専門職後見人の一部にも適用されている。しかし，この制度の実際の運用を見ると，成年後見制度の理念（本人意思の尊重と残有能力の活用，そして本人に最善の利益をもたらすこと）に背を向けている仕組みと言えよう（いわゆる何もしない相続人を喜ばせている制度だと揶揄する声も聞こえる）。それと同時に，この後見制度支援信託制度をきらう親族が成年後見制度を利用せず，本人を法的に保護しない状況に置くことも考えられ，これが成年後見離れを常態化するおそれもある（大貫正男「成年後見制度これからの15年」月報司法書士No.514・2ページ参照）。
　　この信託は，財産を本人から隔離し受託者（信託銀行）名義にして「誰のものでもない財産」にするものである（本書297ページ参照）。したがって，信託が終了しても，信託財産である金銭は元の特定の預金口座には戻ることはないのである。
　　本来，かかる特殊な財産権の移転を伴う制度を使うことについては，後見制度が本人の意思決定支援という重要な仕組みであることを考えた場合，最も慎重に扱うべき事柄であると考える。

第4章

任意後見制度の概要

第1 任意後見制度

―**家族・市民後見人へ**―

● 人の生涯は，本人自身の考えで決めるものであり，それが自分のことを自分で考え自分でできなくなった後も自分の思いや考えが実現されるべきである。それは，認知症にり患して判断能力が失われた場合も同じと言える。

　法定後見制度は，現在の運用では後見類型に偏ってしまっているため，その多くは，本人がこれまでの長い人生の中で培ってきた考えや価値観，抱いている生きがいや幸福感，さらに持っている感情や思いを的確に知ることなく，事務処理が行われている。多くの人は，人生最後に，このようなみじめとも言える余生を送ることだけは避けたいと願っているはずである。

● この本人の願いや考えを最も達成できるのは，任意後見制度である。しかも，この制度には，成年後見（後見類型）制度のように，権利の制限や地位のはく奪もないので，なおさらである。

　このためにも，家族を含め地域後見を担う周りの人が，積極的に任意後見制度を活用し，本人の願いを叶えるべきである。なお，この制度に関する意見にわたる事項は，筆者の個人的な見解である。

● 実は，筆者も公証人任官当初そうであったが，公証人がすべてこの任意後見制度を含め成年後見制度を知悉しているかというとそうではないことを申し上げておく。任意後見契約の相談に当たっては，あらかじめ任意後見契約に知悉している公証役場に問い合わせするのがよいと言える。

第4章　任意後見制度の概要

───**任意後見制度の特徴**───

- 任意後見制度

　精神上の障害により判断能力が不十分になったときに備え，本人が，その意思で，自ら選んだ人（任意後見人）に財産管理等を委任する制度である。

- 任意後見契約

　この制度を利用するには，公証人の作成する公正証書により，本人と任意後見受任者（任意後見人になる人）が任意後見契約を締結することが必要である。契約の内容は，文例等を基に公証人がアドバイスしてくれる。

- 任意後見の開始

　任意後見制度は，契約締結後，本人が判断能力不十分となり，任意後見受任者等が家庭裁判所に任意後見監督人の選任を請求し，任意後見監督人が選任されたときから契約が発効し，後見事務が開始される制度である。

- 任意後見人の権限

　任意後見人には，独立の取消権はないが，本人が相当と認めて代理権を付与した事項について事務を処理する権限がある。

- 附帯する契約の締結

　任意後見契約に関しては，本人の意向で，同時に必要な見守り委任契約，任意の財産管理契約や死後事務委任契約，さらには延命処置不要の宣言書を作成し，家族や第三者後見人に託することもできる。

1．任意後見制度の仕組み

(1)　制度改正の意義

　成年後見制度は，従来の禁治産・準禁治産制度を全面的に改正し，その中で「本人の自己決定を尊重し，本人の保護と調和」を図る仕組みの最たるも

のとして，任意後見制度が登場した。

任意後見制度は，本人が有する人生観，価値観や幸福感を損なわずにその意思を尊重し，しかも本人が持つ，残っている能力（残存能力）を十分に活用するための法制度である。

この制度は，利用する当事者の契約という方式により行われ，しかもその発効が本人の能力が不十分になることを前提としている。そこには，私的自治が前面に打ち出されているとはいえ，後見状態に置かれたとき，誰から見ても本人が弱い立場に立たされることは明らかである。そこで，法は，本人保護のために二つの仕組みを取り入れた。一つは，この契約は公証人の作成する公正証書によってのみ締結されるという歯止めである。もう一つが，家庭裁判所によって選任される任意後見監督人の監督が中心に据えられ，公的機関の監督を伴う任意の代理制度となっていることである。

(2) **任意後見制度の特徴**

この制度の特徴は，まず，当事者である委任者本人と任意後見受任者が，様式の定められた任意後見契約を締結することと，この契約を発効させるには爾後に任意後見監督人選任の申立てが必要になるということである。

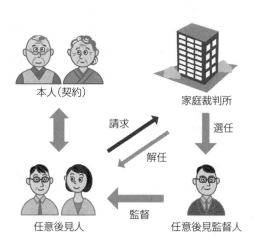

任意後見のスキーム

(a) 任意後見契約は，本人が任意後見人に対し，身上監護や財産管理の事務を委託しその事務処理のために代理権を付与する契約である。

任意後見契約は，委任者本人の判断能力が十分なうちに，受任者に対し，精神上の障害（認知症，障害等）により事理を弁識する能力（判断能力）が不

十分な状況になったときの自己の生活，療養看護及び財産の管理に関する事務の全部または一部を委託し，その委託に係る事務について代理権を付与する委任契約であって，任意後見監督人が選任された時からその効力を生ずる旨の特約の定めのあるものである。

(b) この契約は，公証人の作成する公正証書という書面で締結すること（要式行為）が要求され，その発効は契約の締結時ではない。契約締結後，本人が精神上の障害により判断能力不十分となり，任意後見受任者等によって家庭裁判所に対し任意後見監督人選任の申立てがなされ，これを受けて任意後見監督人が選任されてはじめて後見事務を開始するというものである。

2．任意後見制度の選択の理由

ここで，任意後見制度がいかに優れた制度として創設されたかを説明する。

(1) 成年後見制度の中核に位置する制度であること

任意後見制度は，成年後見の中でも最良の制度として発足した。任意後見制度は，成年後見制度の中で中核に位置し，これからの後見制度の中心となる制度であると考えられていた。

しかし，前述のとおり，その利用は想定していたとおりに伸びていない。その理由は何か。制度として，使い勝手が悪いという考え方もあろう。ドイツでは，任意後見人制度の利用者は130万人を超

> **成年後見制度を選択する理由**
> ❶ 成年後見制度の理念を最も実現できる仕組みであること
> ❷ 本人がこの「法的支援・手配」の内容（受任者の選任，すなわち誰を選任するか，また複数選任するかをはじめ，付与する代理権の範囲など）を自ら決められること
> ❸ 権利のはく奪や資格制限がないこと
> ❹ 任意後見は，法定後見では利用できないさまざまな契約や制度をリンクさせて利用できること

えているというが，我が国は5万人ほどである。しかも，契約が発効されているのは僅かである。ドイツでは，後見法に当たる世話人法の改正を複数回行い，成年後見制度を社会全体で支えているというが，我が国は未だこの制

度を支える公的な支援組織もなく，また福祉行政も熱い目を注いではいない。ただし，平成24年に老人福祉法が改正されたことにより，一歩前進したともいえる。

(2) **本人の自己意思決定が最大限に活用できること**

本人の尊厳のある生活・生き方や，老後の安心設計を考えた場合には，「任意後見制度」は成年後見制度の中でも，その運用が正しければ最も優れた制度である。このように考えているのは，筆者だけではないと思う。

任意後見契約は，本人が自分自身の意思で選択できる「法的支援・手配」に関する後見制度であり，最大限に自己意思決定が活用できる制度となっている。すなわち，受任者の選任（誰を選任するか，また複数選任するかということ）をはじめ，付与する代理権の範囲（任意後見人に支援・手配してもらう事務の範囲）や，その代理権の行使の在り方（共同行使とするもの，あるいは一定の事務については任意後見監督人の同意承認を必要とするもの）などについて，本人がその意思で決定することができるということである。

また，事後的救済制度である法定後見では難しいとされる「いざという時の意思表示」（事前指示書（Advance Directive），ライフ・リビング・ウィル（Life Living Will），ライフプラン）を確認できる制度となっていることである。本人は，任意後見人（任意後見受任者）との事前の打ち合わせ等により，任意後見開始後の住まいの在り方や介護，医療などについて，その意思や考え方を表明して，いざという時にこれを実現してもらうことができる制度なのである。すなわち，将来のライフプランを，あるいは終末期の医療行為について「いざという時の意思表示」（事前指示書，文例6参照）として，任意後見人（任意後見受任者）に文書で伝え，本人が判断能力の低下により的確に意思表示ができなくなった場合でも，当該書面で自分の意思を実現してもらうことができる制度である。[※1]

(3) **任意後見は自分の手で老後に備える「安心設計」であること**

任意後見制度は，高齢化社会における，自分で選択できる「法的サポート」のスキームである。この制度は，自分の手でできる「老後の安心設計」

として，多くの人に活用されている。その人たちは任意後見契約の締結に当たって，「この契約は自分とは無縁であろうが」と前置きし，「契約しておけば安心だから」という気持ちで契約している。

任意後見について，「老いじたく」と説明をしている人もいる。しかし，今日の高齢者はもちろん老いを感じつつも，老いとは無関係な人生観や生きがいを持ち，趣味にあるいはサークル活動に積極的に取り組み，老人であることを捨てているのである。全国調査の結果も，8割以上の高齢者が生きがいを感じて生活しており，まさに今の高齢者は老いを知らない生活をしているのである。このような人にとっては，老い支度という言葉より，任意後見契約は「老後の安心設計」というべきものである（直井道子ほか「高齢者福祉の世界」有斐閣アルマ）。

この老後の安心設計に，任意後見制度を利用し，自分の手でしっかりと備えておこうという人が多くなってきている。

(4) **権利制限や資格のはく奪がないこと**

任意後見制度には，法定後見制度の成年被後見人等にみられるような，権利制限や資格のはく奪はなく，本人が歩んできた歴史のうえで，それまでと同じような生活を継続できるのである。

成年被後見人や被保佐人になることによる権利のはく奪等が驚くほど多い。成年被後見人の選挙権等の喪失の問題は，ようやく解決したが，いまだ，権利制限や資格のはく奪は数多く，成年被後見人については，印鑑登録も抹消される（平成12年の自治省通達「印鑑登録証明事務処理要領」「印鑑の登録及び証明に関わる事務に関する成年後見人の取扱いについて」――これによって本人証明の手段がなくなる。）。成年被後見人や被保佐人は，医師，税理士等の資格や会社の取締役，公務員などの資格や地位を喪失し，また各種許認可事業では，成年被後見人や被保佐人でないことが許認可の要件とされていることが多く，被後見人等になることにより許認可が取消しとなることが少なくない。

(5) **任意後見は法律の専門職である公証人がかかわる「予防司法型」制度であること**

　本人保護のための事後的制度（紛争処理型）であると言われている法定後見制度と異なり，任意後見制度は，自己決定に基づいた予防の司法・福祉の機能を有する制度である。それは，法律の専門家である公証人が任意後見法，公証人法，民法などの法律に従って作成する公文書である公正証書によって契約することになっているからである（任意後見3条）。[※2]

　この任意後見制度は，かかる法律の専門職である公証人の力を借り，本人が自分の手で，紛争が生じないように権利保全などを図る「予防司法型」の制度でもある。

(6) **任意後見は，法定後見では利用できないさまざまな契約や制度が利用できること**

　先に説明した，「いざという時の意思表示」もそうであるが，任意後見事務開始前の「見守り契約」や身上監護を含めた「財産管理委任契約」，そして「死後事務委任契約」，それに各種の信託契約等を締結でき，これらの法制度を自由に利用できるのである。

※1　「いざという時の意思表示」

　　　この「いざという時の意思表示」という表現（公正証書の表題でもある）は，筆者が提唱している事前指示書であるが，いくつかの形態（内容のもの）があり，具体的な内容は，当該本人の考えや意思により盛り込むことになる。①延命処置は不要とする宣言（尊厳死宣言）②胃ろうを含む終末医療に関する宣言書　③介護や施設に関する希望（ライフプラン）④これらの宣言書とこれを実現するための委任契約を併用した公正証書などである。これらを担当医師等に提示し，実現させなければならないので，公正証書（④以外は事実実験公正証書）によって作成するのが最良である。

　　　ある医師は，「終末期の医療」という新聞記事中で，「医学は日々進歩し，救命医療は発展してきた。人生最後の選択である終末医療も患者本人が決める時代だ」と言い，「患者本人の意思をきちんと書面として残しておいてほしい」と提言している。

※2　「公正証書」

　　　公正証書は，法律の専門家である公証人（裁判官や検察官，法務裁判事務に原則30年以上の実務経験を有する法律実務家の中から，法務大臣に任命される公務員）が公証人法・民法などの法律に従って作成する公文書である。公正証書には，任意後見契

約公正証書のほかに，遺言公正証書，金銭の貸借に関する契約や土地・建物などの賃貸借に関する公正証書，離婚に伴う慰謝料・養育費の支払に関する公正証書などがある。

　公文書であることから高い証明力があるうえ，債務者が金銭債務の支払を怠ると，裁判所の判決などを待たないで直ちに強制執行手続きに移ることができるものもある。

　公証制度は，国民相互間の権利関係を明確にし，法的紛争の未然防止を図る重要な制度であるとされている。

3．任意後見の在り方と利用状況

(1) 任意後見制度を選択するに当たって

　任意後見制度は，本人が信頼して選んだ任意後見人において，本人を生涯にわたって見守り，支援する，信頼という基盤に立っている。したがって，任意後見人は，次の事柄を常に忘れずに事務処理に当たらなければならないと言える。

①　本人の声（意思），思いを最大限活かすために，本人の尊厳を第一にして本人を支援すること。

②　任意後見人は，本人を向いて本人を支える公人（公的立場の代理人）であること。これは，家族後見人にあっても同じである。任意後見人は，本人を支える使命をもって，まさに公的立場にあることを自覚し，職務を遂行する必要がある（本書172ページ参照）。

③　本人の福祉確保という観点に立ち，本人が享受できる権利を最大限に得て，ベストライフを実現する使命を有していること。

　判断能力が減退した人でも，それまでに培った人としての生き方，人生観，幸福感を奪われたくないという気持ちは生涯なくなることはない。これを，何人も侵してはならないし，任意後見人にあっては，これを無視したり，あるいはこれを傷つけるような事務処理をしてはならない。

(2) 任意後見契約の利用状況と問題点

　任意後見契約の契約件数など利用状況については，第2章・第7の「成年後見制度の現状と問題点」で紹介したところである（本書55ページ以下）。

任意後見制度は，法定後見制度同様，さまざまな問題が指摘されている。相談事例の中には，本人の資産（金融資産）を本人とかかわりのない事業のために使えるようにしたいとか，推定相続人が本人死亡時の相続を有利にしたいという，あってはならない意図でこの制度を利用しようという事例もある。家庭裁判所が後見人を公人であることを理解しようとしない親族後見人を選任することを極力避けたいという考え方は当然であるが，上記のような相談者の嘱託は断ることになる。

第2　任意後見契約

1．任意後見契約の締結に当たって

　任意後見制度は，委任者（本人）と受任者（任意後見人に就任する者）との間で任意後見契約の締結が必要である。この契約は，公証人の作成する公正証書によって行うことになっているので，公正証書以外で契約してもこの制度の法的仕組みとしては利用できない。

　公証人は，次に述べる法務省令で定める様式によって公正証書を作成しなければならないうえ，本人と面接し，判断能力があることを見極めるとともに契約の意思を確認する必要がある。

(1)　**本人の面接と意思の確認**

　任意後見契約を締結するには，本人に任意後見に関して契約する意思がなければならない。

　そこで，任意後見契約については，公証人が直接本人に面接し，**任意後見に関する契約を締結する意思を確認することが必要である**（民法の一部を改正する法律等の施行に伴う公証事務の取扱いについての平成12年3月13日付け法務省民事局長通達―法務省民一第634号）。

　任意後見契約は，本人の有する財産につき，任意後見人にその管理や運用を全部あるいは一部委託し，その中で自己の生活や療養看護に関する支援を

受けるという法制度である。この制度は、極めて長期にわたり自らの生活に直結する事務を委任する（言い方を変えれば、いわゆる「財布」を預けて生活の支援を頼む）という、本人から見れば極めて大事な契約である。したがって、公証人は、委任者である本人自身がいかなる意思を持っているか、その相談を持ち込んでくる使者だけの言に頼らず直接本人に面接し、知ることが重要となるのである。

任意後見契約においては、この「本人の契約意思」とともに、後記の「本人の意思能力の確認」が必要となっているので、筆者の場合は、例外なく、本人と面接し、上記2点を確認することとしているため、代理人による契約はできないとして対応している[※1]。

(2) **本人の判断能力（契約能力）の確認**

任意後見契約を締結するには、本人に契約できる能力があることが必要である。

この能力とは、「有効に意思表示（契約）する能力のこと」であり、一般には「判断能力」と置き換えて当事者には分かりやすい表現を用いて説明している[※2]。

任意後見契約は、前述のようにその特殊性からして、任意後見契約の公正証書を作成する公証人において、当然本人と面接してその契約意思の確認だけでなく、本人の判断能力についても確認しなければならない。殊に、任意後見契約においては、本人の判断能力に疑義があるときは、任意後見契約の有効性が訴訟や審判で争われることも考えられるからである。

一般に、契約を締結する場合、その契約を締結することにより、どのような権利義務が生じるか、特にどのような利益を得、またどんな義務が生じていかなる不利益があるのか、を認識したうえで、その契約をすることになる。この本人が得る権利（利益）や義務（不利益）は、契約の内容はもちろん、契約の動機や置かれている立場、そして契約の相手方によって大きく違ってくるので、一律に判断能力（契約能力）について、その有無や程度を判定できないことが多い。公証人は、本人と面接し、個々にしかも場合によっては

医師の診断書等をも参照し総合的にこれを判断することになる。

(3) 契約当事者への教示等

公証人は，任意後見契約の公正証書を作成する場合には，次に掲げる事項を嘱託人に教示することを義務付けられている（前記民事局長通達）。

1. 任意後見契約法第4条第1項各号に規定する事由があるときは，任意後見監督人を選任することができない（任意後見契約の効力が発生しない）こと。なお，当該事由の有無を可能な範囲で確認するものとする。
2. 本人または任意後見受任者（任意後見人）の氏名・住所・本籍等に変更があった場合には，変更の登記の申請をする必要があること。
3. 任意後見監督人選任前の解除は，公証人の認証を受けた書面を，任意後見監督人選任後の解除は，家庭裁判所の許可をそれぞれ要すること。
4. 任意後見契約を解除したときは，任意後見監督人の選任の前後を問わず，終了の登記の申請をすべきこと。
5. 任意後見契約の解除により任意後見の終了の登記の申請をするときは，解除の意思表示を記載した書面（任意後見監督人の選任前の解除の場合には，公証人の認証を受けた書面）の原本を相手方に送達した上で，その送達を証する書面（配達証明付内容証明郵便）を登記申請書の添付書類として登記所に提出する必要があること。
6. 合意解除により任意後見の終了の登記の申請をするときは，合意解除の意思表示を記載した書面（任意後見監督人の選任前の解除の場合には，公証人の認証を受けた書面）の原本または認証ある謄本を登記申請書の添付書類として登記所に提出する必要があること。

※1 「意思能力の電話での確認」
　本人が遠隔地に居住するなどの事情により直接面接することができない場合には，面接に代わる次善の方法として電話連絡や信頼できる第三者からの事情聴取などによることも可能かとの質問がある。しかし，本人かどうかの問題もあり，公証人が，かかる簡便な方法で「本人の事理を弁識する能力及び任意後見契約を締結する意思を確認するため，原則として本人と面接するものとする」との通達（嘱託人に対する6項目にわたる教示等の部分をも含め）をないがしろにすることは許されないと考えるべ

きである。

※2 「意思能力」「判断能力」「事理弁識能力」について
　この意思能力・判断能力・事理弁識能力とは，すべて異なる概念ではある。
　「意思能力」とは，民法上，自然人が有効に意思表示をする能力のことである。通常人が正常な状態で有する心理的・精神的能力をいい，幼少者とか，あるいは精神障害者などは，この能力を欠くとされている。契約などする行為者がこの意思能力を欠く場合には，いかなる法律効果も発生しないとされている。
　「判断能力」とは，物事について個人的な判断をなすことのできる能力のことである。判断能力については，認知症，知的障害，精神障害などで判断能力の不十分な人という言い方で使われている。
　「事理弁識能力」とは，有効に意思表示をする能力のことをいい，具体的には物事の道理や道筋，そして自分の行為の結果を認識判断するに足りる精神的な能力のことである。成年後見制度では，この事理弁識能力の有無や程度がその対象者を考えるに当たり問題となる。事理弁識能力がないというのは，意思能力すらないこと，事理弁識能力が著しく不十分とは意思能力はあるが財産管理等の判断能力が平均人より著しく低いことを指すことになる（内田貴「民法Ⅰ・第2版補訂版」東京大学出版会107，110ページ）。

2．任意後見契約の形態

任意後見契約の契約形態は，3形態ある。

(1) 将来型

この形態は，本人の判断能力が低下する以前においては身上監護や財産管理に関する事務を行うことを内容とする任意の委任契約を締結せず，任意後見契約のみを締結し，判断能力低下後に任意後見を開始して，その保護を受けることを契約内容とする利用形態である。

(2) 即効型

この形態は，本人が軽度の認知症や知的障害等の状態にあって，契約締結の時点において限定的な判断能力（事理弁識能力）を有する場合，補助制度等を選択せず任意後見契約を締結し，その締結後，直ちに家庭裁判所に任意後見監督人の選任の申立てを行う形態である。

この契約形態は，保佐相当の診断があった場合でも，理論的には契約締結は可能であるといわれているが，当事者のみならず，公証人も契約の有効性

（判断能力の有無等）について難しい判断を迫られるので，この契約形態の嘱託事例は少ない。

```
契約に当たっての内容決定
（「任意後見人を誰にするか」
以外の主な事柄）
❶ 契約形態を確定する
　①将来型契約　②即効型契約　③移行型契約
　のどれにするか選択する
❷ 代理権の内容を決める
　任意後見人に何を任せるか
❸ 報酬について決める
❹ その他の特約事項について詰める
```

(3) **移行型**

この形態の任意後見契約は，同時に任意の財産管理契約をも締結し，受任者に対し身上監護及び財産管理等の事務につき，契約締結時から，または本人において自分のことが自分でできなくなり当事者が合意したときから事務処理を委託するというものであって，本人の判断能力減退後は任意後見監督人を選任して任意後見契約を発効させる契約形態のものである。一般に「**移行型任意後見契約**」と呼ばれているものである。

高齢者の多くの選択は，この移行型任意後見契約である。

なお，本人が身体的にも精神的にも衰えがない場合は，上記のように，任意の財産管理契約を直ちに発効させずに，加齢や病気で判断能力はあるものの自分のことが自分でできなくなった場合にあらためて当事者が文書等で合意のうえで当該財産管理契約を開始するというものも少なくない（文例1―第1条2項参照）。

3．任意後見契約の内容と様式の選択

(1) **任意後見契約の内容**

任意後見契約は，法務省令で定める様式の公正証書で締結することになっている。しかし，任意後見契約の本文の様式をすべて法令により定めているのではない。

任意後見契約の内容は，委任契約に必要な条項と任意後見法で定められた内容，さらには当事者の特約事項を盛り込むことになる。

しかしながら，いかなる条項も盛り込めるかというとそうではない。それは，この契約が成年後見制度の中の一つの仕組みであることから，本人の支援以外は盛り込むことはできないからである。仮に，本人の支援のほか，本人が養護している子の支援を代理権の内容に組み入れても，任意後見の登記はできず，事実上無効になってしまう。

(2) 任意後見契約の様式

任意後見契約の方式について，任意後見法第3条で，「任意後見契約は，法務省令で定める様式の公正証書によってしなければならない」としている。しかし，実際に定めたものは，二つである（平成12年法務省令第9号）。

(a) その1は，任意後見契約の公正証書の主として「本旨外要件」（文例1の末尾参照）の記載に関するものである。

任意後見契約の公正証書作成に当たっては，公証人法第35条及び第36条の規定により記載すべき事項のほか，本人の生年月日，本籍（外国人にあっては，国籍）を記載するというものである。その際，本人及び任意後見受任者の住所は，印鑑証明書，住民票上の住所地を記載し，住民票上の住所が現住所と異なる場合は，両者を併記するものとされている。

(b) その2は，法務省令で定める様式の「代理権目録」である。

様式は同省令によって，2方式（チェック式の第1号様式と羅列式の附録第2号様式）が定められている。第1号様式は，実用的でない（それは，代理権を付与するためチェックした箇所すべてに公証人が職印で確認のための押印をするため，印影が重なりチェック箇所の判読が難しくなっている。）。現に，筆者も，第1号様式から附録第2号様式に書き換えてほしいという依頼を受け，公正証書を作成し直した例がある。

後掲の文例3（本書212ページ）は，代理権を付与する事項を，項目ごとに羅列する附録第2号様式によるものである。

なお，この第2号様式の記載方法については，次の注記が付されている。

1　附録第1号様式を用いない場合には，すべて本号様式によること

2　各事項（訴訟行為に関する事項を除く。）の全部または一部について，数人の任意後見人が共同して代理権を行使すべき旨の特約が付されているときは，その旨を別紙「代理権の共同行使の特約目録」に記載して添付すること

3　各事項（任意後見受任者が弁護士である場合には，訴訟行為に関する事項を除く。）の全部または一部について，本人または第三者の同意（承認）を要する旨の特約が付されているときは，その旨を別紙「同意（承認）を要する旨の特約目録」に記載して添付すること（第三者の同意（承認）を要する旨の特約の場合には，当該第三者の氏名及び住所（法人の場合には，名称または商号及び主たる事務所または本店）を明記すること。）

4　別紙に委任事項・特約事項を記載するときは，本目録の記号で特定せずに，全文を表記すること

とされている。なお，これらの表題を変更することは認められないので注意を要する。

(3) **契約条項（文例）**

任意後見契約の条項（本文）は，日本公証人連合会の参考文例が一般的である（「新版　証書の作成と文例―全訂家事関係編」立花書房）。

ただし，紹介されている文例の多くは受任者を親族等と考えた文例であり，第三者後見人や法人後見人が契約する場合は，手直しが必要である。

後掲の文例1は，筆者が親族の人にも分かりやすく補正した親族用の移行型任意後見契約（死後事務をも含む）のものであり，文例2は，市民後見人などの第三者後見人のために筆者が提案している参考の文例である。

4．任意後見契約の具体的内容

(1) 主な契約条項

当事者が決めるべき契約の内容の主な事項は，次の事項となろう。

① 任意後見契約の形態（移行型か否か）
② 委任事務と代理権の内容（範囲）
③ 財産管理する財産を制限する場合のその範囲
④ 第三者の同意・承認を要する特約事項（特約目録）の有無と範囲及び同意者の第三者
⑤ 上記④の同意・承認をする者の特定（任意後見監督人でよいか）
⑥ 受任者複数の場合の共同行使の有無
⑦ 受任者複数で，事務分掌を定める場合のそれぞれの事務の内容
⑧ 「いざという時の意思表示」（尊厳死宣言及び医療行為等の指示書）やライフプランを契約条項に盛り込むか
⑨ 報酬に関すること（報酬の額，支払い方法，追加日当等の定め）
⑩ 費用に関すること（支払い方法，内容―消費税の有無）
⑪ 任意後見監督人の候補者について

(2) 委任事項と代理権の範囲

当事者が決めるべき委任事項と代理権の内容（範囲）は，それぞれの契約で異なる※。

(a) 包括的な代理権

家族後見人の場合，多くは「何でもできるようにしてほしい」という申出が多いので，次のような事項を代理権の内容とすることが多い。

❶ 財産の管理，保存及び処分に関する事項
❷ 金融機関，郵便局との預貯金取引及び貸金庫契約に関する事項
❸ 定期的な収入の受領，定期的な支出・費用の支払い等に関する事項
❹ 生活費の送金，生活に必要な財産の購入に関する事項
❺ 借地及び借家契約の締結，変更，解除などに関する事項

❻　相続の承認・放棄，遺産分割または遺留分減殺請求に関する事項
❼　保険・共済契約の締結，保険金等の受領など保険に関する事項
❽　各種登記の申請，住民票・戸籍謄抄本・登記事項証明書その他の行政機関の発行する証明書の請求・受領
❾　親書・封書（留置き郵便物）の受領
❿　要介護認定の申請，認定の承認または異議申立て等に関する事項
⓫　介護契約，その他の福祉サービスの利用契約に関する事項
⓬　有料老人ホームの入居契約を含む福祉関係施設への入所に関する契約，その他の福祉関係の措置等に関する事項
⓭　居住用不動産の購入，新築，増改築及び修繕に関する事項
⓮　医療契約，入院契約に関する事項
⓯　訪問販売，通信販売等各種取引の申込みの撤回，契約の解除，契約の無効，取消しの意思表示並びに各種請求に関する事項
⓰　各種紛争処理のための裁判外の和解（示談），仲裁契約及び弁護士に対して訴訟行為及び民事訴訟法第55条第2項の授権をすること
⓱　新たな任意後見契約の締結に関する事項
⓲　配偶者及び子の法定後見の申立て
⓳　復代理人の選任及び事務代行者の指定に関する事項
⓴　以上の各事項に関連する一切の事項

(b)　一部を制限しあるいは拡張する場合

当事者の申出により，上記の代理権の範囲を制限・拡張する場合がある。いくつか説明する。

1は，財産管理の中には，不動産を含まないとする場合，❶につき「財産（不動産を含まない）の管理，保存及び処分に関する事項」とし，❺及び⓭を削除する。

2は，金融機関の取引きを一定額に制限する場合，❷につき「金融機関，郵便局との預貯金取引（ただし，払戻しは月額金20万円を限度とする）」とする。

3は，拡張する場合であるが，多いのが金融機関との取引で，「金融機関，

証券会社とのすべての取引」とすることがある。

(c) 一定の事務につき代理権には含めるが，さらに一定の制限をかける場合は，次の「特約目録」を活用することになる。

※ 「任意後見支援信託契約と代理権目録」
　本人が任意後見契約を結ぶ一方で，重要な財産を信託財産として財産管理信託契約（任意後見支援信託契約）を締結し，成年後見制度とは別の枠組みで財産を管理活用することがある（拙著「増補　新しい家族信託」日本加除出版，63，432ページ）。
　この信託契約は，任意後見人では，当該財産の管理が難しい場合などこれを任意後見事務とは別枠で管理運用するものである。その仕組みは，本人の財産から切り離して当該財産を本人が扶養している配偶者や障害を持つ子の生活や福祉の確保のために管理活用しようというものであって，後見制度の枠を超えて保護を要する家族のために財産を管理し有効に活用するための契約である。
　この場合，任意後見契約と当該信託契約とをリンクさせて本人を護る必要があり，任意後見人が担うべき事務等必要な事項を任意後見契約公正証書に盛り込むことが大事である。最も大事なのは，信託契約の受益者あるいは委託者の権利等を代理権目録に明記し，任意後見人がこれらの本人の権利等を確実に行使できるようにすることである（文例3－2参照）。

(3) 特約目録

　任意後見契約の中で，一定の代理権の行使を制限する定めをすることができる。

　前述のように，委任事項の全部または一部について，本人または第三者の同意（承認）を要する旨の特約を付すことができる。※この場合，その旨を別紙「同意（承認）を要する旨の特約目録」に記載して添付することとなっている（文例3別紙参照）。

　筆者の場合，この種の契約を締結するときは，かかる特約目録を付するように奨めている。その理由はいくつかあるが，1は，本人意思の尊重，2は，任意後見人の権限乱用の防止，3は，法定後見とのバランスである。

　3について説明する。法定後見では，自宅不動産を処分する場合は，家庭裁判所の許可を必要としている。任意後見については，そのような規制はない。しかし，自宅不動産は，本人にとっては最後の砦でもあり，それが自由に処分されてはたまらないというのが誰の目から見ても当然と言えよう。そ

こで，不動産の処分や住宅の新築，増改築には任意後見監督人等の同意を必要とすることを定めることにしている（西島良尚「任意後見監督人の権限と責任」実践成年後見№45民事法研究会）。

専門職の嘱託人の中には，このような定めをせずに契約を締結している例もあるようであるが，考えてもらいたいところである。

※　特約目録の同意者である「第三者」について
　　特約目録の同意者である「第三者」を誰にするかの問題がある。平成12年の法務省令や通達はこの点については触れていない。そこで，本人を護る公正公平な立場の者となろう。筆者の作成する公正証書の場合，同意者は，そのほとんどが任意後見監督人である。なお，複数受任者の場合には，同じく善管注意義務を負う他の任意後見人とすることもある。
　　最近，筆者のもとに，任意後見受任者の一人だという人から，「公証人の説明を参考に，同意者を本人の相続人二人にして公正証書を作成してもらったが，意見が合わず本人のために何もできずに困っている。公正証書は直せますか」という問い合わせがあった。この点は，後述のとおり（「代理権の特約目録に関する追加変更」194ページ），その部分だけの変更契約ではできず，先の契約を解除したうえで，新規の任意後見契約を締結することになる。

(4)　報酬の定め

当事者が決めるべき契約内容の中で重要な事項の一つとして，報酬がある。

家族後見人の場合，無報酬とされる場合が少なくないが，筆者の場合，財産管理委任契約が無報酬であったとしても，任意後見人のモチベーションの確保と公的立場で事務処理をすることを理解してもらう手法として「報酬月額3万円」とするように奨めている（文例1。なお，本書173ページ参照）。

以下，報酬を定める場合に当たって留意すべき事項を説明する。

(a)　任意後見人の事務処理に見合う常識的な金額

高額な報酬は，定めてはならない。

市民後見人は，基本は社会貢献という考え方を持ったとしても，相応の報酬の定めをすることになるが，そこには収支相償性（簡単にいうと，後見人は必要以上に儲けてはいけないということ）が働くのではないかと考える。この場合，いかなる金額をもって，営利性の強い不当な金額となるかであるが，家庭裁判所が公表している「成年後見人等の報酬額のめやす」が参考になろ

う（本書86ページ）。なお，高額な報酬が定められた場合は，本人が契約内容を十分理解しておらず意思能力がなかったとして，その契約の有効性が問題になることもあろう。

(b) 報酬の定め方

任意後見契約にあっては，さまざまな報酬の定め方がある。

まず，報酬を「事務手数料」と表現を変えて，事務手数料の変更は何ら制限はされないなどと言って欺くようなことがあってもならない。

専門職後見人にあっては，それぞれの職種によって定め方も，内容（報酬額）も異なっている。専門職後見人が持ち込む契約の案文の中には，報酬につき，本文のみならず別紙を活用ししかも代理権目録の内容と複雑に絡み合わせるなど詳細複雑でいささか本人がどこまで理解されているか心配になるものもある。

報酬は，不当な報酬額であってはならないのは言うまでもないが，本人が理解ししかも納得した内容でなければならない。家族後見人の場合は，多くは無報酬か定額報酬とする定め方であるが，市民後見人の場合は，定め方は一定していない。そこで，市民後見人の場合などには，定額報酬と追加時間給を組み合わせての契約内容にすることを奨めている（参考文例2─第9条参照）。もちろんその月の限度額を定めることも必要であろう。

(5) 契約条項を定めるに当たっての注意事項

当事者が任意後見契約に当たって決める条項は，上記のとおりであるが，さらに留意してもらいたいのは次の4点である。

その1は，代理権の内容（範囲）の問題である。

家族が任意後見受任者になる場合は，一般には包括的なので，特にこの点が問題になることはない。あっても，受任者が複数で，後見事務を分掌する場合だけである。問題は，第三者後見人が，代理権の範囲を限定する場合の，その程度である。時として，問題が起きないようにと代理権の範囲を限定し過ぎてしまい，いざというとき本人のために必要な後見事務ができないということが生起する。この場合は，簡単には，条項の追加はできない。新たな

任意後見契約が必要となる。本人に契約能力がなければ，改めて契約ができず，結局法定後見に移行せざるを得ないことになる。

その2は，委任する代理権の内容に含めることができない事項があるということである。間違いが起きるのは，まず事実行為に関することあるいはそのことが包摂される事項（「日常生活の支援全般」「身上監護に関する事務」「虐待に関する監視と予防策」「自宅で安全に生活できる一切の支援と手配行為」など），そして死後の事務（葬儀埋葬は含めることはないと思われるが，よく「死後の家財道具及び身の回り品の処分」を入れようとすることがある）である。

その3は，後見制度は，あくまでも本人のための制度であり，本人以外の，例えば配偶者や障害を持つ子のためにこの制度を使うことができないことである。したがって，契約条項，特に代理権目録に「孫のために本人の土地及び資金を提供し，同居できる二世帯住宅を建築すること」とか「子及び孫のために教育資金を給付すること」などという定めはできない。これを実現したいのであれば，後述の家族信託の活用以外方法はない（第7章参照）。

その4は，任意後見契約は，契約内容も，また効力発生から終了までも厳格な枠組みのある制度であり，契約に条件を付したり「特約」を設けたりすることは多くの場合できない。問題となる事項は，次項のとおりである。一つだけ先に説明しておく。葬儀埋葬や供養の「特約条項」である。これは，任意後見人が，本人の死後この事務を行うという特約である。しかし，本人の死亡により任意後見契約は終了して，任意後見人はその地位を失うのであり，任意後見契約の特約として契約終了後も事務を行うということはあり得ない。したがって，その特約は無効である（田山輝明「成年後見 現状の課題と展望」日本加除出版176ページ）。公証人においてこのような無効な特約を認めて公正証書を作成することのないよう十分留意すべきである。

(6) **任意後見契約上の留意点**

(a) 定めるべきでない誤解を招く特約事項

任意後見契約公正証書に，独立した契約とせず「特約条項」という形で，継続的見守り条項と死後事務委任の条項を入れてほしいとの嘱託を受けるこ

第4章　任意後見制度の概要

とがある。継続的見守りに関する事務の報酬はないとするが，新幹線料金を含む交通費や宿泊代が見込まれている案件もある。しかも，嘱託をしてきた専門職の説明では，この見守り事務は，任意後見契約に伴う任意後見受任者の義務としての見守り行為ではなく独立した契約であるという。また，死後事務については，「葬儀」「埋葬」「供養」「墓所・墓石の建立」などの手配を行うたび数十万円の報酬を支払うというものであった。

　一般の人（本人）は，かかる特約条項は任意後見契約に内包するものと誤解するおそれがある。上記の事例では，死後事務委任にかかる報酬にも問題はあるが，その特約条項の定めは，任意後見人が任意後見開始前においても継続的見守り委任事務を行いあたかも本人の生活状況や健康状態を把握して必要な手配を行うことができるものとの誤解を招き，また同様任意後見人が死後事務の処理までを行うものと誤ってしまう（むしろ上記のように無効な特約である）ので，新たな契約の追加と報酬の減額をお願いした。

　このような事例では，任意後見契約に盛り込むことができる事務と，それ以外の事務とは明確に区別し，別の独立した契約として必要な条項を定める必要がある。

  (b)　条件や期限は付けられない契約
　　(ｱ)　「委任者が90歳になったら，任意後見開始の申し立てをする」とか「単身居住することになったら任意後見監督人の選任をする」という契約の内容。このような，契約条項は，無効である。

　　　任意後見契約の効力発生は，「任意後見監督人が選任された時からその効力を生ずる」（任意後見2条1号）のであるが，それ以外の条件や期限を特約として付すことができるかが問題になる。任意後見契約の効力の発生は，本人の判断能力が不十分となり，任意後見受任者，その他の申立人が任意後見事務を開始するのが相当と認め，その申請により家庭裁判所が任意後見監督人を選任することによる。したがって，この法律の仕組みに反するような，例えば，委任者が意思能力が全くなくなったとき開始するとの特約や，委任者が一定の年齢に達し

146

たとき，あるいは独居生活を始めたときを始期付き期限とする旨の特約を付した契約は，任意後見契約の基本的仕組みに合致せず無効というべきである。

(イ) 「私が，意思能力が回復したら，任意後見契約は終了する」という契約はどうか。

契約自由の原則からして，直ちに無効とすべき理由はないように思うが，任意後見法は，契約の解除につき一定の手続きを踏むことを要求しているので，その手続きを履践する必要があろう。

(c) 予備的な任意後見受任者の定め

(ア) 任意後見人複数の任意後見契約において，「任意後見人Bが死亡し，もしくはBが後見事務を行えなくなったときに，任意後見受任者Cが任意後見の申立てをする」という条件はどうか，という問題である。

任意後見人は，二人以上の複数であっても可能である（後見登記5条5項）。任意後見人が数人ある場合，契約は，❶権限の共同行使の定めがあるもの，❷任意後見受任者が権限をそれぞれ単独で行使できるもの，との二つに分かれる。

❶の場合は共同代理と呼ばれているもので，二人以上数人の任意後見人が共同して代理権を行使すべき旨の特約が付された契約であり，この任意後見契約は1個の不可分の契約と解されている。したがって，共同の複数の任意後見人のうち一人が死亡した場合は，契約そのものが終了する。また，2通の公正証書で共同行使については定めることができないので，予備的定めの問題も起きない。

(イ) ❷の任意後見受任者が権限を単独で行使できるとする契約の場合はどうかである。

この契約に関しては，各人ごとに契約は別個となり，任意後見人（任意後見受任者）ごとに任意後見監督人の選任をし，それぞれを別の任意後見監督人が監督することも可能であるといわれている。

本人が，複数の受任者に順序をつけて任意後見契約を締結している

のであれば，それはそれとして尊重しなければならない。したがって，「任意後見人B（妻）が死亡し，もしくはB（妻）が後見事務を行えなくなったときに，任意後見受任者C（子）が任意後見の申立てをする」という定めは有効である。だが，同時に審判が申し立てられたときは，この定めは無視される。

(ウ) 1通の公正証書で複数の任意後見受任者と契約する場合，その申立てに順番をつけることはできない。

後見登記法では，このような予備的契約を登記事項とする明文の規定がない。したがって，同一公正証書では，第1順位の受任者をBとし，第2順位の受任者をCとする予備的受任者を定めることはできないものとされている。

5．公正証書の作成

(1) 作成のため準備する資料

契約内容がおおよそ固まれば，公正証書の作成手続きとなる。任意後見契約は，公証人の作成する公正証書で契約を締結するので，公証人と打ち合わせながら，契約条項をさらに確定することになる。

公正証書の作成に当たっては，次の資料が必要となる。

❶ 本人及び受任者の印鑑証明
❷ 本人の戸籍謄本もしくは本籍の記載のある住民票
❸ 受任者の住民票

なお，受任者が法人の場合は，登記簿謄本も必要となる。

(2) 公正証書作成場所

公正証書は，本人等が選んだ任意の公証役場に赴いて作成する。この任意後見契約は，この制度の趣旨（特質）や民事局長通達の内容からして，契約ではあるが，委任者本人の代理人での公正証書の作成は認められない取り扱いになっている。したがって，本人が出向くことができない場合は，公証人が，自宅や病院，老人ホーム等の施設に出張して作成することになる※

(3) 公正証書作成費用

公正証書作成費用は，任意後見契約1件につき1万1,000円の基本手数料のほか，正本・謄本代，登記嘱託費用等がかかる。移行型任意後見契約1件（文例1の場合で，死後事務委任契約を除いたもの）の費用は，3万8,000円以上（さらに委任契約の報酬によって基本手数料が異なるうえ，添付される財産目録やライフプラン等によって費用が加算される。）。このほか，出張の場合は，日当や交通費，病床にある場合にはさらに一定額が加算される。

※ 代理嘱託

　契約等の公正証書は，原則代理人によって作成できる（公証人法31条，32条）。しかし，任意後見契約については，前述のように，後記法務省民事局長通達等を受けて，遺言同様代理嘱託はできないと解されている。もっとも，受任者法人については担当者本人が代理人として出頭するのであれば認められよう。

(4) 任意後見の登記

公正証書作成後，公証人から登記所に対する嘱託による任意後見の登記が行われる。

6．任意後見契約に付随する各種の契約など

(1) 「任意の財産管理契約」と「見守り契約」

本人に，判断能力の低下はなくても，加齢や病気で，自分のことが自分でできない場合，第三者に身上監護のみならず財産管理に関して支援や手配を頼む必要がある。そして，身上監護等の支援が必要な人は，誰かが見守りを行う必要がある。

そこで，任意後見契約を締結するに当たって，これらの見守りや財産管理に関して別途委任契約を締結することが少なくない。

この「継続的見守り契約」と「任意の財産管理契約」については，第6章で説明する。

(2) 「財産管理処分信託契約」

本章で説明している任意後見契約に代わる，あるいはこれを補完する家族

第4章　任意後見制度の概要

のための信託契約がある。この契約は，高齢者（認知症者）や障害を持つ人（知的障害者など）の財産管理のために利用されている。

　この制度は，家族信託（家族のための民事信託）というものであり，広く財産を「守る」「活かす」そして「遺す」という法的な仕組みを一つの制度で達成するというものである。

　これまでの民法などの法制度では，財産を「遺す（承継帰属させる）」という法的仕組み（遺産の承継）は，一般には遺言や相続，あるいは贈与などの法制度によって，また家族の中で判断能力等が不十分な人の財産を「守る（管理する）」「活かす（活用する）」という法的仕組み（後見的な財産管理）は，多くは成年後見制度や任意の財産管理等委任契約によって達成されてきた。これらの制度に代替する機能を有するのが家族信託である。家族信託は，まさに家族の安定した生活と福祉を確保する財産の管理活用の制度であり，また大事な財産をしっかりと大切な人や後継者に引き渡すための財産承継の制度であって，これを一つの仕組みで達成するものである。

　この「家族信託」については，第7章で説明する。

(3)　「いざという時の意思表示」と委任契約

(a)　任意後見にあっては，本人の意思や考えを任意後見人によって確実に実現してもらいたいという本人の思いは強い。そこで，本人に，生活や福祉，医療に関する考え（代表的なものが「延命措置は不要とする尊厳死宣言」）を残してもらい，これを基に任意後見人が事務処理するのが最良である。

　そこで，筆者は，「いざという時の意思表示」，それにこれを実現するための委任契約を公正証書で確実に残してほしいと考えている（北野俊光「任意後見契約における本人の意思実現のための留意点」実践成年後見№45民事法研究会）。

(b)　その一つのサンプルが，本書巻末に載せてある「いざという時の意思表示」公正証書である。この意思表示（宣言）と委任契約の公正証書は，特に家族がおらず第三者後見人に託する場合に活用されよう。

(4)　「死後事務委任契約」と「金銭信託契約」

　人の死後には，さまざまな事務がある。しかも，急を要するものが多い。

150

本人に相続人がいなかったり，いてもこれを行う者が高齢でしかも認知症にり患していたり，障害を持つ者で本人の意思のとおり死後事務を行うことが期待できない場合もある。そこで，任意後見契約のほかに，死後事務を委任する契約を締結することも少なくない。死後事務委任契約において大事なのは，事務処理費用を確保することと，その預り金の趣旨を明確にしておくことである。この預り金についての契約は，信託契約で行うのが最良と言える。

　この「死後事務委任契約」と「金銭財産管理契約」については，第6章で説明する。

第3　任意後見の委任者と任意後見人

1．委任者（本人）

　受任者になるのに法律上の制限はなく，自然人であれば誰でもなれる。

　任意後見制度では，委任者のことを「本人」と呼んでいる（任意後見2条2号）。

　問題になるのは，次の者である。

　(a)　未成年者

　未成年者は，意思能力があれば，親権者等の同意を受けたうえで自ら委任者となることができる（民法5条1項本文）。また，法定代理人は，未成年者を代理して任意後見契約を締結することができる（民法824条）。ただし，委任者が未成年の間は，任意後見監督人は選任されない（任意後見4条1項ただし書1号）。

　(b)　法定後見が開始されている者

　法定後見（後見，保佐，補助）が開始されている者であっても，本人に意思能力がある限り，成年後見人や保佐人の同意または代理によって任意後見契約を締結することができる。家庭裁判所は，法定後見開始の審判がなされ

ている者について，任意後見監督人選任の申立てがなされた場合，法定後見を継続することが「本人の利益のため特に必要であると認めるとき」に限り，選任申立てを却下することができ，それ以外の場合は，選任申立てを認容しなければならない（任意後見4条1項ただし書2号，2項）。

　(c)　重度障害者

　身体障害者も，意思能力がある限り，任意後見契約を締結することができる。

　(d)　外国人

　外国人も，委任者となることができる。

　(e)　任意後見が開始されている者

　本人が複数の任意後見契約を締結することも可能であり，任意後見開始後であっても，本人（委任者）に意思能力があれば，新たな任意後見契約を締結することができる。

　問題は，委任者が意思能力を失った場合であるが，本人が契約できないのはもちろんである。ただし，任意後見人に新たな任意後見契約締結の事務を委任している場合（文例3・別紙―「代理権目録」第1の17号参照）には，任意後見人が委任者を代理して契約の締結ができる。この契約によって任意後見人の交代も可能である。

2．任意後見人

(1)　任意後見人（任意後見受任者）の資格

　任意後見受任者になる資格や法律上の制限はない。

　個人でも法人でも受任者にはなれる。しかも，例えば，親族にあっても，一定の親族，姻族であることとか，あるいは弁護士とか司法書士など法律上の一定の資格を有するものであることや，その他の第三者後見人でも後見人養成講座を受講したものとか，一定の業務に一定期間就職した経歴が必要であることなどという，必要条件は一切ないのである。

　実際の任意後見契約をみると，委任者（本人）の親族や知人などで信用で

きる方が任意後見人になることも多い。その他，弁護士や司法書士等の法律実務家も任意後見人になるケースが見られ，また多くはないが，行政書士，税理士や法人などの受任者も見受けられる。もちろん，NPO法人など市民後見人も登場している。

　なお，ここで言う資格制限はないということと，実際に任意後見人に選任する人とは別である。いわゆる家族市民後見人の説明の中でも述べたように，任意後見人になる者としての資格は後見人としての資質と倫理観が必要なのは当然である。

(2) **任意後見人（任意後見受任者）の分類**
　(a)　親族後見人

　任意後見人に選任されるのは，その多くは本人の家族（子，孫，配偶者）であるが，さらに兄弟姉妹やその子（甥姪）が選任されて，契約する場合も少なくない。また，親しくしている配偶者の甥姪が受任者になることもある。

　なお，法定後見においては，前述のように，この家族後見人が選任されることが次第に難しくなってきており，これから家族が成年後見制度で活躍する道としては，任意後見人ということになろう。

　(b)　専門職後見人

　成年後見制度の発足当時，成年後見人に名乗りを上げた専門職の方は，弁護士，司法書士や社会福祉士（「先駆の３専門職後見人」）など限定されていたが，近時，成年後見制度が国民に知られるようになってからは，他の専門職の方も成年後見人に就任するなど，幅広い分野の方が登場している。成年後見制度全体を見た場合，現在でも上記先駆の３専門職後見人の方がかなりのシェアーを占めているが，このほかに，税理士，行政書士，精神保健福祉士，社会保険労務士などが，積極的に取組を開始している。

　(c)　法人後見人

　任意後見において，法人後見人が受任者になることはそれほど多くはないが，近時，社会福祉法人やNPO法人（特定非営利活動法人）の取組が目立ってきた。

153

法人後見人は，第三者後見人の中でも重要な役割を果たしてきているのは確かである。法人後見人のメリットとしては，次のようなことが挙げられている。

①委任者が比較的若く長期にわたって後見が継続する可能性のある事案に対応しやすいこと，②本人と家族との間で争いが生じている場合や家族の中に特異な人物がいるなど，個人の後見人では対応の難しいケースにも対応しやすいこと，③担当者と信頼関係を築くことができない場合など後見事務担当者の交代が可能であること，④後見事務担当者を複数（主任と副主任）にできるなど担当者の心理的負担の軽減ができ，また主任担当者が事務処理できないときにはサブの担当者が事務処理をし，支援体制が確実であること，⑤事務の対象地が広範囲に及ぶ事案に対応しやすいことなどである。

(d) 市民後見人（社会貢献型後見人）

成年後見制度は，前述のように親族後見人を中心に運用が始まり，親族後見人がカバーできない部分を先駆の3専門職後見人が担ってきた。しかし，制度の利用の増加に伴い，専門職後見人，さらには法人後見人では，これを補足できない事態が生じてきたのである。

そこで，視点を当てたのが，社会貢献に意欲を持つ市民の力である。この市民後見人が持つ知識や経験は，専門職と比較すれば低いものの，法律や福祉の専門職や法人との緊密な連携や支援を受けることにより，本人と同じ地域に暮らす同じ市民の目線で，判断能力の不十分な高齢者，障害者を支援してその権利を擁護する後見活動を責任を持って担ってくれるという期待が大きい。

市民後見人については，法定後見を中心とする社会貢献型後見人であるべきであるという考え方は根強い。しかも，老人福祉法による市民後見人の育成支援事業（「市民後見推進事業」）が始まりその度合いを増している。しかし，近時，比較的高額な講習費を支払って市民後見人養成講座を受講し，その得た知識を活かして市民後見の活動をしているものも数多く出ており，相応の報酬付与は当然という考え方もできよう[※]

※ 「市民後見人と任意後見」
　問題は，市民後見人が任意後見契約の受任者になり得るかということである。
　市民後見人は，任意後見契約の受任者になるべきではないという見解を示している学者等がいた。その理由とするところは，事務内容としては専門性，倫理性を問われる財産管理が大きなウエイトを占めることから，かかる財産管理を委託するのは相当でないというものであった。このほかに，任意後見人は一人で事務処理することになり，サポートする機関がなく，任意後見監督人だけでは適正な事務処理を期待するのは難しい。あるいは，市民後見人は，そもそもその多くは何らかの形で公的な援助を受けた成年後見人の養成講座を受講した者であり，その活躍の場は法定後見に限られるべきであるというものもある。
　確かに，移行型任意後見契約を考えた場合に，かかる懸念は否定できない。しかし，成年後見人の「すみ分け」を考えることにより，また後見事務の主たる内容が身上監護に移行している今日，これらの問題は解決できるものと思料される。特に，市民後見人は，倫理性が低いのではないかという危惧を示される人もいるが，現に法定後見に携わっている市民後見人に関する取組姿勢や責任感に関する報告を聞いた限り，その多くの者についてはそのようなことは感じられない。
　任意後見制度の基本は，本人と後見受任者との信頼関係にあり，これが確立している限り私的自治（自分のかかわる私的な権利や義務関係を，その人の意思によって自由に決定させ負担を負わせるという原則）に任せるのが相当である。ただし，任意後見契約後，公証役場に対する後見事務についての相談や問い合わせ等からして，受任者をサポートする機関の必要性は高い。任意後見人（任意後見受任者）を含めた成年後見人の公的な「後見サポートセンター」の発足が待たれている。そのような中で，国が，地域における市民後見人の活動を推進するための「市民後見推進事業」を始めたことから，任意後見人（受任者）もこの事業が利用できるよう働きかけを行うべきであると考えている。

(3) 選任に当たっての留意点

　任意後見人になるのに法律上の制限はなく，本人が信頼する人であれば誰でも任意後見人になることができる。

　しかし，誰でも選任できるというものの，まず考えなければならない大事な事柄がある。その1は，任意後見を開始するため，任意後見監督人の選任の申立てを家庭裁判所に行っても，任意後見受任者に一定の事由（欠格事由）があると任意後見監督人が選任されないということである。すなわち，任意後見が開始できないのである。

　このことは，任意後見法第4条第1項第3号に規定されている。

　任意後見受任者が，まず，民法第847条に掲げる

❶ 未成年者（同条1号）
❷ 家庭裁判所で免ぜられた法定代理人，保佐人又は補助人（同条2号）
❸ 破産者（同条3号）
❹ 行方の知れない者（同条5号）
❺ 本人に対して訴訟をし，又はした者及びその配偶者並びに直系血族（任意後見4条1項3号ロ）
❻ 不正な行為，著しい不行跡その他任意後見人の任務に適しない事由がある者（任意後見4条1項3号ハ）

である場合は，任意後見は開始されない。したがって，契約に当たっては，受任者が，これらの不適任事由に該当するか否かについて，公証人も調査が必要となる。

その2は，その人が後見人としての資質を有し信頼でき責任感がある人物であることが求められるということである。誰でも選任できるということは，親族であっても不誠実な者や不正を行うような好ましくない者が就任することも考えられる。それを制度的に防止するために，任意後見法第4条第1項第3号ハの「不正な行為，著しい不行跡その他任意後見人の任務に適しない事由がある者」を欠格者としているので，この規定を活用することになる。

第4　任意後見の開始（任意後見監督人の選任）

1．任意後見監督人の選任申立て

任意後見契約は，家庭裁判所が任意後見監督人を選任したときからその効力は生ずる（任意後見2条1号）。したがって，任意後見の開始には，任意後見監督人の選任申立てが不可欠である。もちろん，この場合，本人に精神上の障害により判断能力（事理弁識能力）が低下し，これが不十分になっていることが必要である。

第4　任意後見の開始（任意後見監督人の選任）

(1)　**申立人と管轄**

(a)　申立人

任意後見監督人の選任申立てに関する請求権者は，「本人」「配偶者」「四親等内の親族」または「任意後見受任者」である（任意後見4条1項）。なお，法定後見の場合，「検察官」や「市区町村長」も請求できることになっているが，任意後見開始の申立てについては，この制度が私的自治に重きを置いていることから除かれている。

この申立てに当たって中心となる者は，やはり，任意後見受任者である。任意後見受任者は，常に本人の心身の状況に目を配って判断能力の低下の有無等に留意し申立ての時期を見失うことのないようにすべきである。※

(b)　申立ての管轄地

任意後見監督人選任の申立てについては，本人の住所地の家庭裁判所が管轄とされている（家事事件217条1項）。

ところで最近は，任意後見契約後，それまでの自宅から遠隔地の老人ホームや施設に転居し，住民票の住所変更をせず，施設等で生活している事例もある。かかる場合，どこの家庭裁判所に申立てすればよいか，任意後見受任者として迷うことがある。この場合は，住民票のある家庭裁判所に問い合わせをして，管轄裁判所の教示を受け間違いのないようにすべきである。

(2)　**申立てに当たっての準備書類**（標準的な申立添付書類）

任意後見監督人選任申立書のほか，次のもの。

①　本人の戸籍謄本（全部事項証明書）
②　任意後見契約公正証書の写し
③　登記事項証明書
④　本人の診断書（家庭裁判所が定める様式のもの）
⑤　本人の財産に関する資料

不動産の場合は，不動産登記事項証明書（未登記の場合は固定資産評価証明書），預貯金等金融資産にあっては，預貯金及び有価証券の残高が分かる書類（通帳写し，残高証明書，証券会社発行の計算書等）。

なお，任意後見監督人の候補者がある場合には次のとおりとなる。

(3) **任意後見監督人の候補者**

(a) 任意後見契約に当たって，契約当事者や家族から，家庭裁判所は，誰を任意後見監督人に選任するのかという質問が多い。それと同じように当事者から，任意後見監督人の候補者を立てることができるかという質問もある。

申立てに当たって本人が，任意後見監督人の候補者を指定することはできるが，裁判所はこれに拘束はされない。なお，任意後見監督人の候補者を指定する場合は，任意後見契約には，「甲（本人）は，任意後見監督人に弁護士○○○○（事務所・東京都○○区○○丁目○○番○○号）が選任されることを希望する。乙（任意後見受任者）は，任意後見監督人の選任の申立てに際し，家庭裁判所にその旨を申し述べるものとする。ただし，家庭裁判所が甲の希望と異なる判断をするときは，この限りではない。」と定める。

(b) 任意後見監督人の資格については，任意後見人と同様，任意後見法等に規定は存在しないので，法律上の制限はないことになる。しかし，任意後見監督人は，家庭裁判所の監督の下，任意後見人に事務の報告を求めて，その事務を監督し，あるいは任意後見人の事務を代わって処理するという重要な役割を担っており，そこには専門性が求められているのである。

したがって，申立人が専門性の備わっている者をその候補者に掲げることもあろう。この任意後見監督人の候補者を立てる場合は，任意後見監督人選任申立書にその記載をするとともに，任意後見監督人候補者の住民票または戸籍附票を，さらに候補者が法人の場合には，当該法人の商業登記簿謄本を準備することになる。

※ 「申し立ての不履行」と契約解除
　任意後見受任者による申立て不履行による契約解除や法定後見の申立てについて考えてみる。
　任意後見開始に当たって任意後見受任者による任意後見監督人選任の申立ての責任は最も重いと考えられる。特に，本人に事理弁識能力の著しい低下がある場合には申立ては回避できないと言えよう。見て見ぬふりはできないということである。
　移行型任意後見契約に限らず，契約締結から任意後見監督人選任時まで，見守り義務

第4　任意後見の開始（任意後見監督人の選任）

を尽くし，本人の生活状況や健康状態を把握して場合によっては必要な手配や支援をなさなければならないうえ，もし，任意後見を開始しなければならない状況に至っている場合には，法定後見を選択する場合は別であるが，任意後見監督人選任の申立て以外に道はない。任意後見受任者が，これを覚知しながら任意後見開始の申立ての義務を尽くさずこれを怠ったことにより本人が損害を被った場合には，契約上の責任を問われる可能性もある。

例えば，かかりつけの医師が後見相当の診断をし，あるいは介護職員・介護支援専門員からも本人の判断力が著しく低下し任意後見を開始すべきであるとの進言をしているのに，これを無視し，委任契約による財産管理等を継続することはできないというべきである。かかる状態では，本人の監督能力はない。もし，本人にまだ判断能力が残っていれば，契約解除の手続きを踏むことができようが，これが残っていなければ無理である。この解除手続きは後述のようにかなり難しい手続きとなっている。この場合は，法定後見の申立権を有する，配偶者，四親等内の親族，かかる親族がいなければ検察官（民法7条），さらには市区町村長が法定後見の申立てを行うことになろう（老人福祉法32条，精神保健福祉法51条11の2など）。

2．任意後見開始の審判の要件

次の要件を満たしている場合は，任意後見法第4条第1項但書各号に規定されている法定の障害事由が存在しない限り，家庭裁判所は任意後見監督人を選任しなければならない（任意後見4条1項で「選任する」とあるが「選任しなければならない」という趣旨である）。

(1) **選任の要件**

❶ 法定の請求権者からの請求であること

❷ 「任意後見の登記」がなされていること

任意後見監督人選任の審判の要件の一つが任意後見契約に関しての登記があることである。この登記は，公正証書作成後，公証人から登記所に対する嘱託による登記が遺漏なく行われるので，この登記がなされないということはない。そして，任意後見監督人選任の審判時において，任意後見契約の締結のみならず，それが存続していることを家庭裁判所が登記によって確認することになる。

この証明は，法務局が発行する任意後見に関する登記事項証明書で，これを行うとされている。

第 4 章　任意後見制度の概要

❸　本人が「精神上の障害により事理を弁識する能力が不十分な状況にあること」

この精神上の障害により本人の事理を弁識する能力が不十分な状況にあることとの表現により，法定後見制度の補助類型に該当することを示していることは明瞭である。したがって，補助・保佐・後見の各要件に該当する精神の状況にある者すべてについて，任意後見監督人を選任することができるという趣旨である。

「事理を弁識する能力（事理弁識能力）」とは，有効に意思表示をする能力のことをいい，具体的には物事の道理や道筋，そして自分の行為の結果を認識判断するに足りる精神的な能力のことである。一般的な説明としては，「判断能力」という表現が用いられることが多い。

なお，実際に，いかなる段階で申立てをするかについては，第 8 章・第 6「認知症の程度と任意後見開始の申立て時期の見極め」でさらに説明する（本書333ページ）。

❹　本人の申立て，または「本人の同意」があること

自己決定を尊重するため，任意後見監督人選任の申立てを本人以外の者がなした場合，本人が意思能力の喪失・欠如により表意不能の場合を除き，本人の同意が必要であることを要件としたものである。

これは，審判の要件であって申立ての要件ではない。したがって，本人以外の者が申立人となって申立書を家庭裁判所に提出する際，本人の同意書などを添付する必要はない。

(2)　**選任の障害事由がないこと**

任意後見監督人選任の審判の上記要件を満たしていたとしても，下記の障害事由が存在する場合は，任意後見監督人選任の審判はなされない。

(a)　「本人が未成年者であるとき」（任意後見 4 条 1 項ただし書 1 号）

(b)　「本人が成年被後見人，被保佐人又は被補助人である場合において，当該本人に係る後見，保佐又は補助を継続することが本人の利益のため特に必要であると認めるとき」（任意後見 4 条 1 項ただし書 2 号）

ここで定める「本人が成年被後見人，被保佐人又は被補助人である場合」とは，本人に法定後見開始後，任意後見契約が締結され，これに基づき任意後見監督人選任の申立てがなされた場合である。この場合，成年後見人等との権限の抵触・重複を回避するため，法定後見を継続するか，任意後見契約を発効させるかのいずれかの審判をすることになる。この場合の判断基準として，「本人の利益のため特に必要であると認めるとき」に限り，法定後見による保護を継続すべきと規定されており，これが基準となろう。

(c)　障害事由の第3は，任意後見受任者に次の不適任な事由がある場合である（任意後見4条1項ただし書3号イ・ロ・ハ）。

❶　民法847条の後見人の欠格事由に相当する事由があるとき（未成年者，任意後見受任者が家庭裁判所から免ぜられた法定代理人，保佐人または補助人であるとき，破産者もしくは行方の知れない者）

❷　任意後見受任者が本人に対して訴訟をし，またはした者及びその配偶者ならびに直系血族である場合

❸　任意後見受任者が不正な行為，著しい不行跡その他任意後見人の任務に適しない事由がある者であるとき

　これらは，任意後見監督人選任請求における障害事由であって，任意後見人の欠格事由ではない。したがって，任意後見監督人の選任後，後発的に障害事由（受任者の破産を除く）が任意後見人に発生した場合でも自動的に任意後見人の地位を喪失することはない。

3．任意後見監督人の欠格事由

(1)　任意後見監督人に選任できない者

　任意後見法は，「任意後見受任者又は任意後見人の配偶者，直系血族及び兄弟姉妹は，任意後見監督人となることができない」と定めている（任意後見5条）。

　これは，任意後見監督人の欠格事由である。

　これらの者は任意後見監督人の職務となっている，任意後見人の事務を厳

重に監督し、本人と任意後見人が利益相反する行為について本人を代理し、場合によっては任意後見人の解任を家庭裁判所に請求するなどの職務を適正に行うことが一般的に期待できないためである。

また、任意後見監督人については、これ以外にも、①未成年者、②家庭裁判所で免ぜられた法定代理人、保佐人または補助人、③破産者、④本人に対して訴訟をし、またはした者ならびにその配偶者及び直系血族、⑤行方の知れない者についても、欠格事由となっている（任意後見7条4項、民法847条準用）。

(2) **任意後見監督人の地位の喪失**

家庭裁判所は、この欠格事由に該当する者を任意後見監督人に選任できないばかりでなく、任意後見監督人選任後にこの者が欠格事由に該当することとなった場合は、その時点で任意後見監督人の地位を喪失することになる。例えば、任意後見人が任意後見監督人と婚姻した場合や養子縁組を行った場合などである。

4. 任意後見監督人選任の審判手続

(1) **審理手続の概要**

任意後見監督人選任の申立て以後、家庭裁判所においてどのような審理が行われるか、主な項目を説明する。なお、平成25年1月1日に新しく家事事件手続法が施行され、新しい法律により、成年後見制度に関する手続きが行われるようになった。

第1に、本人の精神の状況の認定（精神の状況に関する意見の聴取と認定）を行う。

家庭裁判所は、本人の精神の状況につき医師その他適当な者の意見を聴かなければ、任意後見契約の効力を発生させるための任意後見監督人の選任の審判をすることができないとされている（家事事件219条）。この手続きは、はじめて任意後見監督人を選任する場合であり、任意後見監督人を補充的・追加的に選任する場合は不要となろう。

第4　任意後見の開始（任意後見監督人の選任）

　任意後見制度では，これを発効させるに当たって，本人の申立てまたはその同意を得る制度設計になっていることから，利用者の利便性を考えて，鑑定を原則不要としている。ただし，家庭裁判所が必要と認めれば，鑑定が行われることは考えられるが，任意後見監督人選任の申立書に医師の診断書を添付することになるので，一般にはこれに基づき審判することになる。
　第2は，任意後見契約の内容及び登記の有無を調査することになる。任意後見監督人選任に当たっては，任意後見契約の登記がされ，終了していないことが審判の要件となっていることから，任意後見契約公正証書の写し及び登記事項証明書でこれを確認することになる。
　第3は，本人及び任意後見監督人について任意後見法第4条第1項ただし書各号の障害事由の有無の調査を行うことになる。これら障害事由に該当しないことが任意後見監督人選任審判の要件だからである。
　これについては，家庭裁判所に本人及び任意後見人の戸籍謄本や登記事項証明書を提出させ，家庭裁判所調査官において独自に必要事項の調査を行うことになる。
　第4は，本人の陳述の聴取を行う（家事事件220条1項1号）。主な聴取事項は，任意後見契約の効力を発生させるための任意後見監督人の選任の審判をすることに関してであり，任意後見契約の効力を生じさせることや任意後見監督人に選任される者についてである。
　第5は，法定後見における成年後見人等の場合と同様に任意後見監督人になるべき者の意見の聴取を行う（家事事件220条2項）。
　第6は，はじめて任意後見監督人を選任する場合，家庭裁判所は任意後見契約の効力が生ずることについて，任意後見受任者の意見を聴取する（家事事件220条3項）。

(2) **選任の際に考慮されるべき事情**

　家庭裁判所は，任意後見監督人を選任する際に，次の各事情を考慮しなければならない。これは，任意後見法第7条第4項で民法第843条第4項が準用されていることからである。これらを判断材料とし，いかなる任意後見監

督人（弁護士や司法書士，あるいは社会福祉協議会等）を選任するか，また複数にするかなどを決めることになる。

① 本人の心身の状態ならびに生活及び財産の状況
② 任意後見監督人の候補者の職業・経歴（法人の場合は，その事業の種類・内容）
③ 任意後見監督人の候補者（法人の場合は，当該法人及びその代表者）と本人との利害関係の有無
④ 本人の意見
　申立てに当たって本人が，任意後見監督人の候補者を指定している場合は，これを「本人の意見」として考慮することになるが，前述のように裁判所はこれに拘束されるわけではない。
⑤ その他一切の事情
　これに含まれるものとして，任意後見監督人の候補者の心身の状態及び財産の状況，任意後見監督人の候補者と任意後見人との利害関係の有無，任意後見監督人の候補者の意見等が考えられる。

(3) **本人の同意**

任意後見監督人選任の審判をするに当たっては，あらかじめ本人の同意を得なければならない（任意後見4条3項）。これは，任意後見制度が自己決定の尊重の理念に立っているためである。ただし，本人がその意思を表示することができないときは，不要とされている（同条3項ただし書）。

(4) **選任審判**

(a) 家庭裁判所は，申立てが適法であり，任意後見監督人を選任するのが相当と判断したときは，申立てを認容する審判を行うが，申立てが不適法であるか，もしくは理由がないと認めるときは，申立てを却下する審判を行う。

任意後見監督人を選任する審判は，本人及び任意後見受任者に告知される（家事事件222条1号）。また，本人または任意後見受任者以外の者が申立人となった場合は，その申立人にも告知される取扱いがなされている（家事事件222条，74条）。

第4　任意後見の開始（任意後見監督人の選任）

　任意後見監督人を選任する認容審判に対しては、即時抗告できる旨の規定は存在せず（家事事件223条参照）、これを受ける者（任意後見監督人）に告知することにより、審判の効力が生ずることになる。

　任意後見監督人の選任の申立てを却下する審判に対しては、申立人は、即時抗告をすることができる（家事事件223条1号）。即時抗告の期間は2週間とされ（家事事件86条1項）、申立人に却下審判の告知があった日から進行する（同条2項）。

　(b)　任意後見監督人選任の審判において、法定後見がすでに開始されていた場合、家庭裁判所は法定後見開始の審判を取り消さなければならない（任意後見4条2項）。このため、後見開始の審判の取消しの審判にあっては成年後見人及び成年後見監督人、保佐開始の審判の取消しの審判にあっては保佐人及び保佐監督人、補助開始の審判の取消しの審判にあっては補助人及び補助監督人に、法定後見開始の審判を取り消す審判を告知する（家事事件222条2号）。

(5) **任意後見監督人の補充及び追加**

　任意後見監督人が死亡などで欠けた場合、家庭裁判所は、本人、その親族もしくは任意後見人の請求により、または職権で補充的選任をすることができる（任意後見4条4項）。

　また、すでに任意後見監督人が選任されている場合においても、家庭裁判所は、必要があると認めるときは、本人、その親族もしくは任意後見人の請求により、または職権で追加的選任をすることができる（同条5項）。

　この場合、家庭裁判所は、任意後見監督人に選任される者についての意向を確認するため、本人の陳述の聴取を行い（家事事件220条1項1号）、任意後見監督人になるべき者の意見の聴取を行う（同条2項）。

　なお、この場合、本人の精神の状況に関する医師等の意見聴取は、新たに任意後見契約の効力を発生させるためのものではないので、原則として行われない（家事事件219条）。

(6) 申立ての取下げの制限

任意後見契約の効力を発生させるための任意後見監督人の選任の申立て，それに任意後見監督人が欠けた場合における任意後見監督人の選任の申立ては，審判がされる前であっても，法定後見同様，家庭裁判所の許可を得なければ，取り下げることができないとされている（家事事件221条）。

第5 任意後見人の職務など

1．任意後見人の事務

(1) 任意後見人の事務は本人の「身上監護」と「財産管理」

任意後見人は，任意後見契約により本人から授権された事務，すなわち代理権目録に記載された事務と付随する事務を行うことがその職務となる。

任意後見契約は，任意後見法にも定められているとおり，委任者である本人が，任意後見人（任意後見受任者）に対し，自己の生活，療養看護及び財産の管理に関する事務の全部または一部を委託し，その委託に係る事務について代理権を付与する委任契約である。任意後見人は，当該契約により与えられた代理権に基づき，本人の身上監護及び財産管理に関する事務を行うことがその職務である。

したがって，任意後見人の職務としては，授権した事務とこれに付随する事務であり，それ以外，例えば，生活に関連する事務とはいえ法律行為とは言えない事項（生活の世話や看病など）や一定の資格のない者でないと取り扱うことのできない事務は含まれない。

ここでいう「財産管理」とは，本人の財産を管理ししかも財産にかかわる法律行為を本人を代表して行うことであり（民法859条），また，「身上監護」とは，生活と療養看護にかかわる事務，平易に言えば，本人が希望する，健康で安心な生活をするうえで必要な支援と手配（法律行為とそれに付随する事実行為としての支援）をすることである。任意後見人は，これらの事務を代

理権を付与された範囲で行うのである。詳細は，第5章・第1「後見人の事務（職務）」（本書219ページ）参照。

> **居住用不動産等の処分**
> ❶　成年後見人は，本人の居住用不動産を処分（賃貸，抵当権設定等を含む）する場合は，家庭裁判所の許可を得なければならない（民法859条の3）
> ❷　任意後見にあっては，家庭裁判所の許可は不要である。付与された権限として「本人の財産の管理及び処分」があって，「不動産は除く」とない限り，任意後見人は，必要と認められる場合は，居住用不動産も処分はできる。しかし，多くの場合は，「特約目録」（文例1・2の条項，文例3―代理権目録参照）を定めて，任意後見監督人等の同意が必要になっている。
> ❸　任意後見監督人の同意を要する特約目録は，本人と任意後見人の関係や財産の内容などと関連して定められるが，任意後見でも，特定の場合を除いて，不動産の処分等に関する「特約目録」を設けない契約はあってはならない。

(2)　**契約で付与された事務**

任意後見人は，任意後見契約で付与された代理権の範囲で事務処理を行うものであるが，この事務は，任意後見契約公正証書に別紙添付の形式で「代理権目録」に記載される。

任意後見契約は，委任契約の一類型であるから，この代理権目録に記載された事務が，任意後見人として処理できる範囲となる。

関連付随する事務はどうかである。

任意後見人ができる事務は，この代理権目録に記載された法律行為だけかというと，これに限らないというのが，一般的な考え方である。すなわち，「法律行為に付随する事実行為は任意後見人の職務内容に含まれる」との考え方である。

問題は，「法律行為に付随する事実行為」とは，何かということである。一般に，これに該当する事例として，例えば，老人ホームや施設入所契約を

第4章　任意後見制度の概要

締結するために，本人とともに施設を見学したりすることがこれに当たると言われている。

(a)　任意後見人の職務は，基本的には当事者の合意に基づく契約条項（代理権目録）によって決まる。ただし，職務の範囲は，契約で示された代理権目録の範囲には限定されず，代理権を付与された法律行為に付随する事実行為も任意後見人の職務内容に含まれることを念頭に置くべきである。また，身上監護や財産管理と言っても，その範囲は広く，またどこまでが法律行為に付随する事実行為と言えるか，画一的には決められないので，任意後見人としては，判断に迷うこともあろう。

(b)　ところで，委任者本人にとっては，契約の内容に，「自己の生活，療養看護に関する事務」とあるので，生活や療養看護に関する一切の事務をやってもらえると誤解する向きもある。また，契約に当たって，公証人から「生活のお世話や看病，介護サービスなど，事実行為は含まれない」と説明しても，その後の本人の判断能力の低下，認知機能の低下に伴い，事実行為は含まれないとの契約であることを失認してしまう者も少なくない。

また，「法律行為を行う」との説明で，委任者が，身上監護や財産にかかわるすべての紛争処理までこれをしてもらえると，誤解する者もいる。

(c)　任意後見人としては，信頼関係を維持してこの契約を継続させるには，この職務内容の枠組みにつき，本人に常に理解しておいてもらう必要がある。

任意後見の事務を遂行するうえで，このことを曖昧にし，あるときに本人のゴミ出しを手伝ったところ，本人にとってはそれが任意後見人の当然の事務と誤解してしまい，次から次と同じ依頼をしてきて，結局信頼関係を破壊したくないことから拒否できなくなってしまっている場合もあるという。任意後見人は，基本的には法律行為を担い，生活の世話や看病等は家族の者もしくは介護職員等に分担してもらい，本来，職務については厳格に運用されなければならないといえる。しかし，実際に任意後見人となっている専門職後見人に話を聞くと，厳格な運用は難しいというのが答えである。これは，任意後見人が事務を行うに際しては，「本人の意思を尊重し，かつ，その心

身の状態及び生活の状況に配慮しなければならない」(任意後見6条)とされているので、このことを念頭に置くと、判断能力の衰えた本人の「身上配慮」のためにはかなり緩やかな事務処理を考えなければならないというのである。

(3) **取消権はないが取消し代理権はある**

任意後見人は、独立した取消権はない。

しかし、筆者の場合、代理権目録には、「訪問販売、通信販売等各種取引の申込みの撤回、契約の解除、契約の無効、取消しの意思表示並びに各種請求に関する事項」を載せることにしている(本書212ページ)。

ここに言う「契約の取消し」というのは、本人が有する取消権(例えば、詐欺強迫による契約の取消し―民法96条1項)を代理行使するという、代理人としての権限である。クーリングオフ(契約を解除する権利)のほか、特定商取引法(特定商取引に関する法律)や消費者契約法の取消しも代理権の範疇に入る。

任意後見人の取消権

■ 任意後見人には独立した取消し権はない。この点成年後見人(後見類型など)とは異なっている。このため、本人が、高額で不要な物を買い求めるなど、取消権を活用する必要がある場合は、法定後見に切り替える必要がある。

□ 商品のクーリングオフ―特定商取引法などに撤回(取消し)制度が規定されているので、任意後見人はこの制度を活用することになる。

■ 民法の活用―(1)意思能力がない場合は契約は無効である(判例)また(2)詐欺・強迫の場合、これを「取消し」できるとされ、取消権者として「代理人」が含まれている(民法120条)。したがって、任意後見人も代理人であり、これを活用することになる。

---

2. 任意後見人の職務の主な内容と種別

任意後見人の職務は、その基本は身上監護と財産管理及びこれに付随する

第4章 任意後見制度の概要

事実行為であるが，身近な親族が任意後見人に就任する場合は，その多くはすべての事務，すなわち包括的な代理権が付与されているのが実情であろう。

しかし，任意後見人（任意後見受任者）が複数の契約で，一人が財産管理を，いま一人が生活の支援や療養看護（身上監護）を担当したいとの申し出があった場合に，当事者からそれぞれの主な事務（職務）内容の説明を求められることがある。

そこで，参考文例にも載せてある「代理権目録」を提示して，身上監護と財産管理及びその他の事務などを説明して，それぞれの事務分掌を決めてもらうことにしている。もちろん，身上監護と財産管理に関する事務を，厳格に区別することは不可能であり，またかなり重なる部分があるので，あくまでも事務分掌を決めるに当たって参考にしてもらうためのものである[※]。

この後見事務の中での区別，「主に財産管理に関する職務」「主に身上監護に関する事務」「共通事務その他の事務に関するもの」については，第5章「後見事務の内容」を参照されたい。

※ ―「複数の任意後見人の事務分担」

　任意後見契約では，複数の任意後見人（任意後見受任者）が選任され，その中で，事務分担が決められる場合がある。実際の例としては，委任者が親，受任者が長子と次子で，長子が財産管理事務を行い，次子が主に身上監護の事務を行うという事例，あるいは，専門職後見人と親族が複数で任意後見人となり，財産管理事務を専門職後見人が分担し，身上監護事務を親族が分担するという事例である。

　しかし，実際にはこの二つの事務を厳格に区別することは困難であり，上記のように二つの事務を分掌する場合に注意することが必要である。

　この事例では，長子が本人の財産を厳格に管理したいとの意向が強かった。しかし，例えば，次子が管理運営できる預貯金が，少額の預金の管理運用といった限定的なものである場合，本人の最善の利益を考えた事務処理を行うために必要な資金（現金）が少なすぎて，本人にしてやるべき生活及び療養看護のための支援や手配が十分できないというような事態が生じることもある。したがって，複数の任意後見人（任意後見受任者）に事務分担を決める場合においても，ある程度広い範囲の代理権を持つことが不可欠だということである。

第6 任意後見人の義務等について

1．善管注意義務と事務完遂義務

(1) 善管注意義務

　任意後見契約は，委任者と受任者との委任契約である。したがって，受任者は，委任の本旨に従い，善良なる管理者の注意をもって委任事務を処理する義務を負うことになる（民法644条）。

　この「善管注意義務」とは，「委任を受けた人の職業，地位，能力等において，一般的に要求される平均人としての注意義務」をいうのである。専門職後見人なら，専門家として払うであろう注意，または払うことができる注意をもって，後見事務の処理にあたらなければならないということである。この善良な管理者としての注意義務については，上記のように，後見事務を委任された人の職業や専門家としての能力，社会的地位などから考えて平均人として通常期待され要求される注意義務のことと，抽象的に説明されている。そこで，筆者は，先に説明した「後見人の行動指針（心構え）」（本書10ページ）をもとに，判断することを説いている。

(2) 事務完遂義務

　任意後見人は，契約で交わした事務を，善良なる管理者の注意をもって完遂させなければならない。

　任意後見契約は，委任契約の中でも，特に長期にわたる継続的契約であり，また本人の生活や療養看護という生命身体にかかわることになる契約であるので，契約の解除等終了事由がない限り，その職務を完遂させなければならない。それだけ任意後見人は，重い責務を負っており，その立場上中途で契約を放棄するなど勝手な辞任はできないのである。

　したがって，善管注意義務及び事務完遂義務は，善管注意義務が一般に任意規定と解されてはいるものの，任意後見人には更に後述のように身上配慮義務も課せられていることも考えると，当事者の特約によってこれらの義務

を軽減したり免除したりすることもできないと考えるべきである。

(3) 守秘義務

任意後見人は，守秘義務を負う。

第三者後見人の場合，この義務を任意後見契約の契約条項に入れるのが一般的である（参考文例2—第15条参照）。任意後見人は，後見事務の遂行の中で本人の個人情報を知ることになる。そこで，正当な理由がなく，後見事務遂行の過程で知り得た本人または家族の秘密を漏らさないように注意する必要がある。

(4) 任意後見人は公人か

任意後見人は，「公人」（公的立場の代理人）か，という問題がある。家族である任意後見人が本人の財産を横領して刑事訴追を受けたという事件はまだ仄聞しない。

しかし，筆者は，任意後見人は公的立場にあり，親族相盗例（配偶者または親族の間で窃盗罪，不動産侵奪罪を犯した場合，特例として刑を免除し，または告訴がなければ公訴を提起できないとすること）の適用がない可能性は大きいと考えている。このように考えてこそ，親族後見人も先に説明した地域後見人の一人として，国が行う後見人支援機関の利用ができるメンバーとなり得ると考えている。

成年後見人について，最高裁は「家庭裁判所から選任された成年後見人の後見の事務は公的性格を有するものであって，成年被後見人のためにその財産を誠実に管理すべき法律上の義務を負っているのであるから，成年後見人が業務上占有する成年被後見人所有の財物を横領した場合，成年後見人と成年被後見人との間に刑法244条1項所定の親族関係があっても，同条項を準用して刑法上の処罰を免除することができないことはもとより，その量刑に当たりこの関係を酌むべき事情として考慮するのも相当ではないというべきである（最高裁平成19年(あ)第1230号同20年2月18日第一小法廷決定・刑集62巻2号37頁参照）。」（平成24年10月9日第二小法廷決定）と判示し，親族相盗例は適用されない，すなわち罪を問えるとしている。

http://www.courts.go.jp/hanrei/pdf/20121012094116.pdf

　その理由は，その事務が「公的性格」を有するものであって，成年被後見人のためにその財産を誠実に管理すべき法律上の義務（善管注意義務）を負っているからであるとしている。確かに，任意後見人は，家庭裁判所が選任するものでないが，その地位は家庭裁判所の任意後見開始の審判により得た地位である。任意後見人は，任意後見監督人の監督を受け，この者に対して報告義務を負っているだけでなく，本人のために善管注意義務（民法644条）や身上配慮義務（民法858条）を負っているのである（任意後見6条）。しかも，任意後見監督人の選任により国が認める成年後見制度の後見人として地位を得て，間接的ではあるが裁判所の指導監督を受ける立場になるのである。このように任意後見人の負担する職務は，上記判例の言う「成年被後見人（本人）のためにその財産を誠実に管理すべき法律上の義務を負っている」同一職務なのである。

　そこで筆者は，任意後見契約に当たって，任意後見人の報酬を無報酬とせず，参考文例にあるように低額有償にするようにアドバイスをしている。その際，任意後見受任者に対しては，「任意後見人は任意後見監督人に対する定期的な報告もあるので，約定では月額報酬3万円になっているが，これを受任者が受け取るかどうかは別である。任意後見人は，本人のお金で食事をしてはいけない。本人の勧めで一緒に食事をしたときでも，その時はその場をつくろい，代金は報酬から差し引き，残りの報酬を受け取ればよい。任意後見人は，公人だから。」という説明をし，家族にあっても公的立場にあることを理解してもらっている。

2．身上配慮義務と本人意思尊重義務

(1) 身上配慮義務

(a) 任意後見人は，契約により委任された，本人の「生活，療養看護及び財産の管理に関する事務」につき事務処理を行うものであるが，その事務を行うに際しては，「本人の意思を尊重し，かつ，その心身の状態及び生活の

状況に配慮しなければならない」とされている（任意後見6条）。

この身上配慮義務に関しては，善管注意義務を敷行して，その内容を具体化，明確化したものであるということで，身上配慮義務に独自の価値をおいていない考えもある。しかし，この考え方に対し，民法第644条で善良なる管理者の注意をもって委任事務を処理すべき義務という規定があるにもかかわらず，あえて任意後見法第6条で身上配慮義務を定めたことは，善管注意義務の単なる敷行ではなく，一定の独自性を持つ固有の義務であると考えるべきであるとの考え方が有力である。

(b) この身上配慮義務は，身上監護のみならず，財産管理においても，任意後見人が配慮しなければならない義務を有する。この義務に関しては，任意後見契約のうえでは，一般に「受任者は，本件後見事務を処理するに当たっては，本人の身上に配慮するものとし，その事務処理のため，（第三者後見人や住居地が遠隔地にある親族後見人においては）月1回程度を基準にして本人と面接し，ヘルパーその他日常生活援助者から本人の生活状況につき報告を求め，主治医その他医療関係者から本人の心身の状態につき説明を受けるなどにより，本人の生活状況及び健康状態の把握に努めるものとする」と定め，任意後見人が具体的に実行しなければならないことを契約上も明記しているのである（文例1―第14条，文例2―第4条）。

(2) **本人の意思尊重義務**

(a) 本人の意思尊重義務については，立法担当者は，善管注意義務を敷行して，その内容を具体化，明確化したものであるとし，また学説においても，この本人の意思尊重義務については身上配慮義務と異なり，任意後見契約が委任契約の一類型である以上，受任者たる任意後見人が，その職務の遂行に当たって，委任者たる本人の意向を尊重すべきことは当然のこととしている。

(b) 本人の意思尊重で問題になるのは，二つである。

その1は，「いざという時の意思表示」の問題である。任意後見の事務を行う中で，医療や介護，その他本人に重大な事象が生じたときに対応するために，本人の意思をいかに確認しておき，これを生活の支援等の中でどのよ

うに活用するかである。

　その2は，本人の意思が，本人を取り巻く状況や環境に符合せず，本人の意思と反対の選択をしなければならないことがあるということである。この本人意思尊重義務に関しては，本人の保護の要請といかに調和させるかが問題になるのであるが，この例としては，①本人が自宅での生活を希望するが，これを叶えるのが不可能な場合，②本人が治療を恐れて簡単な治療（例えば，虫歯の治療）を拒否する場合などである。

　このような場合にも，任意後見人が的確にその職務を行えるよう，任意後見契約時にあるいは契約締結後に本人の意思を確認しこれを具体的に書面化しておくことも必要であろう（本書150ページ参照）。

(3) 自己執行義務

　(a)　民法の規定では，委任による代理人は，本人の許諾を得たとき，またはやむを得ない事由があるときでなければ，復代理人を選任することができないと定められている（民法104条）。任意後見制度では，信託法のように，「事務の処理を第三者に委託することができる」とする定めがないので，この民法の規定は，当然任意後見人にも適用されるので，任意後見人が固有の権限として本人の代理人を選任してこの者に事務処理をさせることはできない。かかる意味から，任意後見人には，自己執行義務があるとされる。ただし，単に事務的な補助者（事務代行者）を使用することは許容されよう。

　(b)　この自己執行義務に関し，多くの任意後見契約では，代理権の内容として，「復代理人の選任及び事務代行者の指定に関する事項」という定めをおき，この義務を緩和している。ただし，この場合においても，「復代理人の選任」は，任意後見監督人の同意を要する事項（特約目録）とし，自己執行義務に重きを置いていることも少なくない。

　しかし，この復代理人の選任に関して，本人との信頼関係がなかったり希薄な場合もあり，また復代理人の任意後見に対する自覚の欠如も考えられ，原則これを認めるべきでないとの考え方がある。むしろ，新たに任意後見契約を締結し，新たな任意後見人にその責任と権限を明確にして自覚させるべ

きであるというのである。この場合の新たな任意後見契約については，本人にいまだ契約能力が残っている場合は直接本人と契約することになるが，すでに本人に判断能力がない場合には，本人から付与された代理権に基づいて任意後見人が新たな任意後見契約を締結することになる。最初の任意後見契約の代理権の内容として，「新たな任意後見契約の締結に関する一切の事項」という定めがある場合になる（文例3―第1・17参照）。

(4) **証書作成義務及び報告義務**

任意後見人としては，任意後見監督人に対して，事務処理の状況や支出の用途，計算等について定期的に報告する必要があり，これも任意後見人の主要な職務となる（文例2―第10条。なお，報告期間が問題となる。）。

このため，成年後見人のように法定はされていないが，①財産目録　②会計帳簿　③事務処理日誌の作成と保管義務を約定することが少なくない（文例2―第7条参照）。

(5) **変更・終了登記申請義務**

任意後見人は，任意後見が終了した場合はもちろん，本人または任意後見人自身の住所，氏名または本籍に変更が生じた場合は，後見登記の変更の登記や終了登記（ただし，職権でなされる場合は除く。）を申請しなければならない（後見登記7条1項2号，8条）。

(6) **財産引継ぎ義務**

任意後見人は，本人が死亡しあるいはその他任意後見契約が終了した場合にはその管理している本人の財産を相続人等特定の者に引き継がなければならない。

まず，契約が本人死亡前に終了した場合は本人に，本人死亡後は相続人が存在するときは相続人に，遺言書があり遺言執行者が定められていればその遺言執行者に引き継ぐことになる。また，相続人が不存在ないし存在するが所在が不明の場合は，家庭裁判所に相続財産管理人（民法952条1項）または不在者財産管理人（民法25条1項）の選任を申し立て，選任された者に引き継ぐことになる。

3．任意後見人の権利

(1) 費用償還の権利

　任意後見契約は，委任契約の一類型であり，任意後見人の報酬・費用等については，その範囲，費用の償還時期や前払いについて約定があればそれに従うことになるが（文例1―第6条，文例2―第16条参照），これが定められていなければ，すべて民法の委任の規定に基づくことになる。

　まず，本人は，任意後見人の請求があったときは，事務処理に要する費用を前払いしなければならない（民法649条）。また，任意後見人が事務処理に要する費用を立て替えた場合には，その費用を支出の日以降の利息を含めて償還することになる（民法650条1項）。

　ここでいう「費用」とは，❶交通費・タクシー代，❷自家用自動車利用料，❸貸金庫使用料，❹通信費，❺宿泊費などである。

　しかし，すべてが認められるわけではない。まず，自家用自動車を利用した場合であるが，成年後見人の場合は，ガソリン代を実費として計算しているという。ただ，高速料金や，離島にあっては航空運賃，フェリー料金等が加算される場合もあろう。もちろん，任意後見にあっては，あくまでも当事者の契約であり，定めがない場合は，ガソリン代ということになるが，当事者が1日一往復「○千円」と定めることは，その額が不当でない限り許容されると言える。

　次に，タクシー代であるが，成年後見人の場合は，多くは認められないといわれる。しかし，緊急を要する場合や他に交通機関を利用できる手段がなかったりして，タクシーを使用しなければならないことは少なくないと考えられる。このタクシー利用についても，当事者で協議し，後日紛争しないようにしておくべきである。同じことは，任意後見人が遠隔地に居住している場合の宿泊費についても言える。

(2) 報酬請求権

　報酬について，民法上は，受任者が報酬を受けるにはその旨の特約が必要

であるとされている（民法648条1項）。

　親族以外の第三者が任意後見人になるケースでは，報酬の約定がされる場合が通常である。この場合の報酬は，毎月支払われることになる定額報酬と，特別の事務，例えば，不動産の換価処分に関する事務，施設入所契約の事務等に対して支払われる報酬とに分けて決められることが多い。しかし，参考文例にあるように定額報酬と追加時間報酬を定め，当事者にとって報酬が見える形で約定をしておくのも一つの方法であろう。

　(3)　**損害賠償請求権**

　受任者である任意後見人は，委任事務を処理するため自己に過失なく損害を受けたときは，委任者である本人に対し，その賠償を請求することができる（民法650条3項）。この場合，委任者本人が無過失でも免責はされない。本人が自己の事務を委託する以上，任意後見人に過失がない場合，任意後見人に生じた損害は賠償することになるのである。民法第651条第2項の一方的な契約の解除の場合の損害賠償もその一つと考えられる。

第7　任意後見監督人の職務及び義務について

1．任意後見監督人の職務

　(1)　**任意後見人に対する監督**

　任意後見制度は，任意後見人が，本人にとって最善の利益を享受するための支援と必要な手配（法律行為と必要な事実行為）を行うことであり，任意後見人の職務はこれに向けられた適正なものでなければならない。むろんその権限の濫用があってはならない。

　しかし，任意後見人が考えている事務処理が本人の利益のためにならないこともあるし，また中には権限を逸脱する事務処理をし，本人に損害を与えてしまうこともある。そこで，法は任意後見監督人に，任意後見人の事務を監督し，その事務について家庭裁判所に定期的に報告することを主たる職務

とし（任意後見7条1項1号・2号），さらに監督を実効あるものにするため，いつでも，任意後見人に対しその事務の報告を求め，または任意後見人の事務もしくは本人の財産の状況を調査することができるとしている（同条2項）。

任意後見監督人の職務

❶ 任意後見人の事務の監督──任意後見監督人の主な職務は，任意後見人の事務の監督。任意後見制度では家庭裁判所が任意後見人に対して直接的な監督をしないので，この監督は特に重要である。
❷ 家庭裁判所へ定期的に報告すること（任意後見7条1項2号）
❸ 急迫の事情がある場合に，任意後見人の代理権の範囲で必要な処分をすること。緊急の場合には，任意後見監督人が任意後見人の代理権の範囲で本人保護のために必要な行為をする（同7条1項3号）
❹ 利益相反行為について本人を代理すること（同7条1項4号）
❺ 任意後見人に対して後見事務の報告を求めること（同7条2項）

(a) 任意後見人の任務と任意後見監督人

任意後見契約においては，その契約条項の中で，任意後見人に対し，任意後見人の職務の適正を図り，その権限濫用を防止するため，次のようないくつかの定めを設けている（ただし，親族任意後見人の場合には，次の①や②につき，これを一部契約条項に明記しない場合やそもそも約定しないものもある。）。

① 任意後見人は，本件後見事務を処理するに当たり，①任意後見監督人選任時における財産目録及び証書等の保管等目録　②本件後見事務に関する会計帳簿及び事務処理日誌　③本件後見事務終了時における事務引継関係書類及び財産目録を作成保管する。

② 委任者は，任意後見人に対し，「代理権目録」（「同意（承認）を要する旨の特約目録」添付のもの。）記載の後見事務を委任し，その事務処理のための代理権を付与する。この場合，任意後見人が「同意（承認）を要する旨の特約目録」所定の事務を行うときは，任意後見監督人の書面による同意を得るものとする。

③ 任意後見人は，任意後見監督人に対し，3か月ないし6か月ごとに，

本件後見事務に関する ①任意後見人の管理する本人の財産の管理状況 ②本人の身上監護につき行った措置 ③費用の支出及び使用状況，報酬の収受について書面で報告する。

④ 任意後見人は，任意後見監督人の請求があるときは，いつでも速やかにその求められた事項につき報告する。

(b) 任意後見人への監督

任意後見監督人は，これらの報告や説明あるいは上記②の同意・承認を通じ，任意後見人を監視監督することによって，任意後見人の職務を適正に導き，その権限濫用を防止する立場にある。そして，不幸にして本人に損害が生じてしまった場合は，その拡大防止に努めることになる。

ところで，この任意後見監督人の実務に携わった専門職の方の話では，親族後見人の行う任意後見事務の監督については，定期的な報告が遅れがちで，しかも報告がなされても，事務処理日誌や会計帳簿等の資料が不十分であるといったことが多く困難を極めることが少なくないという。

したがって，任意後見人に就任する者が親族である場合，専門職後見人の場合と異なり，かかる報告にかかわる会計帳簿等の作成が適正に，あるいは前記③の期日に報告されない可能性がある。そこで，まずは任意後見監督人としては，任意後見開始の時点で，帳簿等の作成の仕方や報告書の作成内容等について，任意後見人にしっかりと指導しなければならないであろう。なお，筆者の場合，任意後見契約公正証書の作成に当たっては，任意後見受任者に対し任意後見が開始した場合には，任意後見監督人から自己が行うべき職務の内容や留意点及び報告のため作成する資料の作成内容等につき説明と指導を受けるよう説明している。

(2) 監督の方法と実務内容

(a) 任意後見監督人の事務の内容は，基本的には任意後見契約の約定及び法律に基づき行うことになる。

具体的には，上記③に定める管理する本人の財産の管理状況，本人の身上監護につき行った措置，各種費用の支出と使用状況及び報酬の収受等につい

て，①の資料である財産目録や証書等保管目録，事務処理日誌や会計帳簿（金銭出納帳，領収書，預金通帳，残高証明など）の提示を受け，事務処理が本人のために適正に行われているかどうかを点検することになる。特に，金融資産である預貯金の入出金と預金残高，支出の用途を裏付ける証票の有無，小口現金の残高等について，特に厳正なチェックが必要となる。

これらの報告に基づき，任意後見人が，権限の範囲において本人にとって最善の利益のために委任された事務を行っているか，本人にとって不利益な事務処理はないか，その他不適切な事務処理や使い込みはないかなどを点検確認し，委任された法律行為や関連する行為につき監督することになる。

(b) 実際の監督の業務としては

❶ 本人に必要な見守りと身上監護は適切に行われているか，また本人の財産についての保存や行うべき管理がなされていないものはないか

❷ 財産目録・証書等保管目録，事務処理日誌や会計帳簿を正確に記載作成し，領収証等の証票を保管しているか

❸ 事務処理の中の法律行為が，任意後見人に付与された代理権の範囲内のものであるか。代理権目録にない事項のものや，権限の範囲を超えているものはないか

❹ 任意後見契約の「代理権目録」に付された「同意（承認）を要する旨の特約目録」記載の事務処理の有無，あれば事務処理に際して任意後見監督人の書面による同意を得ているか否かの確認

❺ 任意後見人の報酬が約定どおり，あるいはその制限の範囲内で受領されているか

❻ 任意後見人の不作為により，本人が得られる医療や介護等の福祉の公的支援が不十分になっていないか

などがあろう。

なお，❶の関係については，任意後見法第6条を受けて任意後見契約公正証書の内容にもなっている事柄である。このことは参考文例にも示されているように，「本件後見事務を処理するに当たって，本人の意思を尊重し，か

つ，本人の身上に配慮するものとし，その事務処理のため，月1回程度を基準にして本人と面接し，しかもヘルパーその他日常生活援助者から本人の生活状況につき報告を求め，主治医その他医療関係者から甲（本人）の心身の状態につき説明を受けるなどにより，本人の生活状況及び健康状態の把握に努める」（文例1―第14条）と定める義務に関係するものであって，これらの義務が十分履行されているかを確かめることになろう。

ところで，任意後見監督人としては，一般にはこれらの事項を任意後見人の報告だけで確認している例もあるようであるが，基本的には本人宅を訪れ，住まいや生活に問題はないか，本人が病気にり患していないか，医師の治療は必要ないかなど，確認することも必要になろう。後見監督人の見守り義務を参照されたい（本書231ページ）。

(3) **家庭裁判所に対する定期的な報告**

任意後見監督人は，家庭裁判所に対し，任意後見人の事務につき定期的に報告する義務がある（任意後見7条1項2号）。

法定後見の場合には，家庭裁判所が直接成年後見人等に対して報告を求めることができるものとされているのに対し（民法863条1項），任意後見の場合には，家庭裁判所は任意後見監督人から定期的に報告を受け，この定期的な報告を通じて，間接的に任意後見人を監督することになっている。

この定期的な報告の時期及び内容については，個々の事案に応じて，家庭裁判所から任意後見監督人に対して指示されることになる。実務では，時期に関しては，毎年1回審判確定月に報告するようにと指示されることが多い。また，報告の内容については，基本的には任意後見人に対する監督状況と自ら代理して行った事務等を報告することになろうが，多くは①任意後見人が遂行中の事務の内容　②遂行予定の事務　③任意後見人が自ら代理して行った事務と代理した理由　④任意後見監督人が自己の調査権限等を活用して得た任意後見人が行った事務の当否に関する事項及び問題があればこれに対する対策等も含まれると言える。

(4) 任意後見人に対する報告請求権及び調査権
(a) 任意後見人に対する報告請求権
　法は,「任意後見監督人は,いつでも,任意後見人に対し任意後見人の事務の報告を求め」ることができる(任意後見7条2項前段)と定めている。これを受け,任意後見契約公正証書においては,一般には,任意後見監督人に対しての定期的報告のほかに,この条項を受けた任意後見人に対する報告請求権が記載されていることが通常である(文例1―第18条第2項)。
　この報告の時期は,「いつでも」とされており,任意後見監督人の判断で必要と思料されるときは,報告を求めることができるということである。また,報告の対象は,任意後見人が行うすべての事務に及ぶ。すでに行った事務のみならず,これから行おうとする事務に関しても報告を求めることができるのは言うまでもない。

(b) 任意後見監督人の調査権
　次に,法は,任意後見監督人は,いつでも,「任意後見人の事務若しくは本人の財産の状況を調査することができる」(任意後見7条2項後段)と定め,調査権を認めている。
　まず,調査ができる時期は,任意後見監督人の判断で必要と思料されるときは,いつでも行うことができるのであり,制限はない。しかし,任意後見契約の条項の中では,「乙(任意後見人)は,任意後見監督人に対し,3か月ごとに,本件後見事務に関する事項について書面で報告する」というように,定時に報告するよう定めている。
　この調査の対象は,「任意後見人の事務」と「本人の財産の状況」である。対象となる事務は,委任された事務と関連事務となろうが,これに限らず任意後見人が携わった事務及びこれから行おうとする事務のすべてとなる。なお,定時報告の条項では「(1)乙(任意後見人)の管理する甲(本人)の財産の管理状況及び甲の身上監護につき行った措置(2)費用の支出及び使用状況及び報酬の収受について報告」と定めることが多い。
　また,任意後見人の事務を調査点検するために不可欠な調査事項である

「本人の財産の状況」については、現にある財産のみならず、任意後見人によって処分された財産やこれから取得しようとする財産にも及ぶことになる。また、契約で作成が義務付けられた帳簿等の調査も対象になろう。

ただし、任意後見にあっては、法定後見の場合とは異なり、契約条項がない限り、任意後見人には本人の財産目録を調整する義務がないので、財産目録提出を求めて調査する権限はないことになる。しかし、実務では、第三者後見人が受任者になる任意後見契約公正証書において、「（書類の作成について）任意後見人は、本件後見事務を処理するに当たり、任意後見監督人選任時における財産目録及び証書等の保管等目録、本件後見事務に関する会計帳簿及び事務処理日誌及び本件後見事務終了時における事務引継関係書類及び財産目録を作成し保管するものとする」（文例2―第7条）と定められていることも少なくないので、この場合は、任意後見監督人は、任意後見人に対して財産目録を提出するよう請求して調査することができる。

法は、任意後見監督人を介した家庭裁判所の監督を通じて、任意後見人の職務の適正を確保するため、「家庭裁判所は、家庭裁判所調査官に任意後見監督人の事務を調査させることができる」と定めている（家事事件224条）。

(5) **急迫時の必要な処分と利益相反行為の代理**

任意後見監督人の主要な任務は、任意後見人の監督であるが、それ以外の職務には、次のようなものがある。

(A) **急迫時の必要な処分**

(a) 任意後見監督人は、急迫の事情がある場合に、任意後見人の代理権の範囲内において、自ら必要な処分をすることとされている（任意後見7条1項3号）。

ここにいう「急迫の事情」とは

● 任意後見人が、疾患により後見事務を行えないとき
● 海外や遠隔地に一定の期間赴くことによって一時的に不在となるとき
● 任意後見人の家族の関係や仕事の関係で一時的に事務処理ができないとき

など特定の事情によって，任意後見事務を行うことができない状況にあるにもかかわらず，迅速な事務処理をしないと本人に損害を与えるおそれのある場合を意味すると解されている。

　次に「必要な処分」とは，任意後見人に付与されている代理権の範囲内にある事務処理（法律行為の代理行為）のことをいうのであるが，もちろんこれに付随する事実行為も含まれる。実際の事務処理にあって何が必要な処分かどうかは，具体的な背景事情のもと当該事務内容，特にそれまで任意後見人によって事務処理されてきている内容や，さらには任意後見人が事務処理できない期間の長短によってなど，事例ごとに異なるであろう。ただ，一般には，本規定のもとになった民法第851条第3号の運用として実務で紹介されている事由が参考になろう。

　同法条の実務上の運用では，かかる事由として，消滅時効の中断，債務者の差押え，債権者代位，倒壊の危険のある家屋の修繕等が挙げられている。このほか，任意後見人が比較的長期間事務ができない場合，例えば疾患により数か月間の入院と自宅での静養等を要するときは，賃貸建物の賃料の支払いや各種ローンの支払いなど，一定の期間対応をしないと本人に損害が及ぶ事項もその対象になろう。

　ところで，任意後見監督人のかかる必要な処分としての事務処理はあくまでも例外的なものと考えるべきであり，任意後見人に代わって事務処理することを規定したものではない。したがって，一定の期間全面的に事務処理の代行が必要であれば，復代理人の選任か，事務代行者の指定を考えるべきである。復代理人の選任については，委任契約においては原則選任できないことになっているが，「やむを得ない事由があるとき」は，例外的に選任は可能である（民法104条）。ただし，実際の任意後見契約では，多くの場合は，任意後見監督人の承認を条件に復代理人の選任はできる契約になっているのではないかと思料される（文例3—代理権目録参照）。

　(b)　任意後見監督人が行った処分が不要であった場合，必要性があっても緊急性を欠く場合及び任意後見人の代理権の範囲を超える場合はどうなるか

であるが、これらの任意後見監督人の行為は無権代理行為となるという考え方がある。

(B) **利益相反行為の代理**

(a) 利益相反行為の代理とは

次に、法は、任意後見人又はその代表する者と本人との利益が相反する行為について本人を代表することとしている（任意後見7条1項4号）。その趣旨は、利益相反関係にある者との取引や合意等は、任意後見人が課せられている善管注意義務または身上配慮義務に反して行われ、本人に不利益をもたらすおそれがあり、これを行わせるべきでないという理由からである。

まず、任意後見人またはその代表する者とは、例えば、任意後見人の親権に服する子、任意後見人を代表者とする法人等である。これが問題となる事例としては、任意後見人（法人やその代表者）が事業主となっている施設（高齢者施設、老人ホーム）との各種契約（入所契約、賃貸借契約等）や、任意後見人が介護事業主となっている場合の介護契約や各種サービスの利用契約などが挙げられる。

このほかに、一般に、①本人の債権、その他財産を任意後見人に譲渡すること　②任意後見人の債務につき保証・物上保証させること　③本人に任意後見人の債務を負担させる行為（更改契約や連帯債務者として契約させること）④遺産分割協議（なお、相続の放棄・承認は実質的に判断するとされている。）⑤遺留分減殺請求権の行使などがこれに当たると言われている。

なお、上記⑤に関し、本人及び任意後見人がともに相続人で、任意後見人もしくは他の相続人が遺言で全財産を相続する場合において、遺留分減殺請求にかかる手続きに関しては本人に不利益をもたらすおそれがあり、任意後見人としては本人を代理して遺留分の減殺手続きをすることはできないとされている。ただし、遺留分の減殺請求自体は本人に不利益を及ぼすものではないので、これはできるという考え方もあるが、その後の事務手続きにつき利益相反行為の理念が働くので、（できれば請求自体も）具体的な事務手続きは任意後見監督人の事務と考えるべきである。

(b) 任意後見人が複数いる場合

この規定は，任意後見人が複数いる場合も適用されるのかが問題になる。

任意後見においては，複数の任意後見人が選任されることは稀でない。一方が子である夫婦，複数の親族や友人，団体や第三者後見人などの場合である。そして，これら複数の任意後見人に共同代理の定めがある場合もあろう。

このように，任意後見人が複数いる場合において，任意後見監督人が利益相反行為の代理をすべきかどうか，注意を要すると言われている。

❶ 任意後見人が複数いて，いずれも共同代理の定めがあるときは，一人を除いて利害関係がなくても，契約としては一個であり，この規定が適用されることになる。

❷ そうでない場合は，一人の任意後見人に利益相反の事由があっても，他の任意後見人に利益相反にならない場合は，本号は適用されず，残りの任意後見人が当該事務処理を行えばよい。

❸ では，任意後見人が夫婦で，一方に利益相反の事由がある場合はどうかである。例えば，夫婦の一方が相続人で，遺産分割協議を行う場合などである。かかる場合，他方の任意後見人にとっては直接本人との利益が相反するとは言えないが，任意後見人に課せられている善管注意義務に反して事務処理が行われるおそれがある。したがって，本規定は適用されないが，任意後見人としては，代理して行うべき事務ではなく，「急迫時の必要な処分」として任意後見監督人に任せるべき事務と考えられる。

(C) 代理権の特別目録にかかる行為の同意・承認

任意後見契約に際して，委任事務の行使に関し，「委任者甲は，任意後見人乙に対し，別紙「代理権目録」（「同意（承認）を要する旨の特約目録」添付のもの。）記載の後見事務を委任し，その事務処理のための代理権を付与する。任意後見人乙は，「同意（承認）を要する旨の特約目録」所定の事務を行うときは，任意後見監督人の書面による同意を得るものとする」と定めることが多い（文例1―第13条，文例2―第2条）。

この特約目録の事務に関する同意（承認）も任意後見監督人の職務となる。

2．任意後見監督人の報酬・費用，善管注意義務等

(1) 任意後見監督人の報酬・費用等

任意後見監督人の報酬・費用，さらには善管注意義務等については，後見監督人に関する民法852条の規定と同様，後見人の報酬，費用，善管注意義務等に関する民法の規定が準用されており（任意後見7条4項），後見監督人と同様の規制に従うことになる。

(2) 実際の報酬額

任意後見監督人の報酬に関しては，家庭裁判所は，任意後見監督人及び本人の資力その他の事情によって，本人の財産の中から，審判により相当な報酬を任意後見監督人に付与することができるとされている（民法862条の準用）。

任意後見監督人の報酬は，さまざまな事情を勘案して家庭裁判所が決めることになるが，最近，この任意後見監督人等の報酬について，東京家庭裁判所から基準が示された。その中で，任意後見監督人の報酬につき「成年後見監督人（任意後見監督人も含む）が，通常の後見監督事務を行った場合の報酬（基本報酬）のめやすとなる額は，管理財産額が5,000万円以下の場合には月額1万円～2万円，管理財産額が5,000万円を超える場合には月額2万5,000円～3万円とします。」とされたが，付加報酬として，「成年後見人等の後見等事務において，身上監護等に特別困難な事情があった場合には，上記基本報酬額の50パーセントの範囲内で相当額の報酬を付加するものとします。また，成年後見人等が，例えば，報酬付与申立事情説明書に記載されているような特別の行為をした場合には，相当額の報酬を付加することがあります。」との説明がされている。※実際に支払われる報酬については，任意後見人の報酬の3分の1程度であると，また任意後見監督人が通常の管理事務を超えた，例えば利益相反行為があって任意後見監督人が事務処理したときなどは任意後見人と同程度の報酬が支払われる場合があるという（日本公証人連合会「公証」152号97ページ）。

第7　任意後見監督人の職務及び義務について

※　「任意後見監督人の報酬と指導助言」

　本人や任意後見人の中には，任意後見監督人の報酬について，ときとして不信感を持つ者がいる。それは，家庭裁判所から上記のように，報酬の目安が示されているものの，金融資産がなく自宅など高額な不動産がある場合には，どの程度の報酬になるのか具体的に分からないことが一つ，さらには任意後見人が任意後見監督人に対し問い合わせや助言を求めても監督事務の範疇にないと言って助言もしてくれない，かかる監督人には報酬は支払いたくないという感情を持っていること，加えて家族後見人のように自己には全く報酬がないかあっても少額なのに任意後見監督人の数か月に一度の報告書のチェックの事務につき毎月数万円の報酬を支払うことには合理的理由がないとの感情論も入った考え方である。このようなことが，任意後見開始の手続きを当事者に躊躇させている原因になっているとの考え方もある。

　しかし，その心情は理解できないわけではないが，この制度を利用する以上，関係者への報酬は当然負担すべきであり，その支払いをしないということは許されないことである。

　ところで，後見監督人の役割については，「課題解決型」「指導支援型（助言）」それに「不祥事防止型（監視）」の三つの考え方があると言われている。筆者は，任意後見制度の仕組みからして，この三つの役割を果たしてこそ，報酬が付与される任意後見監督人ではないかと考えている。任意後見監督人が行動しなければ，それは任意の財産管理契約と変わるところはあるまい。

　いま，成年後見制度は，これを担っている人からは，抜本的に制度を見直す時期に来ていると言われている。こんな時こそ，関係者の信頼を得るためにも，少なくとも「監督事務」の中に，任意後見人等への「指導助言」を義務化すべきであると考える。立法担当者の解説書を見ても，任意後見監督人の「監督」の中身について，具体的な説明はなく「指導助言」が含まれるとの解説もなされていない。監督する者とされる者との関係であり，そこには「助言」などはあり得ないというのは，正論とも言えなくはない。しかし，多くは，一般市民と専門職（法律実務家等）との立場に立つのであろうから，正論を振りかざすだけでは後見制度は後退することがあっても前進にはつながらないのではなかろうか（土肥尚子「成年後見監督人の権限と職務」「成年後見制度をめぐる諸問題」新日本法規出版—219ページ参照）。

(3)　任意後見監督人の義務と責任

　任意後見監督人は，任意後見人を監督し，本人に対して必要な支援や手配がなされているかについての監視監督する義務を負う。その内容は，善良なる管理者としての注意義務である（任意後見7条4項，民法644条）。

　もし，任意後見監督人がこの注意義務を怠り任意後見人が本人に損害（金銭等の費消等）を与えた場合は，本人に対し損害賠償責任を負うことになる。

3．任意後見監督人の辞任と解任など

(1) 任意後見監督人の辞任

任意後見監督人は，「正当な事由」がある場合に限り，家庭裁判所の許可を得たうえで辞任することができる（任意後見7条4項，民法844条の準用）。任意後見監督人の辞任については，すでに後見事務が開始されて，その制度上不可欠な存在であることから，成年後見監督人に関する民法第852条の規定と同様，成年後見人の辞任に関する民法の規定が準用されている。

任意後見監督人の辞任の要件は，一つに「正当な事由」があること，また手続的には家庭裁判所の許可を得ることが要件となっている。この要件は，任意後見契約について，任意後見監督人の選任後の契約の解除と同じである。

この「正当な事由」の具体的な内容としては

1. 疾患・加齢等により監督事務の適切な遂行ができないこと
2. 住居を遠隔地に移転し，任意後見監督人としての事務の遂行が難しいこと
3. 本人や任意後見人との信頼関係が破壊され，さらには親族による事務妨害があり，任意後見監督人としての監督業務等の遂行が困難なこと
4. 任意後見監督人としての本来業務である監督業務以上に，副次的とされる各種処分・代理行為（任意後見7条1項3号・4号）が多く負担過重に陥っていること

などが考えられよう。

任意後見監督人の辞任は，家事審判事項であり，その管轄は任意後見監督人選任をした家庭裁判所とされている。また，任意後見監督人の辞任による変更登記は，裁判所書記官の嘱託に基づき，登記官によって行われる。

(2) 任意後見監督人の解任

任意後見監督人の解任については，辞任と同じく，成年後見監督人に関する民法852条の規定と同様，成年後見人の解任に関する民法の規定が準用されている（任意後見7条4項）。

(a) 任意後見監督人に不正な行為，著しい不行跡その他後見の任務に適しない事由があるときは，家庭裁判所は，他の任意後見監督人，本人，その親族もしくは検察官の請求により，または職権で，任意後見監督人を解任することができる（民法846条の準用）。

「不正な行為，著しい不行跡その他」その「任務に適しない事由」の内容については，任意後見人の解任事由の場合と同様である。なお，任意後見監督人の解任に関しては，任意後見人に任意後見監督人の解任請求権があるか否かが問題となる。反対の考え方もあるが，任意後見監督人の職務怠慢等を一番知り得るのは任意後見人であり，また請求権といっても請求によって解任の効果が発生するわけでないので，認められるべきものと考える。

(b) 任意後見監督人の解任は，家事審判事項であり，また解任による変更登記は，辞任同様，裁判所書記官の嘱託に基づき，登記官によって行われる。

(3) 任意後見監督人の後発事由による資格喪失

任意後見監督人の欠格事由（任意後見5条—任意後見受任者又は任意後見人の配偶者，直系血族及び兄弟姉妹は，任意後見監督人となることができない）が，後発的に発生した場合は，任意後見監督人は当然にその資格を失うことになる。

(4) 任意後見監督人が欠けた場合の選任

辞任，解任，後発的な欠格事由該当によって任意後見監督人が欠けた場合には，家庭裁判所は後任の任意後見監督人を選任する（任意後見4条4項）。この場合，家庭裁判所は職権で後任者を選任することもできるが，選任請求は，成年後見監督人の選任請求権者に準じて，本人，その親族または任意後見人とされている。

4．家庭裁判所の監督など

任意後見制度では，私的自治尊重の立場から家庭裁判所による公的監督は任意後見監督人に対する監督という仕組みの中で行われる。すなわち，法は，まず家庭裁判所の任意後見監督人に対する監督を通じて，任意後見人を監督

し、さらに任意後見契約の解除や任意後見人及び任意後見監督人の解任においてこれを機能させている。

任意後見法は、報告徴収権、調査権、必要な処分に関する命令権を規定している。

(a) 家庭裁判所は、既述のとおり、任意後見監督人から任意後見人の事務について定期的な報告を受け、任意後見人に対する監督の内容等を確認することとしている。

(b) 家庭裁判所は、必要があると認めるときは、任意後見監督人に対し、任意後見人の事務に関する報告を求め、任意後見人の事務もしくは本人の財産の状況の調査を命じ、その他任意後見監督人の職務について必要な処分を命ずることができる（任意後見7条3項）。

第8 任意後見契約の変更

1．任意後見契約の特殊性について

任意後見契約は、任意後見契約に関する法律により契約方式が定められ、しかも、後見登記等に関する法律によって、契約内容は任意後見の登記がなされる。このため、契約の締結はもちろん、契約の変更についても、この二つの法律により制約制限を受けることになっている。

任意後見契約については、まず契約の方式につき「法務省令で定める様式の公正証書によってしなければならない」とされ、これを受け、契約で付与する代理権については、法定の代理権目録を作成しこれを明確にすること、複数の任意後見人が代理権の共同行使をする定めをした場合は「共同行使の特約目録」を、また個別に第三者（任意後見監督人等）の書面による同意を必要とする定めをした場合は「同意（承認）を要する旨の特約目録」を作成することとなっている。

次に、後見登記法の関係であるが、任意後見契約の登記は、任意後見監督

人選任の要件とされ，また，任意後見人の代理権の消滅についての対抗要件となっている。このため，法は，登記事項（法が定めた事項に限る）に変更があった場合は，変更登記を行うものとしているが，その変更登記をするのは登記事項の一部（本人の氏名，住所及び本籍，任意後見受任者または任意後見人や任意後見監督人の氏名及び住所等）だけである。

2．契約内容の変更

任意後見契約締結後の契約内容の変更に関しては，平成12年3月13日付け民事局長通達（法務省民一634号）に示され，数々の制限的な考え方が示されている。

(1) 当事者（受任者）の変更

任意後見契約においては，当該契約において当事者である受任者を変更することを想定していない。したがって，受任者の変更は新たな任意後見契約の締結以外にないのである。任意後見監督人の選任後の受任者の変更は，本人に意思能力がない場合がほとんどであろうから，新たな任意後見契約の締結は困難となる。

ただし，これが例外的に認められる場合がある。受任者に委任された代理権の内容として「新たな任意後見契約の締結に関する事項」が定められている場合である（文例3―代理権目録第1・17参照）。このような代理権が付されていれば，新たな任意後見契約の締結により受任者の変更が可能となる。

(2) 代理権の内容及び代理権行使の変更など

(a) 代理権の内容の変更

代理権の内容，すなわち代理権を行うべき事務の範囲の変更であるが，これには，❶代理権の範囲を縮減する場合と，❷代理権を追加（拡大）する場合があろう。

まず，代理権の範囲を縮小したい場合であるが，任意後見制度では，契約の一部解除制度は認められていない。したがって，当事者において締結ずみの任意後見契約を合意解除して新たに縮小した代理権を内容とする任意後見

契約を締結することになる。次に、現在ある契約の代理権の範囲が不十分なとき、すなわち委任事務である代理権の範囲を拡大したい場合は、締結済みの契約は解除せず追加する代理権を付与するのみの内容の新たな任意後見契約を締結するか、締結済みの契約を解除しすべての代理権を盛り込んだ新たな契約を締結することになる。

(b) 代理権行使の変更

複数の任意後見受任者がいる場合の代理権行使の変更であるが、❸複数の単独行使を共同行使にする場合と、❹共同行使から単独行使にする場合が考えられる。

まず、共同行使の任意後見契約は複数の契約ではなく一つの契約になるので、❸については既存の任意後見契約を全部解除したうえで、新規の任意後見契約を締結することになる。❹についても先の契約を合意解除して新たな複数の任意後見契約を締結することになる。なお、いずれの場合も任意後見法第9条所定の解除の手続を踏んで契約を締結することになる。

(c) 代理権の特約目録に関する追加変更

任意後見契約の締結にあっては、代理権行使につき第三者の同意を要するとする特約目録を付することができるが、これを追加変更することは、当該契約ではできず、先の契約を解除したうえで、新規の任意後見契約を締結することになる。

(3) **報酬、その他に関する事項**

次に、報酬をはじめ、受任者の義務に関することや法定外の終了事由の追加変更については、基本的には現契約での変更等が可能である。しかし、この変更については、任意後見契約について公正証書による契約とされている趣旨からして、契約締結時同様、公証人が関与して、適法かつ有効な条項を内容とする公正証書により変更契約をすべきであり、私署証書での変更は認められないとされている（前記民事局長通達）。

したがって、任意後見契約締結時に報酬金額を定めないで、後日当事者合意のうえ金額を定めるという約定そのものは有効ではあるが、濫用のおそれ

があるので極力避けるべきだと考えている。

参考文献　遠藤英嗣「任意後見契約の変更，解除」(「成年後見制度をめぐる諸問題」新日本法規出版—320ページ)

第9　任意後見契約の解除及び終了

1．任意後見契約の解除

(1)　契約解除の法の定め

　法は，「任意後見監督人が選任される前においては，本人又は任意後見受任者は，いつでも，公証人の認証を受けた書面によって，任意後見契約を解除することができる」(任意後見9条1項)とし，また「任意後見監督人が選任された後においては，本人又は任意後見人は，正当な事由がある場合に限り，家庭裁判所の許可を得て，任意後見契約を解除することができる」(任意後見9条2項)としている。

　かかる規定がおかれた理由は，任意後見開始後，任意の解除を認めることは本人の保護を一方的に奪うことになること，また，任意後見契約の締結が公正証書による要式行為とされているのに，任意後見監督人の選任前においても，解除を任意の方式に委ねることは，当事者の真意等の確認に欠け，紛争予防するという制度の趣旨に反することになるからだとされている。なお，任意後見契約については，前述のとおり一部解除は認められていない。

(2)　任意後見監督人の選任前の解除

(a)　解除の要件

❶　当事者の一方に契約を解除する意思があること

　任意後見監督人の選任前の解除は，当事者が契約解除に合意しているか，あるいは一方の当事者が解除の意思を有していることが必要である。

❷　解除は公証人の認証を受けた書面によること

　任意後見監督人の選任前の解除は，公証人の認証(公証人法58条以下)

第4章　任意後見制度の概要

を受けた書面によることが要件とされている（任意後見9条1項）。公証人の認証とは，作成された私書調書（解除の意思表示の書面）の作成名義人としての署名押印（記名押印もしくは署名）につき本人自身がしたものであることを，公証人が証明する手続きである。

　当事者が合意しているときは，公正証書によっても可能である。

(b)　公証人の認証と解除手続き

公証人の認証とその後の手続きであるが，当事者が契約解除に合意している場合と，一方の当事者が解除の意思表示をする場合とで手続きが異なる。

❶　当事者が契約解除に合意している場合は，任意後見契約解除の意思表示の書面を作成し，原則，これに当事者双方が公証人の面前で署名押印し，公証人の認証を受けることになる。なお，筆者の場合は，公正証書による合意解除を奨めている。終了登記に必要な公正証書の謄本作成などが容易だからである。

❷　当事者が契約解除に合意していないときは，公証人の認証を受けた解除の意思表示の書面を相手方に送付しそれが受領されたことを証明しなければならない。そこで，この場合，配達証明付内容証明郵便を利用することになるが，当事者は，公証人の認証を受けた解除の書面（必要部数をコピーすることも必要――公証人の認証は原本1通で，謄本はないし，同時に複数の認証もない。）を配達証明付内容証明郵便で原本を相手方に郵送ししかも確実に相手方に受領してもらう必要がある。そのうえで，解除の意思表示の書面（写しであることの郵便局の証明があるもの）及びその到達を証する書面を添付して，法務局に対して終了の登記の申請を行うことが必要となる[※]。

(3)　任意後見監督人の選任後の解除

任意後見監督人の選任後の解除については，任意後見監督人の選任前の解除と異なり，実体的には「正当な事由がある」ことを必要とするとともに，手続的には「家庭裁判所の許可」が必要になっている。

　これらの二つを要件とすることにより，家庭裁判所の関与を通じて本人の

保護を制度的に担保しようとするもので，任意後見にさらに公的な監督機能を取り入れたものとされている。

(a) 「正当な事由があること」

（本人側の申立て事由）

❶ 本人と任意後見人の解除合意があるとき

　本人と任意後見人の合意解除については，原則として，当該解除の合意の事実があれば「正当な事由」に該当すると解されている。

❷ 契約の不履行などによる「信頼関係が破壊したとき」

　契約の不履行として考えられるのは，①報告責任を尽くさない　②見守り事務の不履行や心身の状況の確認不十分　③本人の介護等の支援手配の不十分などで，本人と任意後見人との間の信頼関係が破壊したときである。

（任意後見人側の申立て事由）

❶ 疾患・加齢などにより事務の遂行ができないこと

❷ 住居を遠隔地に移転し，事務の遂行が難しいこと

❸ 本人との「信頼関係の破壊」，さらには親族による事務妨害があり，任意後見人としての事務の遂行が困難なこと

(b) 家庭裁判所の許可の審判と解除の手続き

　任意後見開始後の任意後見契約の解除については，家庭裁判所の許可の審判が必要である。家庭裁判所は，許可の審判をした場合は，審判について申立人に告知するとともに，申立人でない相手方当事者及び任意後見監督人にも審判を告知することになっている。

　任意後見監督人の選任後の解除は，家庭裁判所の任意後見契約の解除についての許可の審判の告知だけでは，契約は終了しない。任意後見監督人の選任前の解除と同様，相手方に対する解除の通知手続きが必要である。

　まず，解除の意思表示をした当事者は，家庭裁判所の許可を得た後，解除の意思表示の書面を作成しこれを相手方に配達証明付き内容証明郵便で送付し，その配達手続きを経たうえで解除の意思表示の書面及びその配達証明書

並びに許可の審判書の謄本及び確定証明書を添付して，登記所に対して終了の登記の申請を行うことになる。

※ 「受け取らない内容証明郵便」
　任意後見契約の解除では，公証人の認証を受けた書面を相手方に対し内容証明で郵送しこれを受領してもらう必要がある。公証人に任官した当初，相手方が3回受領を拒否した場合は「3球三振」で受領したとみなされるという話を聞いていた。しかし，これは事実ではなかった。これだけでは，東京法務局は，任意後見契約の解除の通知があったとして任意後見契約の終了登記の受理はしてくれない。
　次の手は，執行官をしての送達手続きである。この嘱託手続きに，この3回受領拒否の事実が必要になるのである。

2．任意後見人の解任等

(1) 任意後見人の辞任

　任意後見制度では，任意後見人の辞任は認められていない。任意後見人がその職を辞するのは，法定後見と異なり，任意後見そのものを終了させることになるからである。したがって，任意後見人がやむを得ず辞任する場合は，任意後見契約の解除を選択することになる（ただし，特別の事情があれば，法定後見の申立てを行い，後見開始の審判を得ることによって同じ結果は得られることはある。）。

(2) 任意後見人の解任

　任意後見人に不正な行為，著しい不行跡その他その任務に適しない事由があるときは，任意後見監督人，本人，その親族または検察官の請求により，家庭裁判所は，任意後見人を解任することができるとされている（任意後見8条）。
　「不正な行為」とは，本人の財産を着服したり，自己の会社の債務の弁済に充てたりすることであり，「著しい不行跡その他その任務に適しない事由」とは，任意後見監督人への報告がなおざりであったり，金銭の出し入れに関する帳簿の記載が不明瞭で秘匿部分が多く不正とまでは断定し難いがそのおそれが高いものなどを言うとされている。その他，ギャンブルに身を投じ本人の財産に危険を生じさせるおそれが大きい場合があたると言えよう。

3．任意後見契約の終了

(1) **任意後見契約終了事由**

任意後見契約は，次の事由により終了する。

❶ 本人，任意後見人（任意後見受任者）の死亡及び破産手続きの開始
❷ 任意後見契約の解除（任意後見9条）
❸ 任意後見人の解任（同法8条）
❹ 本人に対する法定後見の開始の審判（同法10条3項）
❺ 任意後見人（任意後見受任者）の後見開始の審判（民法653条）

(2) **本人保護の必要性**

任意後見契約の終了（上記❶❹は除く。）は，任意後見開始後にあっては任意後見制度により保護を受けている本人の支援の支えを奪うことになり，また任意後見開始前にあっては将来保護を受けられる立場を失わせることになる。特に，任意後見が開始している場合の本人の保護は直ちに始めなければならない。そこで，本人保護のために，直ちに「法定後見の申立て」等を検討することになる。

(3) **任意後見契約終了と登記**

任意後見人は，任意後見が終了した場合は，職権でなされる場合は除き，後見登記の終了登記を申請しなければならない（後見登記8条）。

文例1　親族後見人による移行型任意後見契約等

委任契約及び任意後見契約公正証書

　本公証人は，委任者○○○○（以下「甲」といいます。）及び受任者○○○○（以下「乙」といいます。）の嘱託により，次の法律行為に関する陳述の趣旨を録取し，この証書を作成します。

第1　委任契約
（契約の趣旨及び効力発生）
第1条　甲は，乙に対し，平成○○年○月○○日，甲の生活，療養看護及び財産の管理に関する事務（以下「委任事務」といいます。）を委任し，乙はこれを受任します。
2　本契約は，本件の委任事務契約（以下「本委任契約」といいます。）締結の後，甲が乙に対し第3条に定める委任事務の履行を求めたとき，すなわち第4条記載の証書等を引き渡し具体的に事務処理を要請したときからその効力が生じます。

（任意後見契約との関係）
第2条　本委任契約締結後，甲が判断能力が不十分な状況となり，乙が第2の「任意後見契約」による後見事務を行うことを相当と認めたときは，乙は，家庭裁判所に対し任意後見監督人の選任の請求をしなければならない。
2　本委任契約は，第2の「任意後見契約」について家庭裁判所において任意後見監督人が選任され，同契約が効力を生じたときに終了します。

（委任事務の範囲）
第3条　甲は，乙に対し，別紙「代理権目録」（別紙・第2の「同意

（承認）を要する旨の特約目録」をも含みます。）記載の事務（以下「本件委任事務」といいます。）を委任し，その事務処理のための代理権を付与します。

2　乙は，別紙・第2の「同意（承認）を要する旨の特約目録」記載の事項にかかる甲の事務を処理するに当たっては，あらかじめ甲の書面による同意（承認）を得ることとします。

（証書等の引渡し等）

第4条　甲は，乙に対し，本件委任事務処理のために必要と認める次の証書，物品その他書類等（以下「証書等」といいます。）を引き渡すことができます。

①登記済権利証　②実印・銀行印　③印鑑登録カード　④預貯金通帳，株券その他の有価証券　⑤年金関係書類　⑥各種キャッシュカード　⑦重要契約書類　⑧保険証券　⑨その他甲と乙とが合意したもの

2　乙は，前項の証書等の引渡しを受けたときは，甲に対し，その明細及び保管方法を記載した「預り証」を交付し，その証書等を本件委任事務処理のために使用することができます。

（費用の負担）

第5条　乙が本件委任事務を処理するために必要な費用は，甲の負担とし，乙は，その管理する甲の財産からこれを支出することができます。

（報酬）

第6条　本件事務処理に対する報酬は，無報酬とします。

2　前項の定めが，管理の内容や経済情勢の変動等の事由により相当でなくなった場合には，甲及び乙は協議のうえ，公証人の認証を受けた書面によりこれを変更することができます。

（報告）

第7条　甲は，乙に対し，いつでも本件委任事務処理の状況につき報告を求めることができます。

2　乙が前項の報告を求められたときは，甲に対し，速やかにその報告

を行います。

3　乙は，甲から預貯金通帳と銀行印等を預かった場合，甲に対し，4か月ごとに本件委任事務処理の状況（預金残高を含む）につき書面で報告するものとします。

(契約の変更)

第8条　本委任契約に定める代理権の範囲を変更する契約は，公正証書によって行うものとします。

(契約の解除)

第9条　甲及び乙は，いつでも本委任契約を解除することができます。

(契約の終了)

第10条　本委任契約は，次の場合に終了します。

　(1)　甲が死亡または破産したとき
　(2)　甲が後見，保佐，補助開始の審判を受けたとき
　(3)　第2条第2項により任意後見監督人が選任されたとき
　(4)　乙が後見開始の審判を受けたとき
　(5)　乙が死亡，破産もしくは所在不明になったとき

第2　任意後見契約

(契約の趣旨)

第11条　甲は，乙に対し，平成〇〇年〇月〇〇日，任意後見契約に関する法律第4条第1項所定の状況，すなわち判断能力が不十分な状況における甲の生活，療養看護及び財産の管理に関する事務（以下「後見事務」といいます。）を委任し，乙はこれを受任します。

(契約の発効)

第12条　前条の契約（以下「本任意後見契約」といいます。）は，家庭裁判所において任意後見監督人が選任された時からその効力を生じます。

2　本任意後見契約の効力発生後における甲及び乙との間の法律関係に

ついては，任意後見契約に関する法律及び本任意後見契約に定めるもののほか，民法その他の法令の規定に従います。

（後見事務の範囲）

第13条　甲は，乙に対し，別紙「代理権目録」（別紙・第2の「同意（承認）を要する旨の特約目録」をも含みます。）記載の後見事務（以下「本件後見事務」といいます。）を委任し，その事務処理のための代理権を付与します。

2　乙は，別紙・第2「同意（承認）を要する旨の特約目録」所定の事務を行うときは，任意後見監督人の書面による同意（承認）を得るものとします。

（身上配慮の責務）

第14条　乙は，本件後見事務を処理するに当たり，甲の意思を尊重し，かつ，甲の心身の状況や生活の状況に配慮するものとします。そのため，適宜甲と面接し，また，日常生活援助者や主治医その他医療関係者から甲の心身の状態等につき説明を受けることに努めます。

（証書等の保管等）

第15条　乙は，甲から本件後見事務処理のために証書等の引渡しを受けたときは，甲に対し，その明細及び保管方法を記載した預り証を交付し，これを保管するものとします。

2　乙は，本任意後見契約の効力発生後，甲以外の者が前項記載の証書等を占有所持しているときは，その者からこれらの証書等の引渡しを受けて，自らこれを保管することができます。

（費用の負担）

第16条　乙が本件後見事務を処理するために必要な費用は，甲の負担とし，乙は，その管理する甲の財産からこれを支出することができます。

（報酬）

第17条　甲は，本任意後見契約の効力発生後，乙に対し，本件後見事務処理に対する報酬として1か月当たり金3万円を毎月末日限り支払う

ものとし，乙は，その管理する甲の財産からその支払いを受けることができます。
2　前項の報酬額が次の事由により不相当となった場合には，甲及び乙は，任意後見監督人と協議し，これを変更することができます。
(1)　甲の生活状況または健康状態の変化
(2)　経済情勢の変動，その他現行報酬額を不相当とする特段の事情の発生
3　前項の場合において，甲がその意思を表示することができない状況にあるときは，乙は，任意後見監督人の書面による同意を得てこれを変更することができます。
4　第2項の変更契約は，公正証書によってしなければなりません。

（報告）
第18条　乙は，任意後見監督人に対し，4か月ごとに，本件後見事務に関する次の事項について書面で報告します。ただし，甲の有価値財産につき換価処分等法律行為を行ったときは，行為後1週間以内に事務処理の状況につき書面で報告するものとします。
(1)　乙の管理する甲の財産の管理状況
(2)　甲の身上監護について行った措置
(3)　費用の支出，使用状況及び報酬の収受
2　乙は，甲または任意後見監督人の請求があるときは，速やかにその求められた事項につき報告します。

（契約の解除）
第19条　任意後見監督人が選任される前においては，甲または乙は，いつでも公証人の認証を受けた書面によって，本任意後見契約を解除することができます。
2　任意後見監督人が選任された後においては，甲または乙は，正当な事由がある場合に限り，家庭裁判所の許可を得て，本任意後見契約を解除することができます。

(契約の終了)
第20条　本任意後見契約は，次の場合に当然に終了します。
　(1)　甲が死亡または破産したとき
　(2)　甲が後見，保佐または補助開始の審判を受けたとき
　(3)　乙が後見開始の審判を受けたとき
　(4)　乙が死亡，破産または所在不明になったとき
2　任意後見監督人が選任された後に前項各号の事由が生じた場合，甲または乙は，速やかにその旨を任意後見監督人に通知するものとします。
3　任意後見監督人が選任された後に第1項各号の事由が生じた場合，甲または乙は，速やかに任意後見契約の終了の登記を申請しなければなりません。

(証書類の返還)
第21条　本任意後見契約が終了したときは，乙は立替金及び報酬等を精算のうえ，速やかに保管中の証書等を甲あるいは証書類の引渡し先に指定された者もしくは遺言執行者に引き渡さなければなりません。

第3　死後事務委任契約

(死後事務委任)
第22条　甲は，乙に対し，甲の死後の次の事務（以下「本件死後委任事務」といいます。）を委任し，乙はこれを受任します。この場合，甲は乙に対し同事務処理のための代理権を付与します。ただし，遺言に別の定めがある場合は遺言によることとします。
　(1)　葬儀，埋葬に関する事務及び将来の供養に関する事務一切
　(2)　医療費，施設利用費，公租公課等債務の清算
　(3)　生命保険金の請求，年金関係等の各種届出，その他身辺の整理に関する事務一切

(費用の負担)

第23条　乙が本件死後委任事務を処理するために必要な費用（執行報酬金〇〇万円をも含む。）は，乙が管理する甲の遺産からこれを支出するものとします。

(契約の解除)
第24条　甲及び乙は，いつでも本件死後委任事務契約を解除することができます。

　　　　　　　　　　　　本旨外要件
(本籍)　東京都〇〇区〇〇丁目〇〇番地
(住所)　東京都〇〇区〇〇丁目〇〇番〇〇号
　　　　無職
　　　委任者（甲）　〇　〇　〇　〇
　　　　　　　　　昭和〇〇年〇〇月〇〇日生
　　上記は印鑑登録証明書の提出により人違いでないことを証明させた。
(住所)　東京都〇〇区〇〇丁目〇〇番〇〇号
　　　　会社員
　　　受任者（乙）　〇　〇　〇　〇
　　　　　　　　　昭和〇〇年〇〇月〇〇日生
　　上記は印鑑登録証明書の提出により人違いでないことを証明させた。

文例2　市民後見人等第三者後見人による任意後見契約

　　　　　　　　任意後見契約公正証書

　本公証人は，委任者○○○○（以下「甲」という。）及び受任者○○○○（以下「乙」という。）の嘱託により，次の法律行為に関する陳述の趣旨を録取し，この証書を作成する。

（契約の趣旨・契約の発効）
第1条　甲は，乙に対し，平成○○年○○月○○日，任意後見契約に関する法律（以下「任意後見契約法」という。）に基づき同法律第4条第1項所定の要件に該当する状況（精神上の障害により事理を弁識する能力が不十分な状況）における甲の生活，療養看護及び財産の管理に関する事務（以下「後見事務」という。）を委託し，乙はこれを受任する。
2　前項の契約（以下「本契約」という。）は，任意後見監督人が選任された時からその効力を生ずる。
3　本契約締結後の甲乙間の法律関係については，任意後見契約法及び本契約に定めるもののほか，民法その他の法令の規定に従う。
（後見事務の範囲・管理対象財産）
第2条　甲は，乙に対し，別紙「代理権目録」（第2の「同意（承認）を要する旨の特約目録」添付のもの。）記載の後見事務（以下「本件後見事務」という。）を委任し，その事務遂行のための代理権を付与する。
2　乙は，同代理権目録第2「同意（承認）を要する旨の特約目録」所定の事務を行うときは，任意後見監督人の書面による同意を得るものとする。

3　乙が本件後見事務により管理する財産は，甲の所有する全財産とする。なお，本契約締結時に甲に帰属する財産は，別紙「財産目録」（省略）記載のとおりである。

（任意後見監督人の選任）

第3条　本契約締結後，甲が精神上の障害により事理を弁識する能力が不十分な状況になり，乙が本契約による後見事務を行うことを相当と認めたときは，乙は，家庭裁判所に対し任意後見監督人の選任の審判を申し立てなければならない。

（本人の意思の尊重・身上配慮義務）

第4条　乙は，本件後見事務を遂行するに当たっては，甲の意思を尊重し，かつ，甲の身上に配慮するものとし，その事務遂行のため，月1回程度を基準にして甲と面接し，ヘルパーその他日常生活援助者から甲の生活状況につき報告を求め，主治医その他医療関係者から甲の心身の状態につき説明を受けるなどにより，甲の生活状況及び健康状態の把握に努めるものとする。

（「いざという時の意思表示」）

第5条　乙は，本契約第2条の代理権目録に定めた後見事務を遂行するに当たって，甲が作成する「いざという時の意思表示（宣言書）」（参考文例6参照）を本人の意思として尊重し，これに沿った内容の介護，福祉，医療その他のサービスが実現するように努めるものとする。ただし，この宣言書によって代理権目録に記載した乙の代理権に制限を加えるものではなく，また，乙がこの宣言書の内容に沿って本件後見事務を行うことが甲の福祉に適当でないと判断したときは，任意後見監督人との協議により「いざという時の意思表示」の趣旨を斟酌し，より適切な本件後見事務を行うものとする。

（証書等の保管等）

第6条　乙は，甲から本件後見事務遂行のために次の証書等（以下「証書等」という。）（表示省略─文例1参照）の引渡しを受けたときは，

甲に対しその明細及び保管方法を記載した預り証を交付する。
2　乙は，前項の証書等の引渡しを受けたときは，これを保管するとともに，本件後見事務遂行のために使用することができる。
3　乙は，本契約の効力発生後甲以外の者が第1項記載の証書等を占有所持しているときは，その者からこれらの証書等の引渡しを受けて，自らこれを保管することができる。
4　乙は，本件後見事務を遂行するために必要な範囲で甲宛の郵便物その他の通信を受領し，本件後見事務に関連すると思慮するものを開封することができる。

(書類の作成)
第7条　乙は，本件後見事務を遂行するに当たり次の書類を作成，保管するものとする。
　(1)　任意後見監督人選任時における財産目録及び証書等の保管等目録
　(2)　本件後見事務に関する会計帳簿及び事務遂行日誌
　(3)　本件後見事務終了時における事務引継関係書類及び財産目録
2　乙は，前項の書類を本契約終了後10年間保存しなければならない。

(費用の負担)
第8条　乙が本件後見事務を遂行するために必要な費用は，甲の負担とし，乙は，その管理する甲の財産から，これを支出することができる。

(報酬)
第9条　甲は，乙に対し，任意後見監督人を選任して後見事務を開始するための報酬として，金5万円(消費税及び印紙代，交通費等の実費別。以下すべて同じ。)を支払うものとし，乙は，本契約の効力発生後その管理する甲の財産からその支払いを受けることができる。
2　甲は，乙に対し，本契約の後見事務処理の報酬として，月額金20,000円を翌月1日に支払うものとし，乙は，その管理する甲の財産からその支払いを受けることができる。ただし，乙の事務処理が出張を伴い，その事務処理時間が10時間を超えた場合は，1日につき3時

間以内は金4,000円を，3時間を超えるときは金8,000円を限度として別途支払うものとする。
3　前2項の報酬額が次の事由により不相当となった場合には，甲及び乙は，任意後見監督人と協議のうえ，これを変更することができる。
 (1)　甲の生活状況または健康状態の変化
 (2)　経済情勢の変動，その他現行報酬額を不相当とする特段の事情の発生
4　前項の場合において，甲がその意思を表示することができない状況にあるときは，乙は，任意後見監督人の書面による同意を得てこれを変更することができる。
5　第3項の変更契約は，公正証書によってしなければならない。
(報告等)
第10条　乙は，任意後見監督人に対し，3か月ごとに，本件後見事務に関する次の事項について書面で報告する。
 (1)　乙の管理する甲の財産の管理状況及び甲の身上監護につき行った措置
 (2)　費用の支出及び使用状況及び報酬の収受
2　乙は，任意後見監督人の請求があるときは，いつでも速やかにその求められた事項につき報告する。
(契約の解除)
第11条　任意後見監督人が選任される前においては，甲または乙はいつでも公証人の認証を受けた書面によって，本契約を解除することができる。
2　任意後見監督人が選任された後においては，甲または乙は，正当な事由がある場合に限り，家庭裁判所の許可を得て，本契約を解除することができる。
(契約の終了)
第12条　本契約は，次の場合に終了する。

(1) 甲または乙が死亡または破産したとき
(2) 甲または乙が後見開始，保佐開始または補助開始の審判を受けたとき

(終了時の財産の引継ぎ)
第13条　乙は，本契約が終了した場合は，本件後見事務を甲，甲の相続人，または甲の法定代理人等に速やかに引き継ぐものとする。残余財産，帳簿類及び証書類等の引き渡しについても同様とする。
2　前項の事務遂行に要する費用は，甲の財産から支弁する。
3　本契約が終了した場合，第1項の事務遂行に対する報酬は，次の各号により，甲の財産から支弁する。
(1) 相続財産管理人を選任して引き渡した場合は金○○万円
(2) その他の場合は金○○万円

(後見登記)
第14条　乙は，本契約に関する登記事項につき変更が生じたことを知ったときは，嘱託により登記がなされる場合を除き，変更の登記を申請しなければならない。
2　乙は，本契約が終了したときは，嘱託により登記がなされる場合を除き，終了の登記を申請しなければならない。

(守秘義務)
第15条　乙は，本件後見事務に関して知り得た甲の秘密を，正当な理由なく第三者に漏らしてはならない。

(後見等開始審判の申立て)
第16条　本契約締結後，甲の利益のため特に必要があると認めるときは，乙は，家庭裁判所に対し後見等開始の審判の申立てをすることができる。
2　乙が前項の申立てをしたときは，甲は乙に対し，報酬として金5万円（消費税及び印紙代，交通費等の実費別）を支払うものとする。

文例3　移行型任意後見契約の「別紙・代理権目録」

代理権目録

第1　代理権を付与する事項

1　財産の管理，保存及び処分に関する事項
2　金融機関，郵便局との預貯金取引及び貸金庫契約に関する事項
3　定期的な収入の受領，定期的な支出・費用の支払い等に関する事項
4　生活費の送金，生活に必要な財産の購入に関する事項
5　借地及び借家契約の締結，変更，解除などに関する事項
6　相続の承認及び放棄，遺産分割または遺留分減殺請求に関する事項
7　保険・共済契約の締結，保険金等の受領など保険に関する事項
8　各種登記の申請，住民票・戸籍謄抄本・登記事項証明書その他の行政機関の発行する証明書の請求・受領
9　親書・封書（留置き郵便物）の受領
10　要介護認定の申請，認定の承認または異議申立て等に関する事項
11　介護契約，その他の福祉サービスの利用契約に関する事項
12　有料老人ホームの入居契約を含む福祉関係施設への入所に関する契約，その他の福祉関係の措置等に関する事項
13　居住用不動産の購入，新築，増改築及び修繕に関する事項
14　医療契約，入院契約に関する事項
15　訪問販売，通信販売等各種取引の申込みの撤回，契約の解除，契約の無効，取消しの意思表示並びに各種請求に関する事項
16　各種紛争処理のための裁判外の和解（示談），仲裁契約及び弁護士に対して訴訟行為及び民事訴訟法第55条第2項の授権をすること
17　新たな任意後見契約の締結に関する事項
18　配偶者及び子の法定後見の申立て

19　復代理人の選任及び事務代行者の指定に関する事項
20　以上の各事項に関連する一切の事項

第2　同意（承認）を要する旨の特約目録
1　不動産の購入，処分及び住居等の新築，増改築
2　福祉関係施設等への入所・入居契約の締結，変更及び解除
3　弁護士に対して訴訟行為及び民事訴訟法第55条第2項の特別授権事項について授権すること
4　復代理人の選任

文例3-2　任意後見支援型信託契約がある場合の「代理権目録」

第1　代理権を付与する事項
● 委任者甲が別途契約締結する○○財産管理処分信託契約の受益者もしくは委託者として有する権利等（信託条項及び信託法で定める権利義務をも含む）に関する事項

第2　同意（承認）を要する旨の特約目録
● 前記信託契約の受益者として有する権利に基づき訴訟を提起すること

✱ 市民後見人の声

"はじめての任意後見契約"
—NPO法人が信頼を得ることの難しさ—

　2年前の9月，NPO法人設立の準備中に80歳の独居女性の方の任意後見の仕事の依頼を受け，個人で「任意後見契約」「見守り及び財産管理委任契約」「祭祀財産管理委任及び死後事務委任契約」の3点を契約しました。法人設立完了後，個人から法人に切り替えるという約束のもと，仕事を始めました。契約後，月に1回の訪問を始めました。毎月お会いするたびに表情が明るくなり，お話をしていてもいろいろなことに対して前向きに心が動き出していると感じていました。

　12月に法人設立が完了し，個人から法人へ契約変更を行いました。契約の内容は個人のときの契約内容と同じままです。法人契約の書類の確認は本人の自宅に公証人の先生と当法人代表とほか3名が出向き，本人は公証人の先生から説明を受け，納得のうえ，お互いに捺印しました。担当者は代わらずに私とほか1名が担当しました。

　契約が年末でしたので，年末の挨拶は私から本人に電話で連絡を取りました。前回お会いした時と変わらない声でお話でき，来年もよろしくと言われました。新年1月の訪問日の前に本人から突然，電話がありました。本人の声の調子があまりにも暗いのでびっくりしました。年末の歯科治療で食事ができない状態で年越しをした様子でした。個人から法人に契約変更したことを近所の方に話したら，「NPO法人にもいろいろあるから，注意したほうがいい」と話されたとのことでした。それにより本人の心の不安が大きくなったようです。

　その電話後，業務指導を受けている先生と相談し，しばらくお会いしない状態で様子をみることになりました。ただ，本人の体調が心配なので，何回か電話はしましたが，応答はありませんでした。結局，お互い

の信頼関係が壊れたと思いました。その後の3月に本人から契約解除の申し出があり，すべての契約は解除になりました。

　このケースの経験から，NPO法人の名前での仕事の難しさを知りました。それと，見守り契約についてですが，本人と月1回のペースでの面会が基本ですが，訪問と訪問の間に本人の体調不良や精神状態，認知機能の低下により，本人から面会を拒否された時の対応の仕方が今後の課題になると思いました。

　任意後見契約等を行ううえで，大切な要素である，本人との信頼関係を築くことが大事なことを特に感じました。そして，新聞等で報道されるNPO法人や後見人が起こした事件の記事で，後見人に対する偏見が生まれ，多くの方の誤解を招いていると実感しました。成年後見制度を正しく理解してもらうための活動の必要性を強く思っています。

第5章

後見事務の内容

―後見事務の内容と実務―

- 成年後見人,任意後見人の主たる職務は,本人の生活,療養看護及び財産管理に関する事務である。市民後見人は,後見事務の内容を,どこまでやれるのか,またやらなければならないのかを常に考えておかなければならない。

- 市民後見人は,専門職後見人と同様,本人の権利を擁護するためさまざまな支援や手配を行う。それは,本人の生活,療養看護にかかわる身上監護に関する支援と手配であり,財産管理に関する事務処理であるが,実務での運用は人によってもさまざまであり,本人の権利を擁護する後見人としてその枠組みをしっかり理解しておく必要がある。

- 特に「身上監護」の枠組みは難しい。一般に,その内容としては「健康の保持・医療に関すること」「本人の住居に関すること」「ホームの入所退所に関すること」「介護・生活の維持に関すること」「教育・リハビリに関すること」などであるが,いくつかの大きな問題がある。それは,事実行為の問題と本来本人にしか決められない事項に関することである(例えば,「事実行為としての介護義務」「医療行為同意権」「居所指定権」「本人の身体に対する強制にかかわること」など,考え方としては後見人にはその権限がないと言われながら,実際には拒否が難しいものなどがある)。それから,後見が終了した後の死後事務の問題もある。

- 「後見人の仕事,それは身上監護と財産管理」。市民後見人にはこの定義では片づけることができない,ふところの広い事務が,その地域から期待され,そしてそれに実際に応えているのである。本書において,「市民後見人の声」として載せている後見人の仕事については,「後見人の本来業務からかけ離れている」とのご批判もあろうかと思う。しかし,市民後見人の行っていることは,後見制度の理念から当然に導かれる行為とも言える。「後見人の職務である身上監護には介護等の事実行為は含まない」という説明は誤りである。ただし,どこまでが後見人として行うことができる後見事実行為かについては,常に問題があることも忘れてはならない。

第5章　後見事務の内容

第1　成年後見制度と後見事務

1．後見事務を始めるに当たって

(1)　各後見人の職務遂行に当たって

　後見人は，それぞれの後見制度の中で，後見人としていかなる権限と義務を負っているかを，常に念頭に置いて事務処理をする必要がある。一後見人（法人）が，複数の類型の後見業務に携わる場合はなおさらである。それは，四つの成年後見制度について，それぞれ異なる権限が付与され，しかも負担する義務も異なるからである。

　任意後見にあっては，任意後見契約で定められた権限（代理権の範囲）を念頭に置き，本人の最良の福祉を確保することに向けて，善良な管理者としての義務を果たす必要がある。他の成年後見人等も同様であり，特に成年後見人以外の保佐人や補助人は，本人の行為につき，どこまで同意し，取消しができるのか，また代理権を有しているのか，その権限の範囲はどこまでかを常に念頭に置く必要がある。

(2)　後見人の職務の在り方

　後見人の職務の在り方については，身上監護にあっては「本人意思を達成するための意思決定支援」を，財産管理にあっては「財産を守り適切に活かすために代理代行（支援）」をすることが求められると言われている。もちろんこのことに関しては，さまざまな考え方がある。この職務の在り方については，個々の後見人が学び，あるいは所属する団体で協議し，本人にとって最良のものを選択し，本人の生活や福祉等を確保することになると言える。

(3)　本人，家族との信頼関係の確立

　後見人は，本人はもとよりその家族との信頼関係の確立に努めることが必要である。まずは，本人のことをよく知り本人との信頼関係の確立が大事である。さらに，本人の家族のことも忘れてはならない。

　しかし，信頼関係ができた特定の親族を重視するあまり，他の親族から差

別されているというような指摘を受けてはならない。特に，後見人は，親族間の紛争に巻き込まれたり，親族の対立を招くようなことは避けなければならない。そのためには，本人の家族や，人間関係を十分に把握する必要がある。

2．後見人の事務（職務）

(1) 後見人の主な職務

成年後見人，任意後見人の主たる職務は，本人の生活，療養看護及び財産管理に関する事務である（民法858条，任意後見2条）。

(a) 身上監護に関する事務

成年後見人の主たる職務は，本人の生活，療養看護に関する事務に伴う身上の保護に関する事務，すなわち**身上監護に関する事務**である。

このことを十分理解しない一部専門職の後見人や後見監督人がいるとの話をよく聞く。ある研究会での発表によれば，身上監護担当の後見人と財産管理の後見人の複数後見において，財産管理担当の専門職後見人が，身上監護に必要な金銭を他方の後見人に給付せず，必要な身上監護ができないため，後見人の解任請求の問題に発展したという報告もなされている。

後見人の職務の中心は，**身上監護に関する事務**であり，実際にもこの事務の負担が重いという。

身上監護に関する事務は，実務的にみると，見守り活動のほか

① 生活の維持に関すること
② 住居の確保に関すること
③ 介護・ケア・リハビリテーションに関すること
④ 医療に関すること
⑤ 施設（入居退去，処遇等）に関すること
⑥ 教育・就労支援に関すること
⑦ 余暇活動等に関すること
⑧ 公法上の行為

⑨　上記にかかわる確認監視，その他権利擁護に関すること

などが考えられる。

　もちろん，上記の中には，一部の研究者等が「事務に含めるのは相当でない」という項目もあるが，本人の最善の利益を確保するという観点から制限する必要はないと考える（上山泰「専門職後見人と身上監護」民事法研究会99-107ページ参照）。それは，法律行為に限らず，幅広く事実行為を含めることを拒むべきではないということである（名川勝ほか「実例からみた身上監護の枠組みと運用」実践成年後見№23民事法研究会34ページ参照）。

(b)　財産管理に関する事務

　財産の管理とは，財産の保全であり，その性質を変えないでの利用や改良を目的とするもので，もちろんそれに必要な範囲での処分も含まれる。その行為は，法律行為だけでなく事実行為も含む。

　しかも，成年後見にあっては，本人の身上監護のための制度であり，財産管理もその身上監護のために行うものと言える。本人の身上監護と関連のない家族や第三者のために管理処分することは，本人の有する扶養義務の履行など一部を除きその範疇にはない。

(2)　任意後見人の主な職務

　任意後見人は，任意後見契約により本人から授権された事務，すなわち代理権目録に記載された事務（関連事務をも含む。）を行うことがその職務となる。そのほか，本人及び任意後見監督人に対する報告や，後見登記にかかる事務もある。

　この任意後見人の職務等については，すでに触れてはいるが，その区分けなどについて，若干補足する。授権内容によっても異なるが，おおよそ次のように区分できよう。もちろん，区別するのが難しいものもある。

(a)　主に財産管理に関する職務

１　不動産に関するもの

　　土地建物の管理，保存及び処分に関すること，借地及び借家契約（これらの契約は，本人が貸主の場合もあるし，反対に借主の場合もある）の締

結，変更，解除などに関する事項，賃貸不動産の定期的収入（家賃等）の受領と預託金等としての預かり保管，居住用不動産を含む不動産の購入，新築，増改築及び修繕に関する事項，登記済権利証，土地・建物賃貸借契約等の重要な契約書類の保管管理及び公租公課の支払いなど

2 金融資産等に関するもの

銀行，郵便局，農業協同組合等金融機関との預貯金取引，中でも預貯金等に関する管理運用，証券会社を含む金融機関扱いにかかる株式，国債，投資信託等有価証券の管理，運用，金融機関との貸金庫契約に関する事項，預貯金通帳，印鑑，各種カード，株券等有価証券またはその保護預り等

3 その他の財産や手続き等に関するもの

上記以外の財産の管理，保存及び処分に関する事項としては，重要書類等の保管と後見事務の処理に必要な範囲内でのこれらを使用する事項，相続の承認及び放棄，遺産分割又は遺留分減殺請求に関する事項

(b) 主に身上監護に関する事務

4 生活に関するもの

身上監護のための小口現金等の管理，定期的な収入（主に年金収入）の受領と当該預貯金口座の管理，生活費の送金（本人への給付），生活に必要な財産の購入に関する事項，定期的な支出・費用の支払い等に関する事項，印鑑登録カード，住民基本台帳カード，年金関係書類の保管及び各種の手続に関する事項，生活全体を考えた場合は，居住用不動産の管理及び修繕等も含まれるし，賃貸用住宅の選択及び賃貸借契約の締結等も広い意味で範疇に入ろう。

親書・封書（郵便物）の受領

5 療養看護等に関するもの

医療契約，入院契約に関する事項，要介護認定の申請，認定の承認または異議申立て等に関する事項，介護契約，その他の福祉サービスの利用契約に関すること，介護付き有料老人ホームの入居契約を含む福祉関

係施設への入所に関する契約，その他の福祉関係の措置等に関する事項
6　その他の身上監護に関するもの
　　保険・共済契約の締結，保険金等の受領など保険に関する事項及びこれら保険証券の保管，住民票・戸籍謄抄本・登記事項証明書その他の行政機関の発行する証明書の請求・受領
(c)　共通事務その他の事務に関するもの
7　新たな任意後見契約の締結，復代理人の選任及び事務代行者の指定に関する事項
8　配偶者，子の法定後見（補助・保佐・後見）開始の審判申立てに関する事項
9　紛争等解決にかかるもの
　　この事務は，主たる原因を作った事務の範疇に入ると言える。訪問販売，通信販売等各種取引の申し込みの撤回，契約の解除，契約の無効，取消しの意思表示並びに各種請求の事務，行政機関等に対する各種申請，不服申立てに関する業務，各種紛争処理のための裁判外の和解（示談），仲裁契約及び弁護士に対して訴訟行為及び民事訴訟法第55条第2項の授権をすること。
(d)　その他の事務
10　任意後見監督人への報告，後見登記（変更，終了）の申請など
　　なお，法定後見の場合の事務となっている財産目録作成，収支予定表（後見計画）の作成と提出等については，法の定めはない。

(3)　**成年後見人等（法定後見）の職務の主な内容**
　成年後見人等の職務は，その基本は身上監護と財産管理及び家庭裁判所に対する報告と各種の申立てなどである。身上監護と財産管理に関する職務は，その多くは任意後見人と同じとなろうが，成年後見人特有のものもあり，保佐人や補助人の場合にはその一部となろう。その内容は，それぞれの制度の中で説明したとおりである。
　任意後見人の場合と異なる主な事項を列挙すると

① 同意権・取消権の行使（成年後見人は同意権はない）
② 居住用不動産処分の許可の申立て
③ 後見計画，変更計画の作成提出
④ 報酬付与の申立て
⑤ 後見事務報告書の作成と提出
⑥ 特別代理人（臨時保佐人，臨時補助人）の選任の申立て

などが挙げられよう。

3．後見人の適正な事務を確保するために

(1) 後見人の職務の点検

　成年後見人等の職務については，裁判所や後見監督人により点検確認されるが，いつも受け身であってはいけない。成年後見人等としては，自らもチェック項目を決めて過誤や任務懈怠のないように留意する必要がある。

　実務で成年後見人等につき解任が申し立てられる事由は

① 本人との面会の不足
② 家族その他親族への説明不足
③ 強制的な施設への入所
④ 訴訟の不提起や不用意な取下げ
⑤ 保佐人の同意権の不行使

などであると言われている。

　その多くは，後見人の消極的な姿勢や職務の取組方にあることから，成年後見人等としては，上記の事柄を含めやるべきことをやっていないというような理由で本人や親族等から不満やクレームが出ないよう，常に注意を払う必要がある。そして，解決が難しい事項については家庭裁判所や後見監督人への報告・相談を積極的に行うべきである。

(2) 業務指導委員による後見事務の検証

　市民後見人，中でもNPO法人などでは，複数の担当者が複数の被後見人を抱えて後見業務に携わることになる。そこでは，当然定期的に内部での検

討会を開催し，担当する後見業務が適正に遂行されているかを検証することが必要となる。

それとともに，外部の専門職等（業務指導委員や倫理委員）による業務指導の場を設けて，さらに高い目線で検証してもらうことも大事であろう。内部ではよしとしても，外部からは不適切と捉えられることが少なくないからである。

(3) **後見人の職務点検マニュアルの整備と活用**

ある市民後見人の会（NPO法人）では，事務処理に過誤が生じないようにという視点に立ち，「実務のマニュアル集」を作成し，担当者がいつでも手にして参考にできるようにしている。当然，見習うべきである。

実務マニュアルの主な内容は，次のとおりである。

① 会の理念と概要
② 会の後見活動の在り方
③ 担当支援員活動に対する指針
④ 被後見人等にかかわる図
⑤ 後見実務と業務指導とのかかわり
⑥ 法定後見の実務と後見等事務の流れチェック
⑦ 後見・保佐・補助の開始申立書（関係書類一式）
⑧ 後見事務の開始と後見事務の流れ
⑨ 審判確定後の手続と通常業務
⑩ 後見事務報告（関係書類一式）
　1）初回報告書
　2）第2回以降報告書
⑪ 成年後見人等報酬付与申立書（関係書類一式―請求書・領収書）
⑫ 任務終了の事務
⑬ 居住用不動産処分許可申立書
⑭ 報告書作成要領
⑮ 後見・監督人・会計ルール

⑯　文書廃棄基準
⑰　後見・保佐・補助の概要及び開始後の事務・権限・義務の資料

第2　就任直後の後見実務（主な内容）

　後見人は，選任後，遅滞なく本人（被後見人等）の財産の調査に着手し，1か月以内に，その調査を終えて，その目録（財産目録）を作成しなければならない。この場合，後見監督人があるときは，財産の調査や財産目録の作成に当たって，その立会いを得なければならない（民法853条）。
　ここでは，成年後見人（後見類型）を中心に掲記する。

1．審判書の確定と記録の閲覧

(1) 審判書による告知

　後見開始の審判がなされると家庭裁判所から後見人及び本人に選任された旨の通知（審判書）がなされ，その告知があった日から2週間で審判が確定し（家事事件74条，86条），後見の登記がなされる（後見登記4条）。
　後見人には，審判書とともに手引きや報告書用紙等が（場合によっては確定後）送られてくるので，これらを確認することになる。

(2) 登記事項証明書の取得

　登記事項証明書は，後見事務を行ううえで，さまざまな関係機関から提示や提出を求められる。金融機関の場合については，後述する（本書238ページ）。登記事項証明書の取得については，「後見登記」の項（本書46ページ）参照。

(3) 事件記録の謄写と内容の確認

　成年後見人の最初の仕事は，本人を知ることにある。任意後見人と異なり，成年後見人の場合，本人自身から説明を受けることができない場合が少なくない。その貴重な資料が事件の記録である。

2．本人の生活状況や健康状態の把握

後見人の職務の第一歩は，本人の有する財産と健康状態，生活状況や本人を誰がどのように支援しているかなどをよく把握し，しかも，本人の有する考えや価値観，抱いている生きがいや幸福感，さらに持っている感情や思いを知ることにある。もちろん，認知症が進行している場合は，これらの事柄を本人の口からは聞けない場合が多いが，さまざまな情報をもとに正確にこれを把握する必要がある。

(a) 本人との面談
(b) 支援者・関係者等との顔合わせと情報収集

後見人選任後の支援者・関係者への連絡や顔合わせは，事件記録や関係者の話から窓口になる人を探し出して活用し調整するのがよいと言われている。

3．財産の調査と関係機関への届出

(1) 債権債務の届出

後見人が，被後見人に対し，債権を有しまたは債務を負う場合において，後見監督人があるときは，財産の調査に着手する前に，これを後見監督人に申し出なければならない。もし，後見人が，被後見人に対し債権を有することを知ってこれを申し出ないときは，その債権を失うのである（民法855条)※。

※ 家族後見人が知らないと恐ろしい規定
　家族後見人は，この民法第855条第2項の規定はほとんど知らないであろう。しかもその債権については，「親のために出している金だし，本人が生きている間に返してもらおうと思わない」「本人には金もないし，返してもらえる当てもないから」という理由で，申し出をしないことが多いのではなかろうかと思われる。
　しかし，被後見人の実子が事故等により死亡し本人に多額の補償金や保険金が支払われたり，あるいは兄弟の死亡により相続財産の給付がなされることも稀ではない。被後見人のために老人ホームの多額の入居金を立て替えたりして家族後見人に債権があったとしても，この申し出をしていないと当該立替金は回収できないことになる。家族後見人にとっては，本人に多額の保険金等が支払われたりすれば，これを回収するのは何ら抵抗がないと言えようが，これは上記の申し出をしていなければもはやできず，場合によっては犯罪者的な扱いを受けることもあろう。

この「債権を失う」というのは，絶対的に権利を失うということであり，家族が後見人に就任した場合は，この規定は，特に留意する必要があろう。最近は，家族後見人の場合，後見監督人が数多く選任されている実情からしても，家族後見人の選任に当たっては家庭裁判所もさらには後見監督人も，後見人に対してこの規定をよく説明し，かつ全国統一的な文書を渡してこれを提出させるなどして後日紛争が起きないようにすべきである。親と子，かかる関係にある者が法にいう「債権を有しまたは債務を負うこと」が全くないということは稀であろうから，この文書による確認を行わないで，一方的に「債権は失った」とするのは，場合によっては正義を否定することにつながることになるからである。

(2) 財産の調査と本人宅の訪問

後見人は，前述したように1か月以内に財産目録と後見計画（収支予定表）を家庭裁判所に提出することになっている（この期間は，家庭裁判所において伸長することができる。）。しかしながら，この期間内に本人のすべての財産を調査※することは難しいこともあろうから，その場合はその後も調査を続けることになる。

この調査等で本人宅を訪問することになるが，信頼関係がないと訪問を拒否されることもあり，また家族の妨害にあうこともある。もちろん，強引に立ち入ることはできないし，いったんは引き下がることになるが，最終的には決断が必要な場合もあろう。

※ 財産の調査と貸金庫の開庫
　財産の調査のうえで，貸金庫の開庫は，重要な事務である。貸金庫の開庫にはさまざまな手続きが必要であるし，本人との関係も難しい。もちろん，後見監督人がいる場合は，その立会いが必要となる。特に，後見人としては，貸金庫や自宅の金庫に本人の現金を保管しておくことはやってはならないことであり，したがって貸金庫の内容物の調査は怠ってはならない。

(3) 通帳等財産の引渡し

後見人は，財産の管理を内容とすることから，本人の通帳や各種書類等を預かり管理している人あるいは本人から，これらの証書等の引渡しを受けることになる。

しかし，親族や本人自身が，これらの通帳等を後見人に引き渡すことを拒否することも少なくない。かかる場合の対処方法であるが，まずは説得，そ

れでも応じない場合にあっては（本人との信頼関係の確保のため）本人に損害をもたらすおそれが少ないものは場合によってはこれを容認し，親族の場合で本人に損害が生じるときには強硬な手段（預金口座の解約，年金振込口座の変更手続きなど）を考えることになる。解決が困難なものは，後見監督人や家庭裁判所と協議し，解決を図ることになる。

(4) 　金融機関への届出等

届出が必要な金融機関等としては，❶銀行（郵便局），❷証券会社，❸生命保険会社（年金型保険等の受け取りも含む），❹損害保険会社など。かかる金融機関等からの郵便物の受取り先についても変更をしておくことが求められよう。

(5) 　行政機関等への届出

同じく届出が必要な行政機関等扱いの制度としては，①健康保険，②介護保険，③公的年金，④共済保険，⑤固定資産税や住民税など。市区町村や年金機構，共済組合への届出が必要になる。

(6) 　郵便物の転居届と開披

郵便局に対し本人（成年被後見人）の郵便物をすべて後見人宅に転送することは可能かとの問題がある。

まず，本人が施設に入所し自宅にいない場合や長期の入院を余儀なくされる場合は，本人の居所への郵便物の転居届を考えなければならない。問題は，本人が自宅に住んでいるが，郵便物の収受等の手続きが難しい場合の後見人宅への転送である。この場合にあっては，郵便法により後見人宅に転送することはできない。本人の住所または居所に限られているからである（郵便法35条）。

次に，本人あての郵便物の開披である。郵便物の開披は，後見人の本来業務ではない。もちろん，後見事務に関係のない本人あての親書を後見人が開披することはできない。しかし，郵便物の中には，当然後見事務に必要な通知の封書等も含まれているのであるからこれを開披することになるであろうが，本人に意思能力がある限りは，本人に確認させたうえで開披すべきである。

4．家庭裁判所への報告（受任直後の報告）

後見人は，速やかに財産調査等を行い，本人の財産の目録と年間の収支計画（後見計画）等を家庭裁判所に報告しなければならない。

(1) 財産目録

財産目録は，受任直後の調査で判明した財産について，家庭裁判所から送付される目録様式に従って作成することになる。後見人は，財産目録の作成が終わるまでは，急迫の必要がある行為のみをする権限を有することになるので（民法854条），この財産目録の作成提出は後見人にとって大事なことである。このことを念頭に置いて正確にしかも迅速に行うということになる。

(2) 後見計画（収支予定表）の作成提出

成年後見制度では，後見人が後見事務を行うために必要な費用は，被後見人の財産の中から支弁するとされている。このため，後見人は，その就任の初めにおいて，被後見人の生活，教育又は療養看護及び財産の管理のために毎年支出すべき金額を予定しなければならないとされている（民法861条1項）。この年間の収支予定表は，「後見計画」とも称され，その後に財産の変動（得失）や支出の増減によって大きく変わる場合は，後見計画の変更を考えることになる。

❀ 市民後見人のアドバイス

── 「不用品の処分」──

被保佐人である軽度知的障害のあるＣさんの自宅を訪問。

自宅には10年以上前に亡くなられた父親と老人ホームに入所中の母親の衣類，布団，マットレス等が幾つもの部屋を占領している状態にあった。Ｃさん自身の古い衣服や荷物も多く，各部屋は荷物に埋まる状況だった。

またヘルパーの方がごみの処分をしていたため，Ｃさんはヘルパーの方が来宅しない日のごみが玄関に置いてあっても気にならない様子であった。

　そこで私保佐人は，本人にこのような生活を改めさせることが必要と考え，本人と家の一番近くにあるダストボックスに行き，ゴミを捨てることを教えた。また，ゴミの分別を絵にかいて台所に貼り，ヘルパーの方の来ない日には自分で捨てるよう促した。そして，訪問日を本人がごみ出しする日に行くようにして，ごみ捨てを確認した。また時間を掛けて，一緒に処分する荷物の選別を訪問時に行うように働きかけた。

　初めは処分することを嫌がっていたが，部屋が片付くようになると心地良いことが分かり，嫌がらなくなった。次に，明らかに不要なものと思われるものについては，処分する物を本人とともに袋に入れて空き部屋にまとめ，業者に処分を依頼し，１ｔトラックで２回運んでもらった。費用は４万円であった。

　他人にとっては処分すべきものと判断されるものでも当事者にとっては大事な思いが込められているものもある。後見人（保佐人）として，どこまでかかる事務にかかわることができるか，問題もあろうが，健康でごく普通の生活を送らせるための生活の支援は不可欠であると考えてやらせてもらった。本件では，本人の意思が確認できるので，かかる事務処理ができたと言える。無理強いせずに後見人との信頼関係を築くことで，生活を共に見直すことが大切だということを学んだ。

第3　就任中の後見実務（主な内容）

1．見守り行為

(1)　見守りは善管注意義務の現れ

後見人の基礎的義務は，本人をまず見守ることである。

法は，「成年被後見人の意思を尊重し，かつ，その心身の状態及び生活の状況に配慮しなければならない」と定めている（民法858条，任意後見6条）。

そのために，任意後見契約に当たっては，「その事務遂行のため，月1回程度を基準にして甲（本人）と面接し，ヘルパーその他日常生活援助者から甲の生活状況につき報告を求め，主治医その他医療関係者から甲の心身の状態につき説明を受けるなどにより，甲の生活状況及び健康状態の把握に努めるものとする」という条項を定め，これを実践させている。

任意後見人や成年後見人の見守り行為については，すでに触れてはいるが，さらに後述の任意後見受任者による「継続的見守り契約」を参照されたい。

(2)　後見監督人の見守り義務

後見監督人は，本人を見守ることは必要なく，後見人を監督するだけでよいというものではない。後見人を監督する立場からは，当然本人と面接し，あるいは自宅等居所を訪問し，後見事務が適正に行われているかを確認する必要がある。

家庭裁判所によっては，後見監督人に対し本人との面接を行うことを指導しているところもあるという。

2．後見人の不動産管理処分等と注意点

居住用不動産の管理については，本人が単身あるいは高齢の配偶者と居住している場合，本人（配偶者を含め）が，自立したごく普通の生活ができるよう，安心できる安全な住まい方（生活とその居住空間）を確保することに，成年後見人の事務は向けられよう。この住まい方は，要は，本人のための安

全確保や快適生活のための工夫であり，これら安全確保等は，必要な修繕のほかにも居室のバリアフリー化や手すりの設置などの内部的な安全確保のほかに，外部からの立ち入りに関する安全確保も考えなければならないということになる。なお，「住まい方」については，第8章・第7「本人の住まい方と後見人の職務」を参照。

ここで説明する不動産の管理処分の事務は，成年後見人のみならず，任意後見人にあっても，限定されていない限りこれを担うものである。この事務は一般には負担が重いが，すべての不動産についての管理保全，必要な処分のため適正に事務処理を行うことになる。

(1) **居住用不動産である自宅等の管理**

(a) 不動産は，一般に居住用不動産（自宅として使用している土地建物）と，賃貸用不動産（利益を得るため運用している土地建物）に分類されよう。もちろん，このほかに農地や山林，原野その他利用していない土地，建物もあろう。

しかし，事務の中心は，居住用不動産と賃貸用不動産であり，特に本人が高齢者の場合には，前者の管理についてはさまざまな注意とそのための手配が必要となろう。

本人が居住している土地建物が本人や家族所有の場合の管理は，管理能力のある同居人がいる場合などはそれほど難しい問題は生じないであろう。

(b) 問題になるのは，本人が単身居住（これに準ずる「老老世帯」「老障世帯」をも含む）している場合と賃借物件に居住している場合の，成年後見人や任意後見人の事務である。

本人の意思や家族の考えなどを聞いて，事務処理することになる。

賃借物件が土地付き建物（借地で，その敷地に自宅を所有しているもの）の場合もあろうし，建物，あるいはその一部分（アパートやマンション）を賃借している場合もあろう。後見人としては，これら賃借している家屋等について本人が契約に違反することなく継続して住み続けられるよう，賃料の支払いをはじめ各種賃貸借契約上の義務を代わって履行し，あるいはこれを支

援することになる。そのためには，本人に義務違反がないよう見守りを行って必要な手配をすることになる。地代や家賃については，自動振替手続きを利用し，また定期的に賃借物件の使用状況を確認して，修繕等の必要があれば賃貸人と協議し必要な処置を求めることになろう。

> ❈ **市民後見人のアドバイス**
> ―「庭木の剪定とガレージ撤去」―
>
> 　保佐人が就いたところ，近隣の方々から庭木の伐採等の申入れがあった。
> 　隣家からは被保佐人のFさん宅の庭木が隣家に伸びて侵入しているので伐採してほしいという申し入れが，隣接する保育園からはFさん宅のガレージが老朽化し屋根のトタンが固定されておらず，強風時に破損し通園児の怪我につながらないかを心配しているという話であった。これまでは，他人の所有物に勝手に触れたりすることはできないため，その都度警察に連絡し，トタンを針金等で固定してもらっていたとの説明を受けた。
> 　近隣とのトラブルを避けるため，早急に業者に依頼し，庭木伐採と草取り，ガレージ撤去を行ったところ，近隣の方々も安心したとのことであった。費用はそれぞれ40,000円であったが，業者選定は代金に大きな開きがあるので，数社から見積もりを取り，作業内容を考え適正価格でしっかりした業者に依頼することが鉄則と言える。
> 　なお，ガレージなど建物の附属建造物等の撤去等は，家庭裁判所への相談は大事である。

(2) **居住用不動産の処分**

　次に，居住用不動産，すなわち本人の住まいの処分である。なお，処分といっても，換価処分だけではない。

　(a) 居住用不動産，とりわけ自己所有の自宅は，本人の財産の最後の砦で

ある。しかし，これを処分しなければならないこともある。老人ホームや施設入所の入所一時金や毎月の入所費用，あるいは介護療養型医療施設の介護入院費用等を捻出する必要から，本人名義の不動産を処分することも当然あり得る。これは，成年後見人のみならず，任意後見人の事務の中でも，かなり負担が重くかつ難しい事務と言えよう。

(b) 法定後見の場合は，居住用不動産の処分等については，家庭裁判所の許可が必要である（民法859条の3）。

居住用不動産が，借地権つきの家屋，あるいは賃貸アパートやマンションという場合もあるが，許可が必要であることに例外はない。自宅建物を収去したあとの更地を売却，賃貸借契約の解除，担保権の設定（リバースモーゲージ※の利用），第三者への使用貸借など，許可を受ける処分行為はさまざまである。

任意後見の場合，家庭裁判所の許可は不要であるし，また代理権の行使が制限されていない限り，誰の同意や承認も不要である。なお，特約事項の定めがあるものについては，次に述べる。

※ 「リバースモーゲージ」
　高齢者等が持ち家（土地・建物）を担保に，自治体や金融機関から生活資金の融資を受け，死亡した場合には担保となっていた土地建物を売却して借入金を一括返済する制度のことである。預貯金が少なくても，持ち家を活用することで老後資金を調達することができるというものである。
　東京都の場合は，「不動産担保型生活資金」制度との名称で，社会福祉法人東京都社会福祉協議会が，区市町村社会福祉協議会を窓口として実施している。この制度は，自己所有の不動産（土地・建物）に，将来にわたって住み続けることを希望する低所得の高齢者世帯に対し，その不動産を担保として生活資金を貸し付ける制度である。

(3) **不動産の処分と任意後見監督人等の同意（任意後見の場合）**

任意後見の場合は，本人の居住用不動産を処分する場合でも，法定後見の場合と異なり，上記のような家庭裁判所の許可も不要とされている。しかし，任意後見人がすべて自由にできるかというと，もちろん制限されている場合がある。

その1は，「代理権を付与する事項（訴訟行為に関する事項を除く。）の全部

又は一部について，数人の任意後見人が共同して代理権を行使すべき旨の特約が付されている」，すなわち共同代理の場合である。複数の任意後見人について，共同代理の定めがなされている場合は，一人の任意後見人だけではいかなる処分行為もできず共同で行うべき事項となる。

その2は，契約の中で，「代理権を付与する事項（任意後見受任者が弁護士である場合には，訴訟行為に関する事項を除く。）の全部又は一部について，本人又は第三者の同意（承認）を要する旨の特約が付されているとき」である（文例1・2及び3参照）。

(a) その2について，さらに説明する。

実務的には，「本人の同意」を特約にすることはないように思われるが，特定の事項（例えば，不動産の取得や処分など）につき，第三者の同意（承認）を要するとし，この「第三者の同意（承認）」を「特約目録」に付することがかなり多いのではなかろうか。筆者の場合は，ほとんどの任意後見契約において，この特約を約定の中に盛り込むようにしている。そして，同意（承認）権を有する第三者には，本人の考えをも聞き，多くは「任意後見監督人」を選任している。これは家庭裁判所が選任する公正公平な専門家でかつ任意後見人を監督する立場にあるということから最適任と考えられるからである。

(b) かかる特約目録のない場合に，「任意後見監督人の同意も不要」という説明がなされている解説書もあり，確かにそれは間違いではない。しかし，法定後見にあっては，居住用不動産（敷地に関する敷地権）の処分等（売却だけでなく，賃貸，抵当権の設定，譲渡担保，質権設定や賃貸家屋の契約解除等も含む）については，本人の心身の状況や生活状況に悪影響を及ぼすことが大きいことから家庭裁判所の許可が必要であるとされているところであり，その背景事情は，任意後見にあっても異なることはない。また，任意後見人の権限乱用を防止する必要性が強く訴えられているこの制度で，任意後見人を監督する立場の任意後見監督人を活用せずに，すべてを任意後見人に任せるのは任意後見監督人制度を設けた趣旨を没却するのではないかと考えている。したがって，不動産の取得や処分など重要な委任事項について，任意後見人

の一存でできるとの契約は，成年後見制度の中ではいささか均衡がとれないのではないかという気がしてならない。

そこで，任意後見人が，居住用不動産をも含め不動産及び借地権の取得や処分について任意後見監督人と協議し，その意見を尊重することは，任意後見人が負う善管注意義務の内容となると考えている。

(4) 居住用不動産の取得及び保存

居住用不動産の取得も，成年後見人や任意後見人の職務の中では，重要な事務である。

居住用不動産の取得等といっても，2形態がある。その1は，自宅の新築をも含む，新しい本人所有の住宅を取得すること，その2は，賃貸用不動産（マンションやアパート等）の賃借（賃貸借契約）である。

前者の新しい本人所有の自宅の取得についての事務処理は，それほど多くはないであろうが，本人が現在の一戸建ての自宅での生活が困難になった場合に，例えば，新たに親族である任意後見人（任意後見受任者）との二世帯住宅を建築しその介護を受けながら生活するとか，あるいは他にマンションを購入して居住する場合に考えられる事務処理である。この後見事務の中で，上記のように，二世帯住宅を建築する場合や同居する子や孫のために増築することが考えられるが，本人利用部分は本人費用負担で建築等ができるものの，他の部分は本人に負担させることができるかどうか難しい問題が残る。一般には，本人の退院等の見込みがないにもかかわらず引取りを理由にした後見人や親族の自宅改築費の支出はできないと考えられているうえ，増改築する建物の所有権（登記）の問題もあるので，慎重な対応が必要となる。

本人に自己所有の自宅がない場合は，住まいを賃借するということになるが，高齢者の場合，家屋の賃借についてはかなり難しく賃貸借契約の締結のみならず，契約の更新もままならなくなっているのが実情である。この場合は，高齢者用の住宅等を探し出し，その賃貸借契約をすることもあろう。

最後に保存であるが，これを後見人が担当することは少ないであろうが，例えば，未登記の建物の保存登記手続きが考えられる。また相談があるのは，

土地建物の相続にかかる登記手続きである。これは，後記の遺産分割協議や，遺留分減殺請求の関係で，発生する事務となる。

(5) **居住用以外の不動産の取得と処分**

(a) **居住用以外の不動産の処分等**

不動産には，居住用不動産以外に，賃貸している土地建物（賃貸用不動産），利用していない土地建物，自ら耕作している農地や植林している山林，あるいは放置されている原野等があろう。後見人としては，賃貸用不動産については賃貸借契約に従い，その契約内容及び関係法規に沿って事務を処理することになるが，不動産にかかる賃貸借契約は，さまざまな形態があるほか法規制も複雑であるので，後見人としてはどんな契約なのか，まず当該契約書の内容をよく確認し，これに対応する必要がある。

なお，任意後見人の場合（保佐人や補助人の場合も）であるが，賃貸用不動産以外の農地や山林等については，できればあらかじめ本人の意思を確認しておき，その意思に従った事務処理が求められよう。そのために，かかる不動産の管理や処分についての考えを盛り込んだ，「いざという時の意思表示」（ライフプラン）の作成確認は必要と言える。これらの不動産については，本人の思いや考え方（もしかすると「遺言」があること）もあるので，処分が必要な場合は，その「いざという時の意思表示」に従って処分するのが任意後見人の責務と考えて，対応すべきものと考える。

(b) **居住用以外の不動産の取得**

居住用以外の不動産の取得について，後見人が関与することは多くはない。例外的にあり得るのは，本人や家族の収入源になっているアパートの建て替えや本人所有建物の敷地の借地権の取得（等価交換等の契約）などが挙げられよう。

この場合は，成年後見人にあっては家庭裁判所と打ち合わせ，任意後見人にあっては任意後見監督人と協議し事務処理することになろう。ただし，成年後見人の場合にあっては，かなりハードルが高い事務処理であると聞いている。

3．金融機関との取引

(1) 金融機関，郵便局との預貯金取引の開始

後見事務を開始するに当たって，まず大事なのは，金融機関への届出である。銀行など金融機関の実務では，取引の当初に，各金融機関ごとに，「成年後見制度に関する届出書」を提出する取扱いになっている。この金融機関への届出がないと，成年後見人や任意後見人として，預貯金の払戻しや解約などの財産管理等の後見事務を行うことができない。

銀行協会が発出した，平成17年9月15日付け「成年後見制度に関する届出書の一部改正等について」は，この届出に関する基本的ルールを定めたものと言えるが，もちろんそれぞれの具体的な扱いは各金融機関によって異なる定めをしているようである。かつて，この届出書には，さまざまな書類等の提出を要求されていたが，その後一部改められた。

(2) 預貯金取引の在り方など

(a) 口座の一本化と口座振替の活用

成年後見人や任意後見人の事務の繁雑を避けるためには，運用する預貯金口座は一本化するのがよいと言われている。それは，一つの口座を確認することにより，後見事務にかかる金銭の入出金が分かり，可視化が図れるというのである。ただし，本人に遺言がある場合には慎重を要する。

次に，後見事務においては，定期的に支払わなければならないさまざまな費用や経費があり，これらにつき個別に支払いをしたり振込送金を行う労力と時間を考えた場合，できる限り口座振替を活用すべきはもちろんである。

(b) 高額預貯金の口座の分離と口座名義

前項で預貯金口座の一本化を説明したが，すべての預貯金についてこれを行う必要はない。当座の必要経費等を考えても，全く手を付けなくてもよい高額の預貯金もあろう。かかる預貯金については，後見制度（後見類型）では後見制度支援信託制度が使われているが，それ以外の類型でも，むしろ分離して定期預金等にし，原則手を付けない口座とすべきであろう。

(c) 小口現金とICカードの活用

　任意後見人は，後見事務を行ううえで，小口現金を手元に置く必要がある。この小口現金の入金及び出金についても，会計帳簿（金銭出納帳）の作成と領収証の入手保管が義務付けられる。ところで，実際に後見事務を行うと，領収証の入手ができないことがあり，また交通費（電車賃やバス代など）のようにその都度記録できないこともあって，困っているという話を聞く。しかし，最近は交通機関等については，乗車券や電子マネー等として利用できるICカードがあり，その利用履歴（利用の日付，入場駅・出場駅，運賃などの記録や電子マネーとして物品購入した記録）について駅の自動券売機やカード発売機で印字が可能となっているのである。任意後見人としては，後見事務専用のICカードを入手してこれを活用し，利用履歴を印字して会計に関する証票として利用すれば，上記のような問題はかなり解決できよう。

(3) **証券会社等との金融商品取引**

　証券会社等との金融取引，中でも投資信託等金融商品の運用は，後見人（任意後見人）の職務に入るのかとの質問を受けることがある。任意後見人を含む成年後見人の職務は，本人の財産を管理運用するといっても，本人にとって最善の利益を享受するための支援に必要な手配をすることであるから，金融取引についても，その制度上自ずと限界があり，成年後見人にあっては，これはできないとされているのが実情と言えよう。

　しかし，任意後見の場合にあっては，本人からの具体的な委任（強い意思）があれば，証券会社等との金融取引が全くできないというものでもないと言えよう[※]。ただし，現在取引している取引内容が余りにもリスクが高いと考えられる商品であれば，安全性の高い有価証券や定期預金に変更することはできようが，反対にいくら儲けが見込まれるといってもリスクの高いものに切り替えるなどの新たな運用はできないと考える。

※　「成年後見人の商品取引」
　　「投資」はだめだが「利殖」はよい，という考え方がある。しかし，実務での考え方は違うようである。成年後見人は，法定代理人であり，民法の代理の規定（民法103条

が適用になるといい，保存行為等に限るという考え方であるが，後見人が，同法条でいう「権限の定めのない代理人」なのか，「利用」はどの範囲までなのかという解釈の問題も残ろう。

なお，「元本割れのリスクを伴う金融商品を購入するなど，財産を投機的に運用すること」は，原則禁止される。

(4) 任意後見監督人・後見監督人に対する報告

任意後見契約にあっては，「任意後見人は，任意後見監督人に対し，3か月ごとに，本件後見事務に関する(1)乙（任意後見人）の管理する甲（本人）の財産の管理状況及び甲の身上監護につき行った措置，(2)費用の支出及び使用状況及び報酬の収受について書面で報告する」とし，報告義務を課し，これに従って報告することになる。成年後見人の場合も，後見監督人に対して，同様に報告することになるが，多くは，3か月ないし4か月ごとに，主な出来事の報告書と預貯金の残高証明（預金通帳の写し）の提出を求められている。後見監督人を経験された専門職の言によれば，家族後見人の場合，これが順守されず催告されることがよくあるという。

成年後見人による成年後見監督人に対する報告についても同様である。

4．金銭の給付に伴う問題

(1) 支出の管理

成年後見人は，被後見人に関する後見計画を立て，その計画に沿った事務処理が必要になる。その中で，やはり金銭の管理，金銭の支出管理は重要である。後見人が本人の親族であったとしても被後見人の財産を自己のものと同じようには管理はできず，善良な管理者としての注意義務をもって明確に分別管理をしなければならない。

後見人は，事務処理の中で本人の財産を管理し必要な処分（支出や給付）をする。その処分の中の支出等には本人の生活を護る支出もあろうが，それだけには限らない。本人の生活の支援や療養看護に直接結びつかないのではないかと考えられる支出等もあるので，いくつか掲げてみる。

① 本人の過度な遊興費や長期の旅行の費用（付添人費用を含む）

② 自動車の購入代（主に家族が使用するもの）
③ 親族のために不動産を借りてやること（住まいや駐車場など）
④ 親族への融資
⑤ 親族の葬儀費用
⑥ 親族への教育資金等の提供
⑦ その他の社会的儀礼の支出
⑧ 保証債務の弁済

　これらは，一見して支出はできない，あるいはできるという判断ができそうであるが，実際本人の意思や思い，本人を取り巻く環境，その他背景事情から一律に適否を決められない場合が多いと言えよう。個々にその必要性や相当性を判断して処理すべき事柄だからである。本人の思いが特に親族に向いていて従前同様の慶弔費を支出することを望んでいる場合や，本人の記したノートにのこされた孫等への各種祝い金（入学金等）の額が多少多くとも相当性の範囲ならこれを叶えることも後見人の職務の範囲ではなかろうかと考えている。

　特に，上記④の関係である。被後見人の金融資産から親族の事業に融資することは，被後見人の財産を減少させるおそれがあることから，原則として後見人の事務としては認められないが，例外は全くないとは言えないようである。創業者である本人が，その事業を子に移譲した場合において，その事業の収益が一家の生活の基盤になっているときである。かかる背景事情にあっては，被後見人の生活のために事業の継続が必要である場合は，被後見人からの融資も可能と考えるべきである。貸付金債権の放棄も同様である。要は，社会常識的な見地から融資等の相当性が認められることが前提となろう。

　このような場合は，成年後見人は家庭裁判所と，任意後見人にあっては任意後見監督人と，それぞれ協議して事務処理することになろう。

(2) 扶養義務者（介護する家族等）への生活費等の支払い

　成年後見人は，それが被後見人の親族であったとしても被後見人の財産を

その配偶者や子に対して贈与したり貸し付けたりすることは原則として認められない。このことは，任意後見人においても同様である。

それが本人が扶養している親族の場合はどうかであるが，一般に扶養義務のある配偶者や就学中の子らの必要な生活費や学費（同人らに収入のある場合は必要生活費の不足分）を本人の金融資産から支払うことは，それが義務の履行であれば許容される場合もあろう。

(3) 親族への各種費用の支払い

本人の金融資産で，親族にかかわる事柄につき支出をする場合の問題は，上記(1)で掲げたとおりである。ここでは，しばしば問題になる，親族への交通費等の支出を考えてみる。

本人が施設に入所しあるいは単身で居住している場合などに，親族が定期的に本人を訪問し，本人の身の回りの世話や話し相手をつとめることがある。かかる親族への，例えば交通費や宿泊代などを，成年後見人や任意後見人として本人の金融資産から支払えるかという問題である。

当該親族の善意から訪問している場合もあろうし，また本人が要望して来てもらっていることもあろう。後者の場合はこれを支払い，前者の場合は支払わないとの考え方もできようが，区別する必要性はないようにも思える。要は，親族の訪問が，本人の身上監護等にとってプラスになっているか否かが基準になるのではないかと考える。もちろん，本人が要請したり，あるいは「いざという時の意思表示」の中で，親族の訪問があった場合には，交通費やその他実費を支払うことを表明している場合は，これに従うべきであろう。

❋ 市民後見人の声

―「お金の管理」―

　自分なりの意思・主張を持つ本人の場合，お金の管理をどうするかは大きな問題である。

　長年，収入を自由に使ってきたのに他人に管理されることは窮屈なことであり，なかなか理解が得られない。「支援は受けたいが管理はされたくない」との思いが見え隠れする。

　お金の管理では本人だけでなく，子の後見申立てを行った親が通帳・カードを手放さない例も多々見られる。さまざまな申請事務等を行うように連絡はしてきても，通帳は渡さないと公言する親もいる。報酬だけでなく後見活動に伴う交通費・切手・印紙等の後見事務費等の支払いを拒否されることもある。

❋ 市民後見人のアドバイス

―「生命保険の整理について」―

　Cさんは，軽度知的障害を有する63歳の男性。在宅でデイサービスに通い，週5日，夕飯作り・掃除のホームヘルプサービスを受けている。

　Cさんは以前，自宅にて母親と二人暮らしであったが母親は認知症が進み，特別養護老人ホームに入所した。一人暮らしとなり，通所しているデイサービス職員がCさんを心配し，本人による保佐の審判の申立てとなった。母親の支援はCさんの弟さんがみていたが，弟さんの奥さんも難病のため，「Cさんのことは第三者にお願いしたい」とのことであった。

両親との同居中は生活費を両親が賄っており，Ｃさんの将来を心配して年金月額65,000円から３口の生命保険に加入し，保険料合計は40,000円となっていた。母親と生活が分離したため，支出の見直しが急がれた。生命保険１口は２年後から受け取れる個人年金型保険だったので残すこととし，１口は解約，残りの１口は，死亡時受取金2,000万円を800万円に減額した。月の支払金は12,000円とした。

　保険はご両親の思いもあり，現在まで継続されてきたので不利益を被らないように慎重に調査した。被保佐人のみならず弟さんにも充分説明し，解約・継続・組み換えを実施した。

５．その他の特別な後見事務等

(1) 親族の死亡に伴う事務

　成年後見人には，被後見人本人の親族が死亡した場合にもさまざまな事務があり，適切にしかも迅速に対応することが求められる。

　死亡した者が被後見人の被相続人の場合は，次のような事務がある。

(a) 相続の承認と放棄

(b) 遺産分割協議

(c) 遺留分減殺請求

(d) 遺産の引渡しと保全管理

(e) 相続に伴う税の申告

などである。

　これらの事務は，専門的な知識が必要であり，選択を誤ってはならない事柄である。しかも，具体的な事実関係等が明確でない場合には，結論が出せないものや選択できないものが少なくないので，専門家のアドバイスを受け，さらに家庭裁判所に相談しながら迅速に対応しなければならない（相続の放棄は，相続を知ったときから３か月以内に放棄をしなければならない―民法915条１項）。

(2) その他の事務等

成年後見人は，被後見人から自筆証書遺言を預かることがある。この預かり保管行為は，後見人の事務になるが，問題は本人が死亡した場合の遺言書の検認手続きである。遺言の保管者や発見者は相続開始を知った後，遅滞なく家庭裁判所に提出して，その検認を請求しなければならないので（民法1004条1項），後見人（正しくは，成年後見人であった者）はこの検認手続きを行うことになる。しかし，この事務は，後見人としての事務処理ではない。遺言書の保管者としての義務である。

❊ 市民後見人の声

―「遺産相続について」―

被後見人は，重度の知的障害を有する施設に入所中のBさん（女性58歳）。家族は実家で生活する独身の妹さん2人と，結婚し他県で生活する弟さんの3人。

数年前に父親は他界。亡くなるまでの4年間は認知症を患い自宅介護を受けていた。

今回，被後見人の母親が急性白血病のため3か月間の入院治療後他界した。母親の遺産の内容は現金1,100万円と自宅（土地建物）の母の持分5分の1であった。

妹二人から，後見人である私に「両親を介護するため，正社員からパート職員となり日々の介護に当たった。姉Bさんは自身の年金で利用料も賄え，預金もあるので今回の相続は辞退してほしい」との申し入れがあった。

Bさんは終身施設に入所中であり自宅生活に戻ることは考えられない。自宅を相続する予定の妹は母親の自宅持分の5分の1を現金で支払う余裕がないとのことであった。そこで預金の5分の1の取り分は被後見人の権利であるので主張し，一方自宅の持分についてはこれまでの経緯を

> 考え，放棄したい（権利を主張しない）との上申を裁判所に行った。自宅持分の権利放棄は認められた。母親の相続は預金からBさんには250万円が分けられるとのことで遺産分割協議に応じることとした。

第4 特異な後見実務とその限界

1．住まいの選択と施設入所

(1) 住まいに関する本人の意思と後見の在り方

　自宅は，居住用不動産の処分の項で述べたように，本人にとっては最後の心の支えであることも少なくない。したがって，これを失うことは，人によっては自分自身が歩んできた歴史を否定されたと思うほど大きな影響がある。事情が許す限り自宅の処分を回避すべきであるが，ときにはこれを断行しなければならないこともあろう。

　その場合にあっても，本人のことを第一に考え，ぎりぎりまで説得に当たり，また次にケアをも考え，対処することになろう。

(2) これからの自宅としての「住まい」の在り方

　高齢者にとっても，慣れ親しんできた自宅，自己所有の一戸建て住宅は最良の場所であろう。しかし，加齢に伴い，段差のないバリアフリー化された住宅や移動しやすいエレベーターつきの住まいが求められるようになり，また介護や各種生活支援が必要となることからこれらのサービスが付帯された住まいが要望されるようになっている。このようなこともあって，一戸建て住宅から集合住宅（マンション）への住まい替え，さらには介護付き賃貸住宅やホームへの移転が現に実践されているのである。

　しかし，後見人には，本人の住まいの指定の権限はない。

(3) 住まいとしてのホーム（施設）の選択

　このことに関しては，第8章・第7「施設・ホームの選び方」（本書340

ページ参照）で説明してある。

　福祉サービス利用契約の中でも，施設入所契約は，本人の生活の本拠を変えることになるため，特に慎重な対応を必要とする。

　なお，この場合，本人に親族等がいないときに，施設入所契約と「身元保証」が問題になる。これは，成年後見人も任意後見人の場合も同じであるが，一般論として，後見人は本人の身元保証人にはなるべきではない。この問題の解決の方法の一つには，死後事務委任契約と施設退所時の費用等の金銭の信託という方法がある。

　信託については，第7章参照。

❀ 市民後見人のアドバイス
―「入居施設の移動について」―

　前後見人が病気のため辞任し，後任として私が選任された。本人は93歳で，住宅型有料老人ホームに入居していた。利用料は月額24万円だが，年金は月額20万円である。

　日中はホームが経営するデイサービスを週2回利用していたが，本人の預貯金が50万円を切っていることから，デイサービス利用を中止した。また収入で賄える施設への移動を検討する必要があると認められたことから，このことをホーム側に通告した。ホームとの話し合いをしたところ，利用料の数万円の値下げを示されたが，条件として　①毎月の通帳の写しの提出　②死亡時未払い分の精算として，残余の預金全額を給付してほしいというものであった。結局，このような条件には応じられないので，グループホームへの転所となった。なお，利用料の値下げを補うためか，ホーム側で，そのような事実がないのに，ホームドクターに対して「後見人からアリセプト（認知症の薬）の処方を中止してほしいとの要望が出ている」とFAXをしたことが信頼関係を決定的に損ない，転所を決める一因となった。

> 　住み慣れた場所を変えることはリスクを伴うが，収入に見合った施設選定を基本と考え決定した。転所後はすべての費用を含めて利用料は14万円程度となった。
> 　高齢者の場合に健康管理上，医療費は欠かせない。入院を余儀なくされる場合，医療費はさほどかからないが，差額ベッド・入院セット（寝間着・タオル等1日1,200ないし2,000円程度）が必要となる。亡くなられた場合，引き取る親族がいない場合に行政にお願いするが，A市にお願いする場合は20万円を納めることになっている。看取りの費用も当然準備しておかなければならない。

2．介護福祉サービスの利用

(1) 介護契約等福祉サービス利用契約の締結

　成年後見人や任意後見人は，「その事務処理のため，本人と面接し，しかもヘルパーその他日常生活援助者から本人の生活状況につき報告を求め，主治医その他医療関係者から本人の心身の状態につき説明を受けるなどにより，その生活状況及び健康状態の把握等」に努め，本人に必要な福祉サービス利用契約（介護サービス，配食サービス，施設入所契約）等の締結など，見守り事務と健康管理維持等の支援活動を行う必要がある。この福祉サービス利用契約の締結及び変更や費用の支払いは，後見人が行う身上監護に関する事務の中心的なものである。

(2) 契約締結の留意点

　この場合の具体的な施設の選択や介護サービス等の内容であるが，本人の意思を最大限反映させる必要があるのはもちろんである。このため，任意後見の場合，その契約の約定にあるように，任意後見人は，後見事務を処理するに当たって，本人が身上監護等に関する「いざという時の意思表示」やライフプランに関する書面を提出した場合はこれを本人の意思として尊重し，これに沿った内容の介護，福祉，医療その他のサービスが実現するように努

めることになる（参考文例2―第5条）。法定後見の場合も同様であるが，成年被後見人の多くはかかるライフプラン等を作成していないので，普段の本人の言動（本人作成の安心プランノートやメモ等）や周辺支援者の説明をもとに，本人の意思，考えを探り出す必要があろう。

3．医療行為の同意と医療

(1) 医療行為に関しての後見人としての在り方

医療契約や入院契約を締結し，入院費その他の医療費の支払いをすることは，後見人の職務となる。

問題は，本人が物事を正しく理解できていない場合における，医療行為に対しての後見人としての事務処理の在り方である。なお，医療行為の同意の問題は，次に述べる。

医療行為を受けるかどうかは，そもそも本人が選択すべきことであって，後見人の仕事ではない。しかし，後見人は，**身上監護の意思決定支援をも行う**という考え方をとれば，その支援をしないというのは後見人としてはいかがなものかということになる。例えば，本人が嫌がっているという理由で，本人のためにどうしても必要な医療行為を選択しないで放置することは，善管注意義務違反に問われることにならないかという問題でもある。医療行為に伴う痛み，治療音などに過剰に反応し，一切治療を拒否する言動をとる本人をどのように扱うべきか，後見人としてかなり悩ましいことではある。虫歯の治療や，インフルエンザの予防注射など，実際に苦労することがあろう。ここでは，こうすべきであるという結論は，申し上げることはできないが，無理強いして信頼関係を破壊してしまっては，元も子もない。

この悩みを解決するには，一つは本人の意思がはっきり文書等で残され，これを医師に確実に伝えられることが，解決策の一つと言える。かかる書面が，嫌がる本人を納得させる大きな支えになろう。

(2) 医療行為の同意

(a) 問題になるのは，後見人，中でも任意後見人の「**医療行為の同意**」で

ある。

　この医療行為の問題は，任意後見人の職務である医療契約や入院契約の締結という後見事務とは別である。一般に，個々の医療行為に同意するかしないかは本人しか有しない権利であるとされている。そこで，本人がその意思を表示できない場合に，成年後見人や任意後見人が本人に代わって同意することができるかという問題（さらには，任意後見人が本人から特定の医療行為について委任されていた場合はどうかという問題）があるが，立法担当者は成年後見人等の医療行為の同意を明確に否定している。

　しかし，この医療行為の同意の問題に関しては，近時，医療同意権を肯定する考え方もあり，その考えによれば，①「病的症状の医学的解明に必要な最小限の医的侵襲行為（触診，レントゲン検査，血液検査等）」，②「当該医療契約から当然予測される，危険性の少ない軽微な身体的侵襲（熱冷ましの注射，一般的な投薬，骨折の治療，傷の縫合等）」，③「健康診断および各種検診（重大な手術に匹敵するような危険性のある検査は除く）」，④「各種予防接種の受診（施設等で実施されるインフルエンザの予防注射等）」については，成年後見人（任意後見人）の医療行為の同意権を肯定する余地があるという。

　(b)　筆者は，任意後見人の医療行為の同意については，法定後見とは異なり，これが委任されていれば，広い範囲の同意権を認める余地があるのではないかと考えている。そのために提唱しているのが，巻末資料にある「いざという時の意思表示」（尊厳死宣言や終末医療に関する宣言）とこれを実現するための事務委任契約書作成の励行である。この種の宣言書は，本人の一方的な意思表示ではあるが，中には医療行為に関する同意等を代行する内容の事務委任もあり，これが公正証書等によって明確にされていれば，本人が望まない医療行為については延命処置も含め本人の意思として尊重されるべきものと考える。このことに関し，法制化がないという理由で消極的な考えもあるが，医師の間からも終末医療に関し本人は書面を残すべきであるという声も少なくない。

✻ 市民後見人の声
―「医療行為の同意と後見人の立場」―

　医師の無理解―"医療行為の同意は後見人の仕事と言う、つらい"
　被後見人が90歳の時に不正出血があり、大学病院を受診、結果子宮頸がんが見つかる。医師から子宮摘出手術をしたいと告げられた。後見人就任時、3人の弟妹に手紙を出したが、返事は誰からもなかった。
　医師からは再三親族から同意を取ってほしいと依頼され、病状・同意書の件を手紙で知らせたがやはり返事はなかった。市内の妹宅を探し出し訪問したところ、妹は脳梗塞で夫の介護を受けながら、デイサービスに通所している生活であった。妹夫妻と話をした結果、対処療法で様子を見てほしいとのこと。後日、その旨を医師に伝えたところ「このような状況を想定して、どうするべきかを考えるのが後見人ではないか」「患者にとって必要な手術をしないとは、見捨てるも同然だ」と迫られた。
　後見人には医療同意権がない旨を説明し、どうしても手術が必要であれば、先生の判断で行うか、先生が親族を説得してほしいと伝えた。結果、手術はせず対処療法となった。その後、経過観察と定期健診受診の継続を行い、現在95歳になったが、がんの進行は見られずグループホームで生活している。

第5 後見終了時の事務（実務）

1．成年後見の終了

(1) **法定後見**
(a) 絶対的な終了事由
① 本人の死亡
② 後見開始等の審判の取消し
(b) 後見人（任意後見人）に終了事由が生じたとき
① 後見人の死亡
② 辞任
③ 解任
④ 後見人に欠格事由が生じたとき（民法847条）

(2) **任意後見**
① 本人または任意後見人の死亡（民法653条1項）
② 後見，保佐，補助開始の審判（任意後見10条3項）
③ 任意後見人の解任（任意後見8条）
④ 本人及び任意後見人の破産（民法653条2号）
⑤ 任意後見契約の解除（任意後見9条2項）

（なお，任意後見には任意後見人の辞任はない。また，任意後見監督人選任後に，任意後見法4条1項3号の事由—任意後見監督人を選任できない欠格事由が生じたときでも，当然任意後見人の欠格事由とはならない。）

2．管理の計算事務と財産の引継ぎ（引渡し）

(a) 後見人は，成年後見人の任務が終了したときは，監督人がいる場合はその立会いを得て，2か月以内にその管理の計算（「後見の計算」）をする（なお，この期間は，家庭裁判所において伸長することができる）。

(b) 管理計算の報告は，家庭裁判所と相続人に対してである。

(c) 本人が死亡した場合は，財産や書類等を相続人に引き渡すことになる。ただし，この引渡しは，トラブルが起きるケースがある。遺言書で遺言執行人が指定されていればよいが，ない場合は，安易な引渡しは避けなければならない。多くの場合は，家庭裁判所の指示を仰ぐのが良い。

3．後見終了の登記と報告及び報酬付与の申立て

(1) 終了の登記

後見人は，本人が死亡した場合は，後見終了の登記をすることになる（後見登記8条1項）。

(2) 報告及び報酬付与の申立て

また，家庭裁判所に対し後見事務の報告をするに当たって報酬付与の申立てもすることになる。

4．被後見人死亡に伴う死後事務

(1) 応急処分と事務管理

後見人の職務は，被後見人が死亡すると終了する。

成年後見制度では，本人（被後見人）の死亡後にあっても，他に相続人がいないなどの理由で，成年後見人（正確には，成年後見人であった者）が処理しなければならない死後事務が数多くあるにもかかわらず，現行法では，成年後見人であった者には，この死後事務を処理するための権限がほとんど与えられていない。このため，成年後見人であった者としては，法的に許容されるものか否かについてさまざまな法解釈を試みながら，死後事務の処理を行っているという制度上の問題が生起している。

その法的根拠が，応急処分（民法874条，654条準用）と事務管理（民法697条）である。その考え方は，多くの解説書で触れているので参考にされたい。

(2) 葬儀及び火葬と埋葬

(a) 葬儀や埋葬の手続きは，後見人が行う事務ではない。あくまでも相続人が行うものである。この相続人がいない場合は，墓地，埋葬等に関する法

律に基づき，市区町村において遺体を引き取り，埋葬することになる（同法律9条）。

(b) このことは，任意後見契約が締結されていた場合でも，同じことが言える。本人に相続人がいなかったり，いてもこれを行う者が高齢でしかも認知症にり患していたり，障害を持つ者で本人の意思どおり死後事務を行うことが期待できなかったりする場合もあるので，任意後見契約のほかに，遺言書の作成，さらには死後事務委任契約の締結を検討してもらう必要がある。このことは，さらに後述する。

(c) しかし，後見人が関係者にいわゆる「泣きつかれて」事務処理を行うことも多いと聞いている。この場合の法的根拠が大事である。

(3) これら死後事務に対する準備

本人に相続人がいない，あるいはいても葬儀等の事務処理ができない場合，後見人は，後は誰かがやればよいという考えであってはならない。本人の尊厳を守ることは，後見人の責務であり，本人が死亡後，直ちに死後事務が親族等によって執り行われるようさまざまな調査と必要な手配をなすべきである。

❖ 市民後見人の声

—「法要」—

施設入所中の被後見人である重度知的障害者Dさん（男性62歳）が急性肺炎で急死された。Dさんには，同じく施設入所中の重度知的障害者である妹Eさんがいた。ほかに親族がいないので妹Eさんの後見人と市役所障害者支援課担当者，施設長の方と協力し，通夜・葬儀を執り行った。葬儀は施設の職員さんをはじめ，入所する仲間が大勢参加され温かなお別れ会が行われた。

遺骨は実家のあるF市内のお寺に合祀して頂いた。遺産は妹Eさんの後見人に引き継いだ。2年後，妹Eさんの後見人から電話があった。「裁

> 判官にDさんの三回忌の法要を行いたいと上申したところ認められた。ついては一緒に行きませんか」とのことだった。出席を告げ，当日後見人二人で法要を執り行い，墓参りをすることができた。
>
> 亡くなられたDさんも大変喜ばれたと思う。上申してくれた後見人の思いに感謝した。後見活動に血を通わせるとはこのようなことを言うのだと痛感した。

第 6 章

任意の財産管理契約と死後事務委任契約

第1 見守り委任契約

1．見守り委任契約の必要性

(1) 見守り義務

身上監護等の支援が必要な人は，誰かが見守りを行う必要がある。

後見人は，本人の身上監護及び財産の管理に関する事務を行うに当たっては，成年被後見人の意思を尊重し，かつ，その心身の状態及び生活の状況に配慮しなければならない立場にある（民法858条，任意後見6条）。

この規定を受け，任意後見契約の締結に当たっては，参考文例にあるように，「本件後見事務を遂行するに当たっては，本人の意思を尊重し，かつ，本人の身上に配慮するものとし，その事務遂行のため，月1回程度を基準にして本人と面接し，ヘルパーその他日常生活援助者から本人の生活状況につき報告を求め，主治医その他医療関係者から本人の心身の状態につき説明を受けるなどにより，本人の生活状況及び健康状態の把握に努めるものとする。」という条項を盛り込むことになっている（参考文例2―第4条）。

この本人と面接し，本人の生活状況及び健康状態の把握に努める義務は，当然成年後見人等も負担しているものである。

この義務は，一般には「見守り義務」といわれるものである。

(2) 見守り契約

任意後見契約を締結するに当たって，見守り義務に関し，別途委任契約として，受任者に見守り義務とこれに伴う一定の事務処理をすることを定めることがある。多くは，第三者後見人の場合である。この契約は，「継続的見守り契約」といわれ，準委任的な事務も含まれる委任及び準委任契約である（文例4参照）。

この契約は，同居等の親族がなく，また近隣に見守る支援者等がいない独居生活をしている委任者（本人）について，任意後見契約につき任意後見監督人が選任されるまでの間，あるいは任意の財産管理委任契約が発効するま

での間に，本人と面接し，生活状況及び健康状態を把握する必要がある場合に締結される。なお，家族が任意後見契約を締結する場合は，かかる見守り委任契約を結ぶことはない。

第三者後見人がかかる契約を締結する必要性は，上記の理由や任意後見開始の申立ての必要性の把握からだけではない。前記の見守り義務を達成するには，当然本人の居宅や居所に立ち入る必要があり，場合によっては集合住宅等のキーを預かることも必要なこともあるからである。

2．見守り委任契約の内容

(1) 生活状況と健康状態の把握

この契約の目的は，当事者間の意思疎通を確保して，本人の生活状況や健康状態の把握ができる環境を確保することにあると言える。

それとともに，本人との面接等により，本人が契約等を含め自分のことを自分でできない状況にあると認めたときには，これを補完する手配等を講じる必要がある。そして，それが，精神上の障害により判断能力が不十分なことから自分のことを自分でできない場合は，任意後見受任者においては，任意後見監督人の選任の申立てを行う義務が発生し，その手続きを踏むことになる。

(2) 連絡作業と訪問

この委任契約の最も重要な要素は，本人の生活状況や健康状態を確認することである。

この本人のことを確認する事務は，定期的な連絡作業，中でも「訪問」が最も重要な作業である。連絡作業は，受任者による訪問のほかさまざまな方法があろう。例えば，①定期的に受任者から電話連絡をする，②委任者から定期的な電話連絡をさせる，③定期的に委任者をして受任者の事務所を訪問させる，④履行補助者をして訪問させる，などがある。この中の③の事務所を定期的に訪問させるのは，利点も考えられるが，本人の生活状況が見えないなど，電話連絡による連絡作業同様欠陥は大きい。

第三者後見人（市民後見人）は，いかなる場合も訪問を中心に据えるべきだと言える。本書文例も，電話による連絡作業ではなく，訪問を基本としている（文例4―第2条第1項参照）。

(3) **見守りと応急処置**

　この契約の受任者は，訪問や定期的な連絡を通じて，本人の健康状態や精神状況を確認し，後述の財産管理の事務を開始すべきか，あるいは別途締結する任意後見契約に関し家庭裁判所に対する任意後見監督人選任の請求をなすべきか否かを常に考慮し判断しなければならないと言える。

　特に，訪問等を通じて，本人が加療を要する傷病を負ったことを知ったときは，親族等への連絡を行い，親族がいない場合などにあっては，応急処置として受診・入院等の手配を行うことになる。

　一般の継続的見守り委任契約の場合は，多くの場合，この条項を組み込む場合が多い（文例4―第3条参照）。

(4) **見守りの期間（契約終了事由）**

　この契約の目的は，本人の生活状況や健康状態の把握できる環境を確保するとともに，受任者において次の行動を起こさなければならないと覚知することにある。

　したがって，委任期間は，一般には，契約と同時に発効し，契約の解除のほか，次の事由がある場合には終了することになる。

(a) 任意後見契約につき任意後見監督人が選任されたとき
(b) 合意により任意の財産管理委任契約を開始したとき
(c) 委任者本人が死亡しあるいは破産したとき
(d) 委任者本人が法定後見に付されたとき
(e) 受任者が死亡しまたは破産しあるいは成年後見に付されたとき
(f) その他契約条項に定めた事由（多くは，任意後見契約や財産管理委任契約が解除されたとき）が発生したとき

(5) **報酬等**

　市民後見人は，ボランティア活動（社会貢献型後見人）に徹するべきであ

るという考え方もあるが，筆者は，事務処理に対しては汗を流した分の相応の対価はあってしかるべきであると考えている。ある市民後見人の講座を担当し，受講生450人ほどに，自分自身が受任者に見守りのための訪問を受けた際の報酬として支払うのが相当な金額を尋ねたところ，最も多かったのが参考文例にある金額であった（文例4―第4条第1項）。報酬額は，当事者の合意によるが，もちろん決まった金額はない。

第2 任意の財産管理委任契約

本章で説明する財産管理委任契約は，委任者本人の身上監護や財産管理に関する委任契約であり，基本は，本人による本人のための契約である。この種の契約は，第三者である認知症の配偶者や知的障害を持つ子のためにする契約として登場することもある（民法537条）。あるいは，法定代理人が本人を代理し，本人のためにする契約もあろう。

1．財産管理と委任契約

(1) 任意の財産管理委任とは

財産管理委任契約は，判断能力の低下はないが，加齢や病気で，自分のことが自分でできない人のための支援や手配のための契約である。

本人の財産は本人が守るのが原則であり，その財産管理等ができずに散逸したり滅失することがあってはならない。このため第三者との契約によって財産管理や身上監護の手配を頼み，さらには保護が必要な家族のために同様の手配を委任することになる。

任意後見制度は，先に説明したとおり，将来，判断能力が不十分な状態になった場合に備えて，あらかじめ自らが選んだ任意後見人と契約をし，もし判断能力が低下した際には，家庭裁判所が選任する任意後見監督人の監督のもとに自分の財産管理や身上監護につき支援や必要な手配を受ける制度である。

しかし，人は，加齢に伴い，あるいは病気や怪我等によって，身体機能が低下しあるいは一次的に機能しなくなって，物事を自分で判断できても自分のことを自分ではできず，他人の支援・援助が必要となることがある。この場合も本人の財産管理にかかる支援制度は，当然必要であるが，我が国では特別の法は設けられておらず，一般法である民法に委ねられている（なお，この事務処理の中の財産管理は，次章で説明するように，家族信託によっても達成可能である。）。このように判断能力があっても，身体機能が低下するなどして財産管理のみならず自らの身上監護に関する事務処理が困難となっている高齢者などの支援や手配のために利用するのが，ここで説明する「任意の財産管埋委任契約」である。

(2) **財産管理委任契約の必要性について**

(a) 加齢による生活能力の低下

頭書に説明したように，判断能力の低下だけでなく，加齢などで，自分のことを自分でできない高齢者が増加している，そのような超高齢社会をむかえている。公証人として日々高齢者と接していると，判断能力の有無にかかわらず，誰かの手を借りないと生活をしては行けない立場の人が多いのに驚く。

現に，任意後見契約の相談のきっかけの多くは，任意後見そのものではなく，この身上監護を含む任意の財産管理委任契約の活用をしたいという本人や親族からの相談である。筆者の取り扱った事例も，専門職に持ち込まれる事案を除くと，親が加齢により金融機関に出向くことができない，また子供のいない叔父や叔母が入院しあるいは施設に入所して外出ができない，さらに委任状が書けないとか，身上監護の諸手続きができないという相談である。この悩み問題を解決するのが，身上監護と財産管理を内容とする任意の財産管理委任契約の利用である。

(b) 財産管理等委任契約の効用

この財産管理等委任契約は，その多くは任意後見契約と一体として契約（移行型任意後見契約）されている。しかも第三者後見人の場合のように別々

の公正証書を作成することもあるが，同時に任意後見契約と財産管理等委任契約の公正証書を作成することがほとんどである。

任意後見契約の項でも説明したように，老後の身上監護や財産管理の相談では，やはり認知症になる確率が高いことや，現に友人や近隣の認知症の人が人格破壊が進み，妄想や徘徊，廃用症状となっているのを見て，もしものときに備えようということからの相談は多い。本人は，自分は認知症になることはないと信じつつも，転倒などして頭部を打ち，万が一にでも，という思いから，契約に至る方も多い。

一方，任意の財産管理の受任者は，財産管理の事務を処理する中で，任意後見へ移行する時期を見定める役割を果たしていると考えられる。そして，任意後見監督人選任の申立てをした後，選任が長引いても，任意の財産管理が継続していれば安心という考えもある。このように，任意後見契約を締結するときは，任意の財産管理についても併せて契約しておくことが実際的だということである。

2．契約当事者

財産管理等委任契約の当事者は，原則，「委任者」と「受任者」である。後記のとおり，受任者は複数の場合や，個人だけでなく法人の場合もある。また，いまだ制度的に確立されているわけではないが，第三の当事者として「監督人」が登場することもある。

(1) **財産管理の委任者**

委任者は，委任事務を依頼する者である。委任者は，後見制度の恩恵を享受する当事者であり，任意後見契約同様，個人と言うことになる。

(a) 本人の判断能力

財産管理等委任契約は，委任者である本人と受任者との間の委任契約であり，本人に契約を締結できるだけの判断能力（意思能力）とともに，契約発効後の管理監督能力が必要になる。

この財産管理委任契約の締結に関する判断能力は，基本的には任意後見契

約の場合と同じ考え方になろう。ただし，財産管理等委任契約の場合は，任意後見契約と異なり，契約効力発効後監督人がいないので，委任者自身が監督する必要がある。したがって，公証人としては，移行型任意後見契約であれば別であるが，本人に契約締結能力があったとしても，契約発効後管理能力がない場合には手当を考える必要があろう。

(b) 補助相当あるいは保佐相当の診断が出ている場合の契約締結はどうかという問題である。

まず，一般に，補助類型程度の人が財産管理等委任契約を締結することは特段の事由がない限り可能であると言われている。では，保佐相当（判断能力が著しく不十分で，自己の財産を管理・処分するには，常に援助が必要な程度の者）の診断が出ている人の場合である。解説書を見ると，多くは財産管理等を委任し，監督することは無理であり，契約はできない，法定後見制度を利用して自ら保佐の申立てをし，家庭裁判所の監督のもとで財産管理を行う方が相当であるとの説明がなされている。しかし，このような場合でも，契約上監督人を付するか，監督人的立場の者を登場させることによって，その欠点は補える例もあるのではないかと考える[※]。

なお，この問題は，次章で述べる信託契約の場合も生起するが，信託の場合，信託監督人や受益者代理人を選任して受益者を護ることができるので解決はしやすいと言えよう。

(2) **受任者**

(a) **財産管理等受任者の資格**

受任者は，委任を受け事務処理する者である。この受任者については，誠実な信頼できる人を選任するのが鉄則と言える。

財産管理等の受任者は，任意後見人同様，法律上何らかの資格が必要とされているわけではない。個人でも法人でもよいし，養成が始まっている市民後見人でも就任は可能である。また，複数の財産管理等受任者を選任することも可能である。

これまでの相談事例の多くは，家族や親族，場合によっては友人，知人な

ど本人の身近にいる人に対する委任であるが，もちろん専門職後見人である弁護士・司法書士，税理士，行政書士や社会福祉士などに委任することもある。どのような人を財産管理等受任者に選任するかは，あくまでも本人の選択に任されているのである。資格は別として，本人を理解し，あるいは理解できて，本人のために適切に財産管理や身上監護の事務を誠実にしてくれる人が選任されるかどうかということになる。

(b) 法人の財産管理等受任者

財産管理等受任者は個人だけではなく，法人が受任することも可能である。法人後見を担っている社会貢献型の法人は，探せば必ず見つかる，そんな時代が間もなくこよう。なぜなら，それを目指している法人が増えつつあるからである。

この財産管理等を行う法人の資格には制限がない。実例をみると，社会福祉法人や財団法人，NPO法人などのほかに，営利を目的とする株式会社なども財産管理等受任者になって契約することも可能ではある。筆者が知る複数の社会福祉協議会では，すでに日常生活自立支援事業で「書類等の預かりサービス」や「日常の金銭管理サービス」を実施しているほか，任意後見契約の受任者となって財産管理や身上監護の事務を引き受けている。

(c) 入所施設やその関係者は財産管理等受任者になれるか

かつては，施設に入所する本人が身上監護等の支援を，身近な施設管理者から受けたいとの考えで，施設である法人やその関係者（事務長）を財産管理等受任者として，財産管理等委任契約を締結する事例もあった。

しかし，本人が入所している施設が法人として，あるいは施設の関係者が個人で財産管理等受任者となって委任契約を締結することは，最近では一般的に適切でないとして契約するのを再考してもらっている。入所施設が財産管理等受任者となることは，事務処理に当たって常に利益相反の関係に立ってしまうからである。例えば，施設利用費の変更や提供するサービスに関する契約など，施設が一方的に決めることはできないはずである。その都度公正公平な代理人を選任しなければならず，結局はそれをやらずに財産管理等

の事務に問題があっても入所者本人は苦情を言いにくく泣き寝入りしてしまうことが予想されるからである。しかも、このような場合には、監督者を設けるなど、財産管理等受任者を監督する機能を持たせることはほとんどあり得ないであろうから、財産管理等委任契約においては、任意後見契約以上に、利益相反的な立場の法人や個人に委任することは避けるべきである。

(3) **監督人**

この種の契約には、受任者を監視監督する者が必要な場合があろう。そこで、第三者の当事者として「監督人」を登場させて契約する場合もある[※]。かつては、この監督人が登場した財産管理等委任契約が締結されたこともあったが、最近は少なくなった。

この監督人の役割は、次のような監督業務を担うというものであるが、監督責任の負担が大きいのが隘路のようである。

(a) 受任者の事務を監督すること。
(b) 委任者に対し年1回、受任者の報告書提出状況を報告すること。
(c) 急迫の事情がある場合に、受任者の代理権の範囲内において、必要な処分をすること。
(d) 受任者と委任者との利益が相反する行為について、委任者を代理すること。
(e) 受任者の本件委任事務の処理が適切でないと判断するときは、これを指導すること。
(f) 前号の場合において、受任者の本件委任事務に改善がみられないとき、または受任者が本件委任事務を行い得ないと判断するときは、速やかに委任者に報告し、必要な措置をとること。

※ 公益社団法人成年後見センター・リーガルサポートの仕組み
　同法人では、会員が任意の財産管理委任契約を締結する場合、第三の当事者として監督業務を担ってきた。しかし、最近に至り、かかる仕組みの契約を取らず、会員(任意後見受任者、任意後見人)には、契約の中に「委任者は、受任者が次の事項につき下記法人に対して3か月に1度本件委任事務に関する会計帳簿及び事務遂行日誌並びに領収書等の写しを提出して報告し、その指導を受けることを承認する。報告する事項は、①

乙（受任者）の管理する甲（委任者）の財産の管理状況　②甲の身上監護につき行った措置　③費用の支出及び使用状況　④報酬の収受など」という条項を盛り込ませて，委任者の承諾を得て法人に報告させ，後見（財産管理）事務についてチェックする仕組みをとっている例も見かけるようになった。

3．任意の財産管理の特徴

(1) 本人が選択するスキームであり，責任も本人が持つ

　任意の財産管理と任意後見制度は，判断能力がある間に自分の意思で財産管理を委任する点は共通しているが，契約の方法，契約の効力が生じる時期，効力を生じさせる方法などの点で異なっている。任意後見制度の場合，任意後見法によって契約の締結は公正証書で行わなければならないとされており，契約の効力が生じる時期や効力を生じさせる手続，監督体制なども家庭裁判所が関与する形で定められている。

　一方，任意の財産管理は，民法の委任契約（民法643条以下）によるものであり，契約の内容はもちろんのこと，契約締結の方法，効力の生じる時期や効力を生じさせる方法，監督体制などは当事者の意思に任されている。しかし，この契約の委任者のほとんどが高齢者であることを考えると，判断能力が不十分な高齢者が不利益な契約を締結させられたり，財産管理事務の中で権利を侵害されたりするおそれがないとは言えない。これからは任意の財産管理も，何らかの形で監督機能を伴うものが中心になっていくべきではなかろうか。

　そこで，公正証書によってこの種の契約を締結する際は，参考文例にもあるとおり，本人の書面による同意を要する「特約事項」を取り入れて，権限濫用の防止に努める必要があろう（参考文例4—第9条第1項ただし書）。

(2) 柔軟な利用が可能

　任意の財産管理契約は，判断能力はあるものの，加齢に伴い身体の不自由などが原因して財産管理が困難な高齢者や重度の身体障害者等を支援する仕組みとして，高齢社会，福祉社会には欠かせないものとなっている。加えて，「継続的な見守り委任契約」や「福祉型信託契約」と組み合わせるなどして，

さまざまな状況の変化に対して柔軟に対応できるという点でも，有用性が高いものとなっている。

　最近相談が多いのが，「入院した場合やホームに入所した場合に財産管理をしてほしい」という要望である。一人暮らしの高齢者は病気で入院したり施設に入所した場合，たちまち預貯金の管理や入院費，施設での生活費等の支払いに困ってしまう。そこで，自分自身で管理ができなくなった場合に，この契約が必要になるのであるが，それは必要な範囲で委任契約を結ぶことができるし，残りの財産を信託契約等で管理することもできるのである。

4．委任する財産管理等とは

(1) 財産管理等とは「財産管理」と「身上監護」

　財産管理等委任契約において受任者が処理することになる事務は，もちろん契約条項に定められた内容になるが，一般には，一つは**財産管理に関する事務**であり，もう一つは**身上監護に関する事務**である。このことは，任意後見契約の場合の任意後見人（任意後見受任者）が委任を受けて行う事務と変わらない。

　財産管理等受任者の事務は，「財産管理」と「身上監護」にかかわる法律行為であり，もちろんこれに付随する事務も含まれる。

　この財産管理等委任契約とは別個に，財産管理等受任者が，本人の生活を支援する中で，一般に生活の世話といわれる食事の支度や掃除，洗濯などを行う「生活支援」や，食事の介助，排泄の介助などを行ったり，あるいは買い物や入院中の付添いなど「身体介護や療養看護」などの，事実行為に関する受任を受けて，「生活支援に関する準委任契約」を締結することも皆無ではないであろう。兄弟姉妹や甥姪などの親族の場合だと，口頭契約で，支援の時間や報酬のみを決めるということもある（もちろんこれも有効であるが，ここで論じる契約ではない）。

　しかし，第三者の場合は，口頭契約ではなく，書面による契約が必要であろう。準委任契約者の職務の内容と責任を明確にすることと，報酬が公序良

俗に反していないかなどを，第三者から見てはっきりさせておくべき契約だからである。

　財産管理等委任契約受任者が委任を受けて管理する財産や管理の内容は，任意後見契約と変わりはない。任意後見契約と同じか，あるいは制限されているかの違いはある。このほか，本人の保護のために，任意後見契約もあわせて契約されることが望ましい。

(2) **監督人のいる財産管理契約**

　この契約に当たって，前述のように，財産管理監督人を置くことは可能である。契約で財産管理監督人を指定しておき，契約開始後，財産管理人は監督人に定期的に報告を行い，また監督人は必要に応じて財産管理事務を監督するというものである。

　この場合の財産管理等委任契約は，三者契約となる。

5．財産管理の開始時期

(1) **見守り委任契約がある場合**

　見守り委任契約がある場合は，見守り契約が先行し，財産管理開始は委任者において，加齢や疾病により，本人の判断能力はあるものの自分のことを自分でできなくなったときに，合意により開始することになる。

(2) **その他の場合**

　一般には，契約締結と同時にその効力が生じて財産管理等を開始することが多い。しかし，財産管理契約を締結しておいて将来に備えようという場合には，自分でできる間は自分で行い，契約を締結してもすぐには財産管理が開始されないこともある。この場合は，改めて財産管理事務を開始する時期を合意することになる。

　この場合，契約書には「本契約は，本件の委任事務契約締結の後，甲（委任者）が乙（受任者）に対し第○条に定める委任事務の履行を求めたとき，すなわち第○条記載の証書等を引き渡し具体的に事務処理を要請したときからその効力が生じます」と定めることになる（文例1―第1条第2項。なお，

文例4―第7条第2項参照)。

6. 財産管理委任の契約

(1) 見守り委任契約が付帯または独立で契約される場合
市民後見人の場合，筆者が利用しているのは，参考文例4である。

(2) 財産管理委任契約のみの場合
この種の契約は，多くは移行型任意後見契約となる。したがって，財産管理委任契約のみが締結されることは稀である。これまでの例としては，本人が悪性疾患で余命1年ないし数か月という場合に後見に移行せずに死亡時までの財産管理を行うという内容での公正証書の作成があった。

7. 委任する事務の内容

委任事務の内容は，当事者の合意により決定される「身上監護」と「財産管理」にかかる事務であり，多くは，「委任事務目録」または「代理権目録」として，契約書に添付される。そのほか，これらに関連する事実行為につき（準）委任されることもある。

(1) 財産管理
財産を限定するもの（「不動産は除く。」，あるいは「金融資産の取引きは，その月の合計が金30万円を限度とする。」），さらには管理権限を制限するもの（「不動産の管理及び処分は含まない。」「高額財産の処分は本人の同意を必要とする。」）もあるが，家族の場合は，複数の者が事務を分担する場合は別とし，包括的な内容となろう。

(2) 身上監護及びその他の準委任事務
内容的には，任意後見契約と同じになるが，委任事務は法律行為に限定されず，幅広く関連する事実行為をも委任内容に加えることができる。しかし，この場合，契約としては，いささか後見事務の範疇から外れることになるので，注意は必要である。

8．契約は公正証書で行う

この契約は，任意後見契約と異なり，私署証書でも締結は可能である。しかし，本人の財産管理に関する重要な事務を委任するのであり，また紛争を防止するためにも，さらにはこれを金融機関等で信用性ある文書として利用するうえでは，公正証書による契約は不可欠であろう。

文例4　第三者後見人による見守り・財産管理契約

継続的見守り契約及び財産管理委任契約公正証書

本公証人は，委任者〇〇〇〇（以下「甲」という。）及び受任者〇〇〇〇（以下「乙」という。）の嘱託により，次の法律行為に関する陳述の趣旨を録取し，この証書を作成する。

第1　継続的見守り契約

（契約の目的）
第1条　甲及び乙は，任意後見監督人が選任されて下記任意後見契約（表記省略）が効力を生ずるまでの間，又は第5条若しくは第6条第1項第1号から第5号に定める事項の生ずるまでの間（以下「本契約期間」という），甲と乙との定期的な連絡作業により，甲・乙間の意思疎通を確保し，もって，甲の生活状況および健康状態の把握に努めることができる環境を確保することを目的として，本契約を締結する。

（訪問）
第2条　本契約期間中，乙は，毎月1日から10日の間に1回，甲の生活の本拠地を訪問して，甲の生活状況と健康状態を把握するため，甲と面談するものとする。

2　具体的な訪問日は，甲と乙との協議により，その都度適宜定めるも

のとする。
3 乙は，第1項に定める訪問日以外の日であっても，乙が必要と認めた場合又は甲の要請があった場合は，随時訪問面談するものとする。

（見守り義務）
第3条 乙は，前条の訪問を通じて，家庭裁判所に対する任意後見監督人選任の請求をなすべきか否かを，常に考慮し，判断しなければならない。
2 前項のほか，乙は，甲の身上面にも十分配慮し，甲が加療を要する傷病を負ったことを知ったときは，必要があれば受診・入院等の手配をし，親族等への連絡を行うものとする。

（報酬等）
第4条 甲は，乙に対し，第2条第1項に定める定期的な連絡に関する報酬として，月額金4,000円（消費税及び交通費等の実費別）を支払う。
2 第1項の報酬の支払方法は，本契約時に6か月分を一括して支払い，以後6か月経過毎に次の6か月分を一括して支払うものとする。ただし，本見守り契約が期間の途中で終了した場合は，乙がすでに受領済みの報酬は，終了月以降の分を月割精算し，甲，甲の相続人又は甲の法定代理人等に返却するものとする。
3 甲は，乙に対し，第2条第3項に定める不定期の訪問に関する報酬として1回の訪問につき金4,000円（消費税及び交通費等の実費別）を支払う。ただし，前条第2項に定める事務処理をした場合は，3時間以内につき金4,000円（消費税別）を，3時間を超えるときは金6,000円（消費税別）をそれぞれ加算して当該事務終了後に支払うものとする。

（契約の解除）
第5条 甲は，いつでも本契約を解除することができる。
2 乙は，本契約の趣旨に照らし正当な理由がない限り，本契約を解除することができない。

（契約の終了）

第6条　本見守り契約は，次の事由により終了する。

(1) 第2の「財産管理委任契約」が開始したとき
(2) 甲又は乙が死亡したとき
(3) 甲又は乙が破産手続き開始の決定を受けたとき
(4) 甲又は乙が後見開始，保佐開始又は補助開始の審判を受けたとき
(5) 任意後見契約が解除されたとき
(6) 任意後見監督人選任の審判が確定したとき

第2　財産管理委任契約

第7条　甲は，第1条に記載された任意後見契約が効力を生ずるまでの間，甲の生活，療養看護及び財産の管理に関する事務（以下「委任事務」という。）を乙に委任し，乙はこれを受任する（以下「本委任契約」または単に「本契約」という。）。

2　本委任契約は，甲が傷病等により身体の不自由な状況となり，判断能力に衰えはないにもかかわらず，自己の財産を管理することが不十分な状況となった場合に，甲，乙間において書面により本契約開始の合意をしたとき，その効力が発生するものとする。

3　前項にかかわらず，一時的に甲の急迫な疾病その他やむを得ない事情により甲がその意思を表示できない場合，乙において本契約を開始することにつき相当と認めたとき，その効力が発生するものとする。

（管理対象財産）

第8条　乙が本委任契約により管理する財産（以下，「管理対象財産」という）は，甲から管理を依頼されたすべての財産とする。なお，甲は，前条第2号記載の書面等により乙が管理する財産につきその一部を除外することができる。ただし，甲の身上監護のために必要な財産は除くことはできない。

2　本契約締結後に管理対象財産を変更する場合は，甲，乙の合意によ

(委任事務及び代理権の範囲)
第9条　甲は，乙に対し，別紙委任事務目録記載の委任事務(以下「本件委任事務」という)を委任し，その事務遂行のための代理権を付与する。ただし，乙が，別紙委任事務目録第2記載の事務を処理する場合は，甲の同意または承認を要するものとする。
2　本契約締結後に本件委任事務の範囲を変更し，代理権を追加する場合は，甲，乙の合意によるものとする。なお，代理権の範囲を追加変更する契約は，公正証書によって行うものとする。

(証書等の引渡し等)
第10条　甲は，乙に対し，本件委任事務遂行のために必要と認める次の証書等を引き渡し，乙は引渡しを受けた証書等について「証書等預り証」を作成し，甲に対しこれを交付する。
①登記済権利証　②実印・銀行印　③印鑑登録カード　④預貯金通帳，株券その他の有価証券　⑤年金関係書類　⑥各種キャッシュカード　⑦重要契約書類　⑧保険証券　⑨その他甲と乙とが合意したもの
2　乙は，前項の証書等の引渡しを受けたときは，これらを保管するとともに，本件委任事務遂行のために使用することができる。

(注意義務等)
第11条　乙は，本委任契約の趣旨及び甲の意思を尊重し，甲の身上に配慮するとともに善良な管理者の注意義務をもって本件委任事務の遂行に当たらなければならない。
2　乙は，自らの訪問等を通じて，家庭裁判所に対する任意後見監督人選任の請求をなすべきか否かを常に考慮しなければならない。
3　乙は，本件委任事務を遂行するに当たって，別途公正証書により作成する医療等に関する「いざという時の意思表示」宣言の内容を尊重しなければならない。
4　乙は，本件委任事務に関して知り得た甲の秘密を，正当な理由なく

第三者に漏らしてはならない。ただし，第13条第２項の場合は除く。
(書類の作成及び保存)
第12条　乙は，本件委任事務を遂行するに際し，次の書類を作成するものとする。
  (1)　管理対象財産目録（契約発効時，以後６か月毎及び終了時）
  (2)　会計帳簿及び事務遂行日誌
２　乙は，前項の書類を本契約終了後10年間保存しなければならない。
(報告義務等)
第13条　乙は，甲に対し，３か月に一度，面談又はその他適切な方法で本件委任事務の遂行及び管理している財産の内容について，書面（預貯金残高証明書または預金通帳の写しをも添付）により報告をしなければならない。
２　乙は，本件委任事務を適正に遂行するための助言を受けるために，乙の所属する下記法人に対し，適宜次の活動報告等を行うものとし，甲はこれを認める。なお，乙は，乙が提供する甲に関する情報を，乙の事務遂行に関する助言指導を行う目的以外には使用しないことを，同法人に確約させるものとする。
　　　住所　○○県○○市○○区○○丁目○○番○○号
　　　名称　社会福祉法人○○○○（○○後見センター）
(報告等の内容)
  (1)　前項の報告書面については，同報告の都度
  (2)　会計帳簿及び事務遂行日誌等の写しまたはその要約の書面
  (3)　同法人から報告を求められた事項
(費用の負担)
第14条　本件委任事務の遂行に関する費用は，甲の負担とする。
２　乙は，前項の費用につき，その支出に先立って支払いを受けることができる。
(受任者等の報酬)

第15条　乙が本件委任事務の遂行について受ける報酬は次のとおりとし，乙は，乙の管理する甲の財産からその支払いを受けることができる。なお，消費税及び交通費等の実費は別途支払いを受けることができる。
　(1)　定額報酬は，月額金20,000円とする。
　(2)　乙の事務処理が出張を伴い，その月の事務処理時間が12時間を超えた場合，1日につき3時間以内は金4,000円を，3時間を超えるときは金8,000円以内とし，追加して支払うものとする。
2　報酬額の変更の必要がある場合は，甲・乙の協議により決定するものとする。この場合，公証人の認証を受けた書面もしくは公正証書によりこれを変更する。
（契約の解除）
第16条　甲は，いつでも本契約を解除することができる。
2　乙は，本契約の趣旨に照らし正当な理由がない限り，本契約を解除することができない。
（契約の終了）
第17条　本委任契約は，次の事由により終了する。
　(1)　甲又は乙が死亡したとき
　(2)　甲又は乙が破産手続き開始の決定を受けたとき
　(3)　甲又は乙が後見開始，保佐開始又は補助開始の審判を受けたとき
　(4)　任意後見契約が解除されたとき
　(5)　任意後見監督人選任の審判が確定したとき
（契約終了時の措置）
第18条　乙は，本契約が終了した場合は，立替金及び報酬等を精算のうえ，甲または証書類の引渡し先に指定された者もしくは遺言執行者等に速やかに残余の財産及び保管中の証書等とともに，本件委任事務を引き継ぐものとする。
2　前項の事務遂行に要する費用は，甲の財産から支弁する。
（規定外事項）

第19条　本契約に定めのない事項及び疑義のある事項については，甲，乙協議のうえこれを定める。

別紙

委任事務目録

第1　代理権を付与する事項

1　不動産，動産等すべての財産の保存，管理及び処分に関する事項
2　金融機関，郵便局，証券会社及び保険会社とのすべての取引に関する事項
3　甲の生活費の送金及び生活に必要な財産の取得，物品の購入，その他の日常生活関連取引並びに定期的な収入の受領及び費用の支払いに関する事項
4　医療契約，入院契約，介護契約その他の福祉サービス利用契約，福祉関係施設入退所契約に関する事項
5　要介護認定の申請及び認定に関する承認又は異議申立てに関する事項
6　郵便物の管理，受領，転送手続
7　復代理人の選任及び事務代行者の指定に関する事項
8　以上の各事項に関連する一切の事項

第2　本人の同意を要する事項

1　不動産の購入及び処分
2　福祉関係施設への入所に関する契約の締結，変更及び解除
3　住居等の新築，増改築に関する契約の締結，変更等
4　復代理人の選任

第3　死後事務委任契約

1．死後事務委任契約の必要性

　死後事務は、後見人にとっては何とも悩ましい事務である。

　成年後見人は、本人の死亡により後見人の地位を失う。本人に相続人がいない場合の市民後見人の立場はどうなるのであろうか。そのまま何もしないで済ませることができるのか、そこには良心の問題も残る。

(1)　人の死と死後事務

　人の死によって、葬儀、埋葬、供養をはじめ、身辺整理などさまざまな事務が生じる。その事務は、多岐にわたり、しかも多額の費用がかかる。中には長期にわたって行わなければならないものも少なくない。

　しかし、これらの事務は、誰かが行わなければならないのである。この死後事務の委任契約の必要性は、法定後見制度の説明で述べたとおりである。

　ところで、成年後見制度をみると、本人の死亡後にあっても、他に相続人がいないなどの理由で、成年後見人であった者が死後事務の処理を行っているという現実がある。この場合、法的に許容されるものか否かについてさまざまな法解釈を試みながら、例えば、ある事務は**応急処分義務**（法定後見については民法874条、876条の5第3項、876条の10第2項による民法654条の準用、任意後見（任意後見監督人）については任意後見法7条4項による民法654条の準用）に当たるとし、あるいは**事務管理**（民法697条以下）であるとして正当化を図っている。

　このことは、任意後見契約が締結された場合でも、同じことが言える（なお、任意後見法の定めからして、任意後見人には応急処分義務は適用されないと考えるべきであろう）。本人に相続人がいなかったり、いてもこれを行う者が高齢でしかも認知症にり患していたり、障害を持つ者で本人の意思どおり死後事務を行うことが期待できない場合もある。そこで、任意後見契約のほかに、死後事務委任契約の締結を検討してもらう必要がある。

(2) 死後事務の委任が必要な場合

一般に死後事務委任契約が必要な場合は，次の場合である。

① 相続人がいないうえ，他に死後事務を担う親族もいないとき
② 相続人はいるが，本来，事務処理を担当すべき者が疾患や障害で事務処理能力がなく，他のこれに代わる相続人がいないとき
③ 相続人はいるが遠隔地に居住していたり，費用負担を嫌い事務処理を拒否しているとき
④ 特定の者（特定の親族，特定の団体など）に事務を担当させたいとき
⑤ 特定の相続人や親族の関与を完全に排除したいとき
⑥ 特定の葬祭もしくは埋葬方法を選択し特定の者に依頼するとき

このように死後事務を担う相続人等がいない場合のほか，本人と相続人や親族とで抗争や軋轢があって相続人らによる適切な死後の事務処理ができないなどの理由で選択するもの，あるいは一般に行われる埋葬方法でなくいわゆる自然葬を選択し，これを行う特定の団体に葬祭や一連の事務処理を依頼する場合などである。

これらの場合，任意後見契約を締結することのほか，これらの契約を締結しなければならないことは本人自身がいちばん分かっているので，契約に至ることは比較的容易であろう。

2．死後事務委任契約の有効性

この契約は，基本的には本人の死亡後に効力が発生する。そこで，その契約の有効性が問題となる。

死後事務委任契約は，委任契約である。本来，委任契約は，契約者本人の死亡によって終了する（民法653条1号）。しかし，この死後事務委任契約を締結した当事者の意思は，本人死亡後も契約は有効なものとして，受任者に死後の事務を処理させようとするものであるから，委任者の死亡を契約の終了原因とすることはできない。そこで，この種の契約は，委任者の死亡後も有効であって，その委任者の相続人を拘束すると考えなければ意味をなさな

い。判例もこの考え方を是認し、死後事務委任契約は死後も有効であるとしている（最高裁平成4年9月22日判決・旬刊金融法務事情1358号55ページ）※この最高裁判決は、「自己の死後の事務を含めた法律行為等の委任契約が甲と乙との間に成立したとの原審の認定は、当然に、委任者甲の死亡によっても右契約を終了させない旨の合意を包含する趣旨のものというべく、民法653条の法意がかかる合意の効力を否定するものではないことは疑いを容れないところである。」と述べ、その有効性に問題がないことを確認している。※

※ 最高裁平成4年9月22日判決
　この事例を要約すると、①老齢に達した委任者Ｓは、世話を受けていたＴに対し、入院加療中に預金通帳と印章及び預金通帳から払い戻した現金を預けて、自分の死後、入院費用の支払い、死後の葬式と法要の費用、入院中世話になった家政婦Ｂと友人Ｃに対する謝礼金の支払いを依頼した。②Ｓの死亡後、ＴはＳの依頼に従い、入院諸費用、葬儀費用、法要費用及びＢとＣに対する謝礼金（各20万円）を支払った。ただし、Ｃへの謝礼金の支払いに関しては、Ｓの相続人の承諾を得ていなかった。③Ｓの相続人Ｘは、上記委任契約はＳの死亡によって終了したとして、相続財産である預金通帳及び印章のほか、Ｔが支払った費用を控除した残金の返還を求めるとともに、Ｃへの支払いは承諾がなく、不法行為となると主張した。原審は、ＳＴ間の契約は委任であるとし、当該委任契約はＳの死亡とともに終了し（民法653条）、Ｓの財産はＸに帰属したとして、通帳、印章を返還すべきであるとし、またＣへの謝礼金の支払いはＸの承諾を得ることなくＴが独自の判断でしたものであるから不法行為となり、同額の損害賠償責任を負うべきであると判示した。
　これに対して、最高裁は、「しかしながら、自己の死後の事務を含めた法律行為等の委任契約がＳとＴとの間に成立したとの原審の認定は、当然に、委任者Ｓの死亡によっても右契約を終了させない旨の合意を包含する趣旨のものというべく、民法653条の法意がかかる合意の効力を否定するものでないことは疑いを容れないところである。しかるに、原判決がＳの死後の事務処理の委任契約の成立を認定しながら、この契約が民法653条の規定によりＳの死亡と同時に当然に終了すべきものとしたのは、同条の解釈適用を誤り、ひいては理由そごの違法があるに帰し、右違法は判決の結論に影響を及ぼすことが明らかであるといわなければならない。この点をいう論旨は理由があり、原判決中、上告人敗訴の部分は破棄を免れない。」として、本契約が、「委任者の死亡によって当然には終了することのない委任契約」であるか、「負担付贈与契約」であるかなどについて審理を尽くさせるために、原審に差し戻した。
　差戻審（高松高裁平成5年6月8日判決）では、最高裁の破棄判決に従い、本件委任契約にはＳの死亡により終了しない旨の特約があると認定し、Ｔの支払いを正当な支出であるとしてＸの請求を棄却した。

3．契約の内容

(1) **親族（甥，姪など）の場合**

本人に死後事務を処理する家族がなく，本人もしくは配偶者の甥，姪などに死後事務を委任する場合，他の親族とのトラブルがないように死後事務委任契約を締結することが少なくない。

この場合の契約内容は，委任した事実が明確にされればよいとの考えから，詳細な条項は不要とされる場合もあろう（本書参考文例1―第3参照）。

(2) **専門職後見人の場合**

多くの場合，当該専門職が所属している団体が定めている文例等に従って契約が締結されることが少なくない。

(3) **市民後見人による死後事務委任契約**

筆者の場合は，別添の文例5に掲げた内容で，当事者に提案している。この文例は，いわゆる直葬で，永代供養の手続きをもって契約が終了する場合である（市民後見人の場合は，このケースが利用しやすいと思われる。）。もちろん，葬儀のほか，墓所の管理と年忌法要の実施，さらに一定期間経過後の墓の改葬と合祀手続を委任される場合もあろう。その場合は，①委任事務の内容と具体的な手順，②委任期間，③預託金とその支払い方法，④報酬など詳細を決めることになる。

この場合，後述のように，祭祀にかかる費用（葬儀埋葬費用，法要の費用，永代供養料，墓所の管理費や改葬費用など）については，金銭管理信託契約を締結することを奨める。なお，預託を受けるのが金銭であれば，業として預託を受けたとしても信託業法には抵触しない（前掲「増補　新しい家族信託」日本加除出版188-190ページ）。

4．委任する死後事務の内容

(a) 死後事務委任の事務内容は，本人の意思や親族等の考えに従い，決めることになる。死後事務は多岐にわたり，誰かが止めなければ永遠に続く[※]

筆者の場合は，菩提寺から百回忌の通知さえ受け取っている。そのうえ，委任期間については，永代供養の期間に関する菩提寺の考えが反映されるので，契約に当たっては菩提寺との打ち合わせは不可欠である。

(b) もちろん，当事者によっては，自然葬（樹木葬，海洋散骨など）を求めるものや，合祀墓への埋葬を希望することもあるので，本人とのきめ細かな打ち合わせは重要である。そして，その合意はもちろん書面にして残すことになる。なお，市民後見人にあっては多くの場合，文例5の第2条掲記の内容となろう。

(c) 実際の死後事務は，契約証書及び合意書，さらには本人のライフプラン等に定めた内容によって行うことになる。契約効力発生時，もちろん相手方当事者が存在しないので，事務処理に当たって隘路が生じ，また委任者の親族とのトラブルや周辺者からの苦情も考えられよう。

(d) 死後事務委任契約は，本人の死後事務だけでなく，残される配偶者や子のためのものも少なくない。それは，相続人はいるが，本来，事務処理を担当すべき者が認知症疾患や知的障害で事務処理能力がなく，他のこれに代わる相続人がいないときにも利用されるので，その家族の祭祀等の事務をも契約内容に含めることになる。

※　「死後事務はあまた」
　　人の死によって生じる事務を拾い出してみた（これらは，本来相続人の行うべき事務である）。
　(A)　自宅・施設での死亡の場合
　　　・医師による検視　・死亡診断書の作成依頼　・費用の支払い
　　　・施設の退所手続きと残置物の引取り
　(B)　病院での死亡の場合
　　　・遺体の引取りと身の回り品の受取り　・死亡診断書の作成依頼
　　　・病院費用の支払い
　(C)　関係者への連絡と関係機関への届出
　　　・遺体の保管　・死亡届　・金融機関への届出
　　　・親族等への連絡　・菩提寺への連絡　・その他指定された者への連絡
　(D)　葬儀等葬祭行為と費用の支払い並びに墓の確保と納骨
　　　・葬儀等の主宰者の確認　・葬儀契約の締結　・葬儀費用の支払い
　　　・葬儀等の実施

第6章　任意の財産管理契約と死後事務委任契約

(E) 身の回り品の整理と入所費用を含む各種の費用等の支払い
　　・借家契約の解除と返戻金の受領　・ペットの処理
(F) 賃貸室の返還明渡しと居室内動産の処分
　　・家賃の支払い　・家具等の引取りと相続人への引渡し
　　・不用品の処分
(G) 墓の管理と管理費の支払い
(H) 年忌法要等の祭祀行為の実施
(I) 永代供養手続きと改葬
　　・永代供養手続きと供養料の支払い　・墓地の返還と離檀料の支払い
　　・改葬についての菩提寺との打合せ　・墓石の撤去　・合祀墓への改葬

5．事務処理費用の確保と留意点

(1) 事務処理費用の確保

　死後事務委任契約において大事なのは，事務処理費用を確保することと，その預り金の趣旨を明確にしておくことである。

　死後事務処理の費用は，人によって異なり，また明確な基準もない。しかし，概して多額である。このため，前記最高裁判決のあった事例もそうであるが，受任者が預かった事務処理費用をめぐっての争いがよく生起する。

　契約の内容に，この費用のことを盛り込むことはもちろんであるが，次の二つの点に留意することは不可欠である。

　1．訴訟で争われる例が多いのが，死後事務処理の費用として預けた金銭の趣旨である。受任者にとっては，負担付で贈与を受けたものと思っても，相続人は事務処理に預けたものであり，報酬の約束もないので，残りは全部返してもらうものという認識で，相互に大きく食い違うのである。

　2．死後事務委任契約において，委任者死亡後相続人において，費用及び報酬として金500万円を預託するという文言があっても，相続人がこれを履行しない場合である。葬儀や永代供養，墓の改葬などの事務処理には多額の金銭がかかり，これを受任者が預託を受けないケースではまずは事務処理ができず，死後事務の契約は，結局絵に描いた餅になってしまう。そこで，多くの場合は，受任者において金銭を預かることになるが，それでも上記1．

の問題が起きる。

(2) 金銭管理信託契約の活用

この1.及び2.の問題を確実に解決できる内容の契約書の作成と金銭の預託等が必要となる。この解決の手段の一つが，次に文例を示す死後事務委任型金銭信託契約である（前掲「増補　新しい家族信託」日本加除出版65-66ページ。遠藤英嗣「任意後見契約における死後事務委任契約の活用」（実践成年後見No.38民事法研究会30ページ以下参照）。

文例5　死後事務委任及び財産管理処分信託契約

死後事務委任及び財産管理処分信託契約公正証書

　本公証人は，S（以下，条項により「委任者」又は「委託者」という。）及びT（以下，条項により「受任者」又は「当初受託者」という。）の嘱託により，平成○○年○月○○日，次の法律行為に関する陳述の趣旨を録取し，この証書を作成する。

第1　死後事務委任契約
（契約の趣旨及び信託の目的）
第1条　委任者Sは，受任者Tに対し，委任者の死亡後における次条に定める事務を委任し，受任者はこれを受任する。
2　前項の契約（以下「本死後事務委任契約」という。）は，委任者の死亡により終了せず，委任者の相続人は本死後事務委任契約を解除することはできない。
（委任事務の範囲）
第2条　委任者は，受任者に対し，次の事務（以下「本件死後事務」という。）を委任し，その事務処理のため代理権を付与する。
　(1)　菩提寺及び親族等関係者への連絡事務
　(2)　通夜，葬儀，告別式，火葬，納骨，年忌法要，墓地の返還，合祀

墓への改葬及び永代供養に関する事務
　(3)　行政官庁等への諸届け事務
　(4)　不要な家財道具・生活用品の処分
　(5)　各種未処理事務の処理
　(6)　上記各事務に関する費用等の支払い
　(7)　上記各号の事務に関連する一切の事務
2　委任者作成にかかる遺言に本死後事務委任契約と抵触する部分がある場合は，遺言の内容に従うものとする。
3　受任者は，復代理人を選任しあるいは事務代行者を指定して，本件死後事務を処理することができるものとする。
4　受任者は，委任者が死亡した場合，直ちに本件死後事務に当たるものとする。
5　本条第1項第2号の年忌法要は七回忌までとし，その後墓所の改葬手続を行い本事務処理を終えるものとする。

（死後事務処理の手続）
第3条　第2条で定める本件死後事務の具体的な処理等は，別途合意する約定のとおりとするが，合意のない事項，定めのない事項については慣行等に従い受任者が適当と認める方法により行うものとする。
2　受任者が死亡した場合は，受任者の祭祀主宰者である次の者（表示省略）が本事務の終了の手続きをするものとする。なお，同人からその承諾を得ていることを当事者両名は確認する。

（契約の解除）
第4条　委任者及び受任者は，いつでも公証人の認証を受けた書面によって，本死後事務委任契約を解除することができる。

（契約の終了）
第5条　本死後事務委任契約は，前条の解除及び第2条第5項のほか，次の事由により終了する。
　(1)　受任者が死亡し，または破産したとき

(2)　受任者が後見開始または保佐開始の審判を受けたとき
　(3)　第2の財産管理処分信託契約が解除もしくはその他の事由で終了したとき

第2　財産管理処分信託契約

（信託の目的）

第6条　本信託は，次条記載の信託財産を第2条で定める本件死後事務に関する費用等の支払いのために管理処分し，もって委託者の祭祀に関する事務など本件死後事務が適時的確に執り行われ，しかもこれらの祭祀行為その他の事務処理にかかる費用が適切に支払われることを目的とする。

（信託契約及び信託財産）

第7条　委託者Sは，受託者Tに対し，前条記載の信託の目的達成のため，金銭○○○万円を信託財産として信託し，当初受託者はこれを引き受けた（以下「本信託契約」という。）。

2　前項の信託財産は，委託者の遺産から払い込むものとする。

3　委託者が死亡以前に第4条及び第5条各号により本死後事務委任契約が終了したとき，本信託契約は当然に終了する。

（受託者）

第8条　本契約の当初受託者は，T（昭和○○年○月○○日生）とする。

（受益者）

第9条　本信託の受益者は，委託者の姪B（昭和○○年○月○○日生）とする。

（信託の期間）

第10条　本信託の信託期間は，委託者Sの死亡により効力が生じ次の各号のいずれかに該当したときまでとする。
　(1)　委託者の死亡の日から6年を経過したとき
　(2)　受託者Tが死亡しその他前記死後事務委任契約が終了したとき
　(3)　信託財産が消滅したとき

(信託の内容)
第11条　受託者は，次条の定める管理方法により，信託財産の管理を行い，次項の支払いを含む処分を行う。
2　受託者は，第2条記載の祭祀等にかかる事務処理の中で，受託者が相当と認める金額，時期及び方法により，本件死後事務の費用及び公租公課等を支払う。

(管理等に必要な事項)
第12条　信託財産の管理処分等に関する事項は次のとおりとする。
(1)　信託財産については，信託に必要な名義変更と信託口口座での管理等を行うものとする。
(2)　保存，管理運用に必要な措置は，受託者が前条の規定に従ってこれを行うが，その場合受益者の指図は受けないものとする。
(3)　受託者は，本信託の事務（以下「信託事務」という。）の処理につき特に必要な場合は第三者に委託することができる。
(4)　受託者は，本信託の開始後速やかに，信託財産に係る帳簿（金銭出納帳）を作成し，受益者に対して以後1年ごとに適宜の方法にて報告する。
(5)　受託者は，受益者から報告を求められたときは速やかに求められた事項を報告するものとする。
(6)　受託者は，信託事務を処理するのに必要と認められる費用について，受益者に対し前払いを受ける額及びその算定根拠を通知せずに，信託財産に属する金銭から支弁又は収受することができる。

(契約に定めのない事項の処理)
第13条　本信託契約の条項に定めのない事項は，受益者と受託者が合意のうえ解決するほか，信託法その他の法令並びに慣行に従うものとする。
2　委託者が死亡した場合は，委託者の地位は消滅するものとする。
3　本契約の変更は，受益者及び受託者の合意がある場合に限り公正証

書によってこれを行うことができる。
（清算受託者及び帰属権利者）
第14条　本信託の清算受託者は，信託終了時の受託者を指定する。ただし，第10条第2号の事由で終了した場合は次の者（表記省略）を指定する。
2　信託終了時の残余の財産は，清算受託者に帰属させる（ただし，第7条第3項の場合は除く。）。
第3　その他
（報酬）
第15条　本契約の受任者の報酬等として，委託者の葬儀，納骨，年忌法要及び永代供養の手続き並びに墓地の返還，合祀墓への改葬，その他第2条第1項第1号ないし第5号に定める事務処理を行った場合は，日当（1日につき金〇万円）及び旅費交通費を支給する。

第7章

福祉型家族信託
（配偶者・親なき後問題を信託で）

第7章　福祉型家族信託（配偶者・親なき後問題を信託で）

―家族のための信託―

● 「家族信託」は，本人の財産を本人だけでなくその家族のために使い，家族を護る財産管理制度である。

　成年後見制度では，基本的に本人の財産は本人だけのために管理する。したがって，後見人は本人の財産を運用したり勝手に処分はできないのはもちろん，本人以外の家族などのために自由には使えない。障害を持つお子さんや認知症の家族は財産的にも支援が必要であるが，後見制度では他の家族のために，さらには本人のために思う存分に財産を使うことができない仕組みになっている。これを叶えることができる制度が，家族信託である。

● 本章では，知的障害を持つお子さんの財産管理をご両親の考え・意思で実現する「親なき後支援信託」と，高齢者や認知症の配偶者の生活等を護る「配偶者なき後支援信託」を中心に紹介する。

　どちらも，これまでは，成年後見制度の問題として考えられていた支援制度であるが，ここではこれらを「家族のための福祉型信託」（福祉型家族信託）として紹介する。

● 信託は，難しく特異な制度であるが，障害を持つ子の親の人や老後の安心設計を確実に立てたいと考えている高齢者には必ず役に立つものと考えている。

　いまの成年後見制度では，判断能力が低下している本人や家族に最善の福祉を確保してやるのが難しいと，歯がゆい気持ちをお持ちの方は，ぜひこの制度の利用を考えてほしい。

第7章　福祉型家族信託（配偶者・親なき後問題を信託で）

第1　家族信託（家族のための信託）

1．はじめに

(1) **家族信託は後見制度ではできないことを達成する**

　家族信託は，家族のための民事信託であり，成年後見制度と同じ財産の管理制度である。

　ここで紹介する制度は，後見制度を用いないで本人の特定の財産を管理活用し，本人や家族の生活を護るという法的仕組みである。

　家族信託は，多くは認知症高齢者や障害者（知的障害者や高次脳機能障害者等）など財産管理のできない人を支援するための法制度であり，それは広く財産を「守る（保全管理する）」「活かす（活用する）」そして「遺す（贈与承継する）」という法的な仕組みを一つの制度で達成する制度である。

家族信託の構造

　家族信託は，同じ財産管理制度である成年後見制度と共通する部分もあるが，成年後見制度では達成できないさまざまな機能を有している。

　その1は，「財産の活用」である。

　現行の成年後見制度は，先に紹介した後見制度支援信託が登場したこともあって，この制度の中で本人の財産を運用等活用することはほとんど不可

になっているうえ，高齢の妻や障害を持つ子など支援が必要な家族がいても，この家族の最善の支援のために本人の財産は使えない。だが，家族信託では，これが可能である。

その２は，成年後見制度では，代理遺言（意思表示できない本人に代わって他の家族が遺言することや契約によって同じ効果をもたらすこと）はできない。しかし，信託では，親が子に承継させた財産を親の考えで，子の次の承継人を決めることができるばかりでなく，さらに次の次の承継人や帰属者を指定することができるのである。

このため，後見制度の仕組みでは達成できないことが多いと嘆いている人には，ある意味では「大きなよりどころになる制度」であり，幅広い活用ができる。分かりやすく言えば，本人や家族の生活や福祉の確保のために何でもできる制度として選択できるということである。

なお，ここで説明する信託は，一般の人が財産と事務処理を託されて行うものであり，信託銀行などが商品として扱うものではない。また，「遺言信託」という法律用語も出てくるが，一般に銀行などが扱っている遺言信託という商品とは全く別のものである。

(2) 障害者や高齢者の支援と信託

(a) 親なき後問題を解決する

障害者を支援する法的な仕組みとしては，成年後見制度やさまざまな権利擁護の制度がある。しかし，成年後見制度は，障害者本人を養護する両親等の考えや思いを十分叶えるものにはなっていないと言われている。それは，親が障害者本人に遺す金融資産等を本人のために自由に使えなくなっているからだという。特に，金融資産のほとんどが後見制度支援信託に組み入れられるなどして，親が考えていたように本人の最善の福祉のためにふんだんに金銭を使えないという理由もあるのであろう。このため，成年後見制度は，不可欠な制度ではあるが窮屈で，しかも権利のはく奪もあるため，できる限り使いたくないという話を聞くようになった。

そこで，親の思いを叶える財産管理制度として，「家族のための信託」を

考えていただくことにしている。

(b) 配偶者なき後の問題も遺産承継の問題も信託で解決

親が高齢になり，子だけでなく，自身の老後の安心設計が必要になった場合，さまざまな支援のための仕組み等が提案されているが，一般には，親は親，子は子というそれぞれ本人の支援という仕組みになる。成年後見制度もそうであるが，親の後見制度の中で子の支援や福祉の手配をすることができる法制度にはなっていない。

しかし，家族のための信託は違う。

一つの仕組みの中で，親と子の支援を同時に実現でき，また後見制度では実現できない，親が子のために自分の財産を自由に使って全面的に支援するということができるのである。そのうえ，子が亡くなった際には，残った財産を特定の人へ遺贈したり相続人に承継させたりすることもできるのである。

これまで本人の財産を「守る（管理する）」「活かす（活用する）」という後見的な財産管理は，成年後見制度や任意の財産管理等委任契約によって実現されてきた。また，財産を「遺す（遺贈承継させる）」という遺産の承継などは，遺言や相続，あるいは贈与などの制度によって，それぞれ達成されてきた。

しかし，この家族信託は，上記の二つの機能を同時に持った仕組みであり，まさに家族の安定した生活と福祉を確保する財産の管理活用の制度であり，また大事な財産をしっかりと大切な人や後継者に引き渡すための財産承継の制度なのである。このように，これらの機能を一つの仕組みで実現できる特異な制度である。

(3) 信託は自由に制作設計する制度

家族信託は，これを利用する人が自由な発想で財産の管理や処分の仕組みを組み立てる法制度である。もちろん，その制作にあっては，法が求める枠組みである基本ルールを守り，しかもそれが目的に従って機能するよう創造すること（「企画」と「制作」）が大事であるので，この制作はプロに任せることになる。しかし，残念ながらこの家族型の民事信託の制作にあたる専門

第1　家族信託（家族のための信託）

職の方はいまだ少ない。

　この信託では，信託を設定する人において，特定の財産の管理や活用，そして財産の承継等について，達成したい目的があれば，さまざまな選択肢があり，組み立てるスキームも多種多様である。

　例えば，高次脳機能障害を持つお子さんの生活や福祉を生涯にわたって確保しようとするには，法の定める3種類の設定行為，すなわち「信託契約」「遺言（遺言信託）」「自己信託」のいずれか，最も適した仕組みを選択する。そのうえで，お子さんの長期にわたる支援を可能にする信託の条項を考え，これが機能する内容に組み立てるのである。

2．信託とは

(1)　信託とは何か，その定義

　「信託」とは，信託を設定する者（「委託者」）が，自分が持っている一定の財産を別扱いとして，信頼できる者（「受託者」）に託して名義を移し，この者において，その財産（「信託財産」）を設定者が定めた一定の目的（「信託の目的」）に従って管理活用処分など必要な行為を行い，その中で託された財産や運用益から利益を受ける者（「受益者」）に生活費等として給付しあるいは財産そのものを引き渡し，その目的を達成する法制度である。

　この制度を事例に即して説明すると，委託者である親のSさんが，ご自分の不動産（自宅やアパートなど），そして預貯金などの金融資産を，信頼できる親族のTさん

に託して引き渡し，障害を持つ子のBさんのため（あるいは自分自身や配偶者のため）に管理運用してもらい，その金融資産やアパートの賃料収入から必要に応じて生活費や施設利用費等を渡してもらうものである。その中で，より良い生活や福祉を確保するため，後見制度では難しい，古くなったアパートの建て替えを行ったり，あるいは複数の介添え者を伴った長期の旅行なども，可能な限り実現するというものである。

(2) **信託の設定**

信託は，法律で定める3類型の設定行為（「信託行為」という）によって設定者（委託者）のさまざまな考えを実現するものである。

法が定める信託行為は，「信託契約」「遺言（遺言信託）」「自己信託」の三行為である（信託2条2項）。これらの信託行為については，それぞれの法律行為の内容が異なり，また効力の発生についても違いがある。

① **信託契約**

委託者と受託者との契約の締結によって設定される形態の信託である。

法は，信託契約について特別の方式や書式等を定めてはいない。

② **遺言信託**

委託者，すなわち遺言者の遺言を通じて信託を設定する形態の信託である。

遺言者（委託者）の遺言によって行われる要式行為であるが，信託法上はその方式等の定めはない。

③ **自己信託**

「自己信託」とは，いわゆる「信託宣言」であり，委託者Sが，自分自身を受託者として，自己の財産を他人のために（場合によっては「自己のために」）管理・処分する旨を意思表示するという委託者の単独行為によって信託を設定するものである。

信託法は，自己信託につき，「委託者が一定の目的に従い自己の有する一定の財産の管理又は処分及びその他の当該目的の達成のために必要な行為を自らすべき旨の意思表示」を，「公正証書その他の書面」または「電磁的記録」の方法により行うものとし，その際，信託の目的，信託財産の特定に必

要な事項その他の法務省令で定める事項（以下「法定要件事項」という。）を記載または記録することとしている（信託3条3号）。

(3) 信託関係人

信託で登場する関係人は，まず信託の当事者と呼ばれる，「委託者」「受託者」と「受益者」の3者である。委託者は，財産を提供し信託を設定する人であり，遺言信託では遺言者，自己信託では宣言者である。受託者は，信託事務を担当する人であり，受益者は，この仕組みで利益を受ける人であるが，信託契約では契約当事者にはならない。

そのほかの信託の関係人として，福祉型信託（高齢者や障害者等の生活を支援する信託）を支える「受益者保護関係人」と呼ばれる「信託監督人」「受益者代理人」や「信託管理人」が登場し，受託者の信託事務の処理を監視監督する。

なお，信託の場合，委託者や受託者が死亡しても信託は終了せず，委託者の場合はいないまま，受託者の場合は新しい受託者が選ばれて，信託が続く。

ここで，受託者のことについて一つだけ説明しておく。

それは，信託業法という法律により，弁護士など法律専門職の者は営利の目的をもって反復継続して受託者になれないということである。このため，多くの場合，親族が受託者になっている。ただ最近では，受託者として一般社団法人など法人を設立し，当該法人が委託者の信託を1件しか受託しないというケースも増えてきている。

(4) 信託設定上の注意

(a) 家族のための民事信託は，委託者が実現したい目的があれば何でもできる，そんな法制度である。しかし，信託の設定に当たっては，守らなくてはならない基本的なルールがある。

信託において最も大事なものが，信託当事者の信頼関係である。中でも信託の本質といわれる，受益者と受託者との信頼関係（「信認関係」という）が最も重要であり，この信認関係がない仕組み（スキーム）は，法にいう信託とは言えない。

(b) 信託法は，信託ではできないさまざまなことがらを法定するなどして規制している。信託法が明文で禁止や規制しているものとしては，受託者が専ら利益享受する信託（信託8条），脱法信託（信託9条），訴訟信託（信託10条）や詐害信託（信託11条）などがある。しかも，前述したように信託業法にも制約の規定があり，また，法の趣旨から禁止されていると考えられるものもある（「名義信託」など）。

(c) それとともに，法は，信託の事務処理に正しいこと（誠実であること）を求めるために，受託者に対し数多くの義務（信託事務遂行義務，自己執行義務，善管注意義務，忠実義務，公平義務，分別管理義務，帳簿等作成義務・情報提供義務など）を課す一方で，デフォルトルール（任意規定化）にしている。したがって，信託の設定に当たっては，これらの規定を遵守する必要がある。

家族信託は，この仕組みを設定するとき，そして信託を実現（事務処理）するとき，ともに「正しいこと」に向かって取り組まなければならない制度である。

3．信託の目的と信託財産

(1) 信託の目的

信託は，信託の目的に従って事務処理がなされるので，信託の目的は重要事項である。すなわち，信託にあっては，受託者が何をなすべきか，事務処理の指針及び基準となるのが信託の目的である。

信託は，委託者が考えている財産の管理や承継などを信頼できる受託者に託する制度であり，その目的は，実現可能性がないもの，信託制度の本質に違反するものや違法なもの，あるいは公序良俗に反するものであってはならない。

一般的な相談事例での信託の目的は，①後見的財産管理型の信託にあっては「受益者の安定した生活の支援と福祉の確保」等，②家産承継型信託にあっては「信託財産の適正な管理と確実な承継」となる。

(2) 信託財産は誰のものでもなくなる

その定義でもお分かりのように、信託では、信託財産は受託者に移転される。親なき後支援信託を考えた場合、ほとんどの親の願いは、財産は受益者であるお子さんの名義にして大事に使ってもらいたいということと思われるが、お子さんの名義にはならない。

信託では、信託財産は、実は「誰のものでもない財産」になるのである。確かに信託財産は、受託者名義にはなるが、受託者のもの（固有財産）になるわけではなく、受託者の財産から別個独立した特殊な法律関係にある「誰のものでもない財産」になるのである。このため、受託者が事業に失敗し倒産

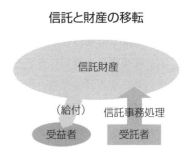

信託と財産の移転

したとしても、信託財産はその債権者に差し押さえられるようなことはない。わかりやすくいえば、挿絵にあるように「信託財産は受託者とケーブルでつながれた状態で宙に浮き、誰のものでもない財産となる。受託者はそのケーブルを利用して信託財産を管理運用するなど必要な信託事務処理を行う。そして信託財産には受益者の数だけ導管が付いていて受益者がその管から手をのばせば必要な給付を受けられる仕組みになっている。」のである。

第2　家族信託の実務

1．実際の活用

家族のための信託は、次に列挙しているようにさまざまな活用方法がある。※しかも、民法では、達成できない仕組みを利用することも可能であり、一定のルールを守ればいかなるスキームでも組み立てることができる奥の深い広遠な制度である。

第7章　福祉型家族信託（配偶者・親なき後問題を信託で）

(a)　高齢の委託者が，信用できる親族に財産を信託して，委託者自身が生存中は自己を受益者として財産管理をしてもらい，自己が死亡後は配偶者を第二次受益者とする契約（遺言代用型信託契約）を締結し，ともに確実に生活費等を管理して給付を受ける。

(b)　委託者が任意後見契約を締結する一方で，重要な財産（金融資産や株式など）を信託財産として信託契約（任意後見支援型信託契約）を締結し，成年後見制度とは別の仕組みで管理活用する。

(c)　死後事務の費用に充てる金融資産を信託財産として確保し，年忌法要を終わりにする目安や墓の改葬の時期などを考えた事務処理期間を信託期間として契約（死後事務委任型信託契約）する。

※　実務での活用事例
　　実務では，次に紹介するように，さまざまな内容の信託が活用されている。
　(A)　福祉型（財産管理給付活用型）
　　　①　親なき後・配偶者なき後金銭管理処分信託
　　　②　高齢者株式管理信託
　　　③　任意後見支援信託
　　　④　未成年者養護信託
　(B)　家産承継型（遺産承継中心型）
　　　⑤　後添え配偶者のための後継ぎ遺贈型信託
　　　⑥　家産承継者選任型裁量信託
　　　⑦　遺産分割型信託・遺言代用型信託
　　　⑧　協議離婚等の離婚給付に伴う信託
　　　⑨　事業承継のための信託
　(C)　資産運用型
　　　⑩　不動産管理信託（受益権譲渡型）
　　　⑪　金融資産及び生命保険金運用処分信託
　(D)　各種事務委任関連型
　　　⑫　死後事務委任型信託
　　　⑬　入所保証金金銭信託
　　遠藤英嗣「増補　新しい家族信託」（日本加除出版）で紹介（407ページ以下，373-403ページ参照）

2．後見制度を補完する福祉型支援信託

(1) 認知症を患った配偶者のための遺言信託

　このケースは，年老いたS氏が，事業に失敗したS氏の長子が認知症を患った妻Bさんの所持金をいつも持ち出しているのを見て，妻には財産管理ができず金銭を相続させることはできないと考え悩んだ末，堅実な次子Tさんに妻に遺す預貯金を託して，必要な都度生活費や医療費などを渡すことにして，信託を利用するというものである。

　このスキームが「配偶者なき後の支援信託」である。

(2) 要保護者のための遺言代用型信託

　この信託は，委託者において信用できる親族に対し財産を信託して，委託者が生存中は自分自身が受益者となり給付を受け，死亡後は自身が養護している配偶者や子を第二次受益者とすることによって，自分のみならず，委託者本人死亡後における高齢の配偶者や障害を持つ子の支援を信託契約によって達成しようとするものである。

(3) 任意後見支援型信託

　一般に見守り契約や支払い代行サービス契約では，高額な金融資産が本人の手元に置かれてしまっていることから，高齢者や障害者をターゲットとした悪質商法や振り込め詐欺の被害に遭うおそれは少なからずある。そこで，登場するのが後見併用型の信託契約である。それは，高齢者が自己の適正な判断力の喪失や加齢等により自分のことが自分でできない事態に備えてあらかじめ信託を設定して大事な財産を別枠で管理し，自己や家族の生活の安定を図るというものである。この場合，一方で任意後見制度を活用することになる。

　これまで任意後見契約（移行型任意後見契約）において，例えば，任意後見人（任意後見受任者）を複数にし，そのうち1名が主として担当をしていた財産の管理について，任意後見契約に代えて信託を設定するというものである。それは，当座の生活等には不要な高額の金融資産をはじめ別途受託者

において管理するのが相当な財産を信託財産として、後見事務の対象から切り離し、信託を設定するというものである。そして、主として身上監護を担当する任意後見人（任意後見受任者）の求めに応じて、不足する生活費や高額な医療費などを受託者が給付するという仕組みである。

3．福祉型支援信託の実務を考える

(1) 親なき後支援信託の活用

具体的な相談事例を基に、家族のための信託制度が何にどのように利用されているかを説明する。

障害を持つお子さんBさん（兄弟はなく年齢は45歳）を抱えたSさん（78歳）の願いを題材として考えてみる。

(a) Sさんの願いは次のとおり。

❶ 遺産のすべてを長子のBさんに相続させること。

❷ Bさん死亡時に残った不動産を含めすべての財産を換金換価処分して換価金をBさんが世話になっているTさんやNPO法人のD、福祉施設や個人に遺贈すること。

❸ Bさんの固有財産である金融資産も、同じように遺贈すること。

❹ Sさんの後見事務をNPO法人Dに委任し、その任意後見監督人にE弁護士がなってほしいこと。

❺ それとともに、Sさんに後見事務が開始した場合は、Bさんにつき NPO法人Dを後見人の候補者として成年後見または保佐開始の審判を申し立て、その後見事務処理の中でBさんの最善の利益（ベスト・インタレスト）のためにSさんの財産を必要なだけ思う存分使うこと。

❻ Sさんの死後事務も、Bさんの死後事務（葬儀埋葬、墓所の管理、改葬等）もいずれもTさんに依頼すること。その費用もSさんの遺産から支弁すること。

(b) 検　討

これらSさんの考えを基にその願いを叶える制度について考えてみる。

Sさんの願い❶は，遺産のすべてはBさんに相続させるというものであるが，実は❷の願いを実現するためには，❶では相続は選択できない。Bさんが遺言を作成できない限り，いったんBさんに相続させた財産は，相続人がいないことから国庫に帰属してしまうので，ここでは信託制度を選択し，❶と❷の願いを実現することになる。

　次に，❸の願いであるBさんの固有財産をSさんの意思で第三者に遺贈することはできない。

　❹及び❻の願いについては，①任意後見契約　②任意の財産管理委任契約　③死後事務委任契約で実現することになる。しかし，ここではさらにSさんには，信託の利用を提案することになる。それは，Sさんの願い❺があるからである。❺の後段の願い（金に糸目をつけずにBさんのために給付をすること）は，前述のように，成年後見制度では実現が難しいからである。

　そこで，❹と❺の願いを2種類の方法で実現するわけである。一つはTさんを受託者とする信託契約と，もう一つはNPO法人Dを受任者とする任意後見契約と任意の財産管理契約を結ぶのである。なお，❻の死後事務委任契約に当たっても，金銭管理の信託契約を締結し，祭祀のために充てる高額な金銭をしっかり管理して祭祀行為の都度確実に支払いをする仕組みを構築することになろう。

(2)　高齢の親のための信託の活用

　上記の説明とは逆のケースになるが，障害を持つお子さんの財産で，お子さんを支援している親を支援する信託について考えてみる。高齢者のための支援信託である。

　親は，障害を持つお子さんのために，自らの生活を，また仕事を犠牲にしてまでお子さんを護り支援しているが，いつかは，自らが助けてもらうときが来る。その時残っている財産は僅かということもあろう。一方，お子さんには，祖父母等から多額の財産が遺贈されていることも考えられるし，また，交通事故による高次脳機能障害に基づき億を超える保険金や損害賠償金が支払われている場合もあろうかと思う。

第7章　福祉型家族信託（配偶者・親なき後問題を信託で）

ここでの説明は，お子さんが意思表示できる場合である。

自らを犠牲にしてくれた両親が高齢となり年金以外の収入がなく，しかも預金も潤沢でないという場合に，子において自分の財産を使って幸せな老後を送ってもらいたいと願うのは，人として当然のことではないかと思う。しかし，お子さん本人も年齢を重ねることによって，判断能力が低下しいざという時にこれを実現するための手配（契約）ができなくなることもある。

そこで，一方において，この大事な財産が散逸せず長期にわたってお子さん本人のために保全管理する（第三者からの侵害を防止するため本人の手元財産から隔離して管理する[※]）とともに，両親が高齢になって支援が必要なときに生活費や医療費等の給付が可能になるように，お子さんが意思表示ができる間に，これらの事柄が達成できる信託契約を締結するというものである。

この契約を締結できるのは限られたケースになると思うが，これまで相談を受けた中にも数件かかる信託契約を奨めた事例はある。

※　「金銭の隔離と信託」
　　この手元財産からの隔離は，大変大事なことである。判断能力が低下した方の中には，手元に現金や預金等通帳を置きたがる人がいる。しかし，管理は甘い。これを狙うのは第三者だけではなく，身近な親族（家族）もいる。一生涯大事に使う財産（金銭）であるので，本人の同意を得て，後見制度支援信託同様隔離が必要である。
（参考文献　拙著「増補　新しい家族信託」日本加除出版）

第8章

認知症と後見

第8章　認知症と後見

─認知症と地域後見─

● 認知症，本当に忌まわしい病気である。この病気が人の幸せな生活とその本人を支える家族の生活をも奪っている。最近，認知症に関する特集の新聞記事や番組も多くなってきている。このような新聞，テレビ等の報道により，認知症がいかなる病気なのか多くの人に知られるようになって，認知症イコール無能力という誤った認識が少しはなくなってきているのだろうが，まだまだ十分とは言えない。

● 認知症の人の「認知症という病気であっても幸せに生き抜きたい」という願いを叶えるために，成年後見制度に携わる成年後見人等，その中でも家族後見人や市民後見人は，認知症という病気を十分に理解し，しかも認知症の人への接し方や後見事務の在り方について考えながら後見の事務処理をしなければならない。

　本書掲載の「市民後見人の声」にもあるとおり，認知症の人，重い障害を持つ人でも「温かな後見活動」によって「心を開き，笑顔を取り戻し，後見人の訪問を心待ちにしている」のである。それだけ，本人の目線で活動する市民後見人の役割は重要である。

─後見制度を考えた認知症の診断─

● 「認知症の人の"病気であっても幸せに生き抜きたい"という願いを1通の診断書が踏みにじっている」「医師は，成年後見制度を知らない」
　後見の業務に就いている人からこのような話をしばしば聞く。その中でよく聞くのは，「（医師から）近い将来，認知症がひどくなり判断能力がなくなるので，後見相当の診断書を作成してある」という説明があったという話である。人から伝え聞いたことであり，すべてがそのとおりかどうか不明であるが，かつてはよく耳にした。最初のころは驚いていたが，本書掲載の市民後見人の声にもあるように，「転ばぬ先の杖」「診

303

第8章　認知症と後見

断書は家族の人のために書くもの」という医師がいる限り，正しい診断は当面無理なのかとあきらめてしまうこともある。
● しかし，成年後見制度が信頼されるためには，医師をはじめ医療関係者に，四つの制度があるこの後見制度の仕組みのみならず理念等をもしっかり学んでもらわなければならない。
　それは，鑑定医にあってはなおさらである。臨床で用いられる認知症の評価スケール長谷川式テストが30点満点に近い人が画像検査の結果，脳に萎縮が認められるという理由で「保佐相当」の鑑定結果が出て被保佐人となった例がある。医学的にはそのとおりだろうが，結果，その人は筆者から見れば事理弁識能力が「著しく不十分」とは到底思えないのに，さまざまな権利をはく奪され地位を失ったと言える。
　一つの診断，鑑定は，その人のその後の一生を決めてしまう。つまり，誤った診断はその人の幸せを奪ってしまうほど，重要な判断なのである。医療関係者は，このことを忘れないでほしい。
●「私もそうであるが，医師は後見制度を知らない」そのように語られて，市民後見人講座を受講しているベテラン医師もいる。成年後見制度の診断書を作成されている医療関係者には，見習ってほしいことがらである。

　本章では，認知症という病気のことと，この病気を患っている本人の後見事務を担う市民後見人や家族後見人の役割や配慮すべき事柄を中心に説明する。しかし，筆者は医学を専門的に学んだわけでもなく，また認知症にはさまざまな病状やタイプがあり，ここでの説明がすべてに等しく汎用するものではないことだけはご理解いただきたい。
　なお，本章では，成年後見人，保佐人，補助人及び任意後見人を，「成年後見人」または「後見人」と表記して説明する。

第1　高齢者の中で増え続ける認知症の人

1．我が国の認知症高齢者数

　我が国の認知症高齢者については，厚生労働省の推計で，平成22年における人数は208万人であり，その10年後には300万人に達すると言われていた。

　しかし，平成24年10月には，認知症の人は500万人を超え，その数は増加し続けており，さらに軽度認知障害（MCI）※の高齢者も約400万人いるという研究結果が発表され，また平成27年1月，厚生労働省は10年後の認知症高齢者は700万人になるとの推計値を発表している。このように，認知症の人は数字では正確に把握できないほど多く，しかもますます増加傾向にあると考えられている。

　筆者も，日々，遺言や任意後見契約の当事者として，多くの高齢者と接しているが，その中で特に後期高齢者については，正常老化によるものなのか病的老化によるものなのか不明であるが，何らかの記憶障害が見られる方の多さに驚いている。

　※　MCI（mild cognitive impairment）とは，主観的な物忘れの訴えがあり，年齢に比して記憶障害が低下しているものの，日常生活や全般的な認知機能は正常で，認知症を認めない状態をいうとされている。

2．我が国の超高齢化社会と負の財産

　2013年版の高齢社会白書によれば，我が国の総人口は1億2,752万人（平成24年10月1日），そのうち，65歳以上の高齢者人口は過去最高の3,079万人（前年2,975万人），65歳以上を男女別にみると，男性は1,318万人，女性は1,762万人で，総人口に占める65歳以上人口の割合（高齢化率）は24.1％（前年23.3％），65ないし74歳人口（前期高齢者）は1,560万人，75歳以上人口（後期高齢者）は1,519万人と超高齢化社会を迎えている。

　このような超高齢化社会の中で，実に80歳以上の高齢者の4人に1人は認

知症という時代を迎えつつあると言われている。したがって，成年後見制度を考えるうえで，この認知症の人の後見は一層重要な課題になると言える。

認知症は，高齢者だけの問題ではない。しかし，その多くは高齢者の福祉との関係で論じられているので，ここでは認知症高齢者を中心に述べる。

第2 認知症とはどんな病気か

1．認知症とは

(1) 認知症は脳の知的機能が低下した病気の総称

認知症は，一つの固有の病気ではなく，記憶と判断力の障害を基本とする症候群（病気症状の集まり）であり，原因となる病気はおおよそ70種類にも及ぶと言われている。

認知症は，「もともと正常に発達した知能が，その後の病気や障害によって，持続的に低下した状態」（「図表で学ぶ認知症の基礎知識」51ページ），すなわち「いったん正常に発達した脳を中心とした疾患を原因として，記憶や判断力などの障害がおこり，普通の社会生活が送れなくなった状態」と定義されている。

それは，病気による脳の萎縮（アルツハイマー型認知症―脳細胞の急激な減少による病的な脳の萎縮）と脳血管性障害（一次性認知症）に代表される。

なお，認知症の定義や診断基準は，一般には米国精神医科学会によるDSMやWHO（世界保健機関）によるICD-10が広く用いられている。

http://www.neurology-jp.org/guidelinem/degl/sinkei_degl_2010_02.pdf

(2) 認知症の症状は特徴的

認知症は，このように，「その人が持っている高次の精神的機能が喪失し，それまで育んでいた社会において必要な認知能力が失われ，普通の社会生活が送れなくなること」を言うとされている。しかも，その人が，培ってきた知識や技能，体験の記憶喚起，情報の分析・集約，物事の道筋や道理を理解

判断する能力，それから生きがいを発揮する力を失ってしまうという，何とも残念な忌まわしい病気である。

認知症の人は，種々の精神機能を喪失し，周囲の人とのかかわりの中で，さまざまな認知症の行動と心理的な症状（BPSD—Behavioral and Psychological Symptoms of Dementia）を呈する。それは，多くの負の体験を重ねて行くだけでなく，後に述べるように，本人自身，その喪失の体験を心で受け止め，心の痛みとして感じ取っているのである。したがって，いつも不安を持ち，喪失感からうつ状態になることも多いと言われている※。

※ 「認知症の人の心理的特徴」―心理状態及び行動―
- ❶ 不安
- ❷ 混乱
- ❸ 被害感（物盗られ妄想）
- ❹ 自発性の低下（抑うつ状態）
- ❺ 恐怖感と焦燥感
- ❻ 取り繕う行動

２．認知症はどのような症状の病気か

認知症は，さまざまな病気症状の総称（症候群）であり，それぞれの原因となる病気によって，症状も異なる。主な原因となる病気が持つ特有の症状については後述するが，代表的な症状を専門書に習い記述する。

具体的には，直前に起きたことも忘れる記憶障害，筋道を立てた思考ができなくなる判断力の障害，予想外のことに対処できなくなる問題解決能力の障害，計画的に物事を実行できなくなる実行機能障害，「いつ・どこか」が分からなくなる見当識障害，ボタンをはめられないなどの失行，道具の使い道が分からなくなる失認，ものの名前が分からなくなる失語などがある。

(1) **中核症状**

「中核症状」は脳の神経細胞が壊れることによって直接起こるもので，次のような症状が見られる。

1 人格の変化（性格の変化―元来の性格の尖鋭化，反動化，円熟化）

② 病識の欠如
③ 記憶障害（物忘れが目立つ―記銘力・記憶力の障害）
④ 見当識障害（時間や場所が分からない）
⑤ 失語，失行，失認（高次大脳皮質機能の障害）
⑥ 遂行機能障害（段取りができない。勘定が面倒になり，できなくなる―計算力障害）

(2) **周辺症状**（認知症の行動・心理症状：BPSD）

「周辺症状」とは，周囲の人とのかかわりのなかで起きてくる症状をいう。性格や置かれている環境等により，人それぞれの現れ方が違ってくる。

①興奮，②妄想，③徘徊，④意欲の低下（無為・無関心―考える力が衰え，根気がなく，ぼんやり過ごす―意欲の低下。また，世間や家庭のことに関心がなくなり，喜怒哀楽の感情が乏しく，不自然に表わす―感情の枯渇，浅薄化），⑤いらいらする・怒りやすい，⑥不安，⑦うつ，⑧異常行動

3．認知症と判断能力

　医師により「認知症の症状がみられる」，あるいは「アルツハイマー型認知症である」との診断を受けると，かなりの人が，本人は判断能力がない人と決めつけてしまう危険がある。かつて，公証人の中にも，かかる診断がなされているのであれば，一切公正証書は作成できないと言い，嘱託を断っていた例もあったと聞いている。

　しかし，認知症は，発症後異常行動や心理症状が出るのは数年の経過を見るものもあり，記憶障害や知的機能障害があっても一律に判断能力がない，あるいは有効に法律行為ができないというものではない。このことは，法定後見制度が3類型の仕組みを設けていることからも分かりそうなものである。

　筆者は，かつてしばしば，嘱託人の家族から，「認知症なのに公正証書を作成したのですか。無能力なのに。」と責められることがあった。そこで，認知症を分かりやすく解説した何冊かの書を買い求め，その一冊の本の挿絵を参考に自分なりに認知症と判断能力（認知機能）の低下をグラフにした図

を作成した。それが次図であるが、その後は、これを基にこのような家族の人や関係者に認知症と判断能力の低下の推移（前期：減退が見られる、中期：ひどくなった、後期：判断できない）について説明するようにしてきた。[※]

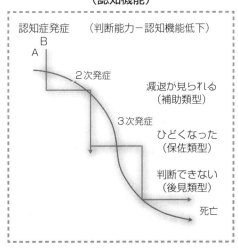

この図は、Aの曲線がアルツハイマー型、Bの折れ線が脳血管性の認知症と認知機能の低下を説明するチャート図であるが、その後買い求めた認知症介護実践研修用のテキスト（「図表で学ぶ認知症の基礎知識」58・60ページ）にも同様の図表が載っていたので、いまではこれを参考に若干修正を加えて使わせてもらっている。

※　「認知症と判断能力」について
　　五十嵐禎人医師（千葉大学教授）の説明
　　「認知症の臨床経過を考慮すると、アルツハイマー病では、前期では包括的判断能力に障害が生じている可能性があるが、個別の領域特異的判断能力については保たれている可能性が十分にあるといえよう。中期に至れば包括的判断能力の障害はより重篤になり、より多くの領域特異的判断能力に障害が生じている可能性が高いが、簡単かつ身近

第8章 認知症と後見

な領域に関してはいまだ判断能力が保たれている可能性もある。後期に至ると，包括的判断能力はもちろん，すべての領域特異的判断能力が障害されていると考えられよう。
　血管性認知症に関しては，これに準じて個々の事例ごとに検討される必要があろう。また，MCIの場合は，アルツハイマー病の前期に準じて検討することが適切と考えられる。」（新井誠ほか「成年後見制度　第2版」有斐閣428ページ）

第3　主な認知症の種類と症状

1．主な認知症の種類

(1)　アルツハイマー型認知症

アルツハイマー型認知症[※]は，記憶障害をはじめとする認知機能障害により日常生活や社会生活に支障を来す病気である。

認知症の全体の67％を占めるというこの病気は，脳血管性認知症と異なり，緩徐な進行が特徴である。

症状は，徐々に進行する認知障害（記憶障害，見当識障害，学習障害，注意障害，空間認知機能や問題解決能力の障害など）であり，重症度が増し，高度になると摂食や着替え，意思疎通などもできなくなり，最終的には寝たきりになる。症状経過の途中で，被害妄想や幻覚（幻視）が出現する場合もある。暴言・暴力・徘徊・不潔行為などの問題行動（いわゆる周辺症状）が見られることもあり，介護上大きな困難を伴う。

※　アルツハイマー型認知症の「進行によって現れる症候」
　初期は記憶の障害とともに，計算ができない（失計算），動作や行動が思ったように行えない（失行）などの症候が見られます。中期になると，うまく言葉が出ない・話が聞き取れない（失語），季節や日時，トイレなどの場所が分からない（時間・場所の失見当），そのほか徘徊や精神的混乱，夜間の幻覚・妄想（夜間せん妄）などが見られるようになります。そして後期になってくると，自発性がなくなり，高度の認知機能障害に身体の機能障害も加わって寝ている時間が増えていきます。失禁や誤嚥，褥瘡などによって，全身状態が悪化していきます。
　アルツハイマー型認知症の進行スピードには個人差があります。初期から後期に至るのに，数年から20年かけて（平均は約8年）進行していきます。（「図表で学ぶ認知症の

基礎知識」59ページ）

(2) 脳血管性認知症

脳梗塞，脳出血など脳内の血管に異常が起きることによって生じる認知症である。

かつてはこの類型は認知症の3分の1を占めるとも言われていた。最近の調査の結果ではこれが割合としては減少傾向にあるものの，20％に近い数字を占めているという。

症状は，物忘れ，記憶の間違い，見当識障害，計算拙劣などが現れる。感情のコントロールができず，些細なことで泣いたり，笑ったりするのが止められない（感情失禁），一過性の錯乱，せん妄を呈し，幻覚・妄想もしばしば見られる。アルツハイマー病の全般性認知症と比べると，「まだら認知症」の症状を呈することが多いと言われる。身体的には，頭痛，めまい，耳鳴りなどを訴えることが多いが，神経症状として，運動麻痺，言語障害，失語症，失行症，失認症なども見られることがある。

(3) レビー小体型認知症

最近，認知症の中でこのタイプが認知症の中で割合が増加しているとも言われている。

レビー小体型認知症の症状は，認知障害だけでなくパーキンソン病のような運動障害（転倒などをおこしやすく，予後は不良であり，症状に合った薬物療法や介護が行われなければならない）も併発するのが特徴である。日本ではアルツハイマー型認知症や脳血管性認知症に次ぐ三大認知症の一つである。この病気特有の症状としては，幻覚幻視をみたり，妄想をしたりすることが挙げられる。ひどい物忘れはなく，動作が鈍く，また，よく幻視（例えば，黒ゴマやパン屑が「虫」などに見えるという）が見られ，看護者や家族との間に言い争いが生じ，家族にとっては先が見えないような体験をすることになる。幻視については，投薬により改善する場合があるというが，アルツハイマー型に比べ10倍も寝たきりになるのがはやいとも言われている。

(4) 前頭側頭型認知症

このタイプは，前頭葉と側頭葉という脳内の局部に萎縮が見られ，著しい人格の変化や情動の変化により発症し，次第に認知症が現れるタイプである。ピック病は，その代表的なものであるといわれている。

前頭葉の背面に病変が強いと自発性を失い，無関心になり，また前頭葉底面の眼宙面に病変が強いと，軽薄，多弁，多幸的（非常に強い幸福感）となり，脱抑制的（外的な刺激によって抑制が効かない），易刺激的（些細なことですぐに不機嫌になる）で，無目的に歩き回ったり，暴力を振るったり，万引きや平気で破廉恥な行動をすることもある。このタイプは，記憶障害や妄想が現れるため，共同生活は難しいと言われるが，精神的なケアにより，意思の疎通など改善を図ることができる。側頭葉の障害では，言語がなかなか思い出せない健忘失語が見られる。反面，言語の欲動は克進し，多弁となり，そのためどもる（吃る）ような形で同一語を繰り返す語間代という症状が見られる。この疾患は，投薬による改善は期待できないとされている。

(5) 若年性認知症

若年性認知症とは，18歳以上65歳未満で発症する認知症の総称である。

65歳以上で発症する老人性認知症と同様に，脳血管障害やアルツハイマー病などによって人格障害，記憶障害，言語障害などの症状が現れる。原因となる疾患としては，脳血管性認知症とアルツハイマー病が大半を占めるが，頭部外傷後遺症，前頭側頭葉変性症，アルコール性認知症などが基礎疾患となることもある。平成21年3月に厚生労働省の調査結果が公表され，全国で推計3万7,800人の患者がいることが明らかになった。

疾患を治す，元に戻す，そんな挑戦をしがちであるが，それが本人をさらに追い詰めることになるとされている。早期発見は大事であるが，疾患を正確に把握し，病気を直視し，正しいケアを早めに選択することが大事であると言われている。残りの長い人生を，本人にとって尊厳を保って自分らしく生きることが最も大事であり，周囲の人もこのことを念頭に置くべきであるとされている。

2. 認知症と医療について

(a) 治療可能な認知症
(b) 発症予防可能な認知症
(c) 根本的治療が困難でゆっくり症状が進行し止められないもの

　認知症は，さまざまな病気（症状）の総称であり，その中には治療により症状が回復可能な病気もある。かかる治療可能な認知症は，認知症に占める割合は少ないが，当然のことながら，見落としてはいけない病気である。高齢者の場合，「治療可能な認知症」や「前認知症状態」（廃用症・症候群）が長く持続すると治癒困難な認知症になってしまうおそれが大きいと言われている。

3. 認知症の程度と自立度

(1) 「認知症高齢者の日常生活自立度」判定基準

　一般の人は，介護保険制度による要介護認定評価といわゆる認知症度（主に認知症高齢者の日常生活自立度）がイコールであると誤解している人が少なくない。深く関連はしているが，同一ではないのである。
　「認知症高齢者の日常生活自立度」とは，高齢者の認知症の程度とそれによる日常生活の自立度を客観的に把握するため，ひろく医療福祉現場で使用されている指標である。特に，介護保険制度の要介護認定では，認定調査や主治医意見書の中で「障害老人の日常生活自立度」と併せてこの指標が用いられ，コンピュータによる一次判定の結果に反映されるような仕組みとなっており，近年特に重要視されるようになってきているという。

(2) 目安となる基準

ランク	判定基準	見られる症状・行動の例
Ⅰ	何らかの認知症を有するが，日常生活は家庭内及び社会的にほぼ自立している。	

Ⅱa	家庭外で，日常生活に支障を来すような症状・行動や意思疎通の困難さが見られても，誰かが注意していれば自立できる。	たびたび道に迷うとか，買物や事務，金銭管理などそれまでできたことにミスが目立つ等
Ⅱb	家庭内でも上記Ⅱaの状態が見られる。	服薬管理ができない，電話の対応や訪問者との対応など一人で留守番ができない等
Ⅲa	日中を中心として，日常生活に支障を来すような症状・行動や意思疎通の困難さが時々見られ，介護を必要とする。	着替え・食事・排泄が上手にできない，または時間がかかる。やたらに物を口に入れる，物を拾い集める，徘徊，失禁，大声・奇声，火の不始末，不潔行為，性的異常行為等
Ⅲb	夜間を中心として，日常生活に支障を来すような症状・行動や意思疎通の困難さが時々見られ，介護を必要とする。	
Ⅳ	日常生活に支障を来すような症状・行動や意思疎通の困難さが頻繁に見られ，常に介護を必要とする。	
M	著しい精神症状や問題行動あるいは重篤な身体疾患（意思疎通が全くできない寝たきり状態）が見られ，専門医療を必要とする。	せん妄，妄想，興奮，自傷・他害等の精神症状や，精神症状に起因する問題行動が継続する状態等

http://www.mhlw.go.jp/topics/2013/02/dl/tp0215-11-11d.pdf

4．認知症を評価する手順

　認知症が疑われる場合，次のような手順（質問等）で評価するとよいといわれている。

　筆者も公正証書を作成するに当たり，本人が認知症を患っていないか，また本人の判断能力はどの程度かを調査判断するうえで，次の事項を本人に質問するなどし，判断材料にしている。それほど難しい事柄の調査ではない。なお，高齢者の中には，かなり聴覚障害のある方，補聴器を使用しないと会話ができない人や，聴力を失い紙に書いて意思疎通を図る人もいるので，調

査に当たって特に聴力については十分配意が必要である。また、人は、初対面の人には心は開かない。本人に面会して、すぐかかる質問等をしたとしても正しい答えは返ってこない。心を開いてもらってから質問するのが鉄則である。

- (a) 住所、番地、誕生日、年齢、家族構成、職業などについて質問し、記憶力の障害の有無を調べる。
- (b) 現在いる場所、日付（年月日）、曜日などの見当識障害の有無を調べる。
- (c) 日常生活の自立度（どのようなことをどの程度行っているか、ランク付け）を判定する。
- (d) 意識は清明か混濁しているか判断する。
- (e) 視覚や聴力障害、手足の運動麻痺の有無を観察する。
- (f) 認知症スケール、臨床評価尺度により認知症の程度を判定する。

上記のチェック[※]の結果、認知症が疑われるとしても、専門医師の診断がない限り、認知症と断定してはならないのは言うまでもない。医師でない後見人が判断すべき事柄ではない。

※ 「認知症を疑うチェックポイント」
（認知症等の人のみならず健常者もチェック項目に該当するので、念のため）
① 少し前に言ったことを忘れて、同じことを言う。
② 何度も同じことを聞いたりする。
③ 物の名前が出ない。
④ 意欲がなく、うつろな表情でぼんやりしていることが多い。
⑤ 置き忘れがひんぱんになる。
⑥ 日課や好きだったことに興味を持たずやらなくなる。
⑦ しまい忘れが目立つ。
⑧ 物を盗られたという。
⑨ 家事をする段取りが分からなくなる。
⑩ わけのわからないことで怒りっぽくなる。
⑪ 衣類の着方を間違えたり、うまく着ることができない。
⑫ 食事したことを忘れている。
⑬ 鍋・やかんを火にかけっぱなしにする。
⑭ 道具や家電器具の使い方が分からなくなり、まごつく。
⑮ 計算やお金の勘定ができず、つり銭を間違う。

⑯　家の中でトイレの場所が分からない。
⑰　外出して道に迷ったり，自宅へ帰れなくなる。
⑱　世間のことやニュースに関心を示さなくなる。
⑲　行事・催し物に出ても，あとで忘れている。
⑳　ごみの仕分けやゴミ出しの曜日が分からなくなる。
㉑　話が通じない。

第4　認知症の人に向き合い後見人がやるべきこと

1．認知症の人に向き合うために

(1)　繰り返し説明する

　成年後見人は，自分がどんな立場の人間で，どんな事務処理をするのか，本人に十分に知ってもらうことは不可欠である。そして，忘れたら何度も説明し，理解してもらうことが必要である。

　認知症は症状の悪化により，自分の子どもにですら「どなた様ですか」と尋ねるような病気であり，認知機能の低下が限りなく零に近づくこともあり得ることを忘れてはならない。安易に，一度知ってもらったからといって，本人への説明・告知は省略してはならないのである。

(2)　正面からゆっくりはっきりと

　相手になるべく近寄って対面し，正面から優しい言葉でゆっくり話すことである。

　後ろから話しかけるのは，本人の不安感を一層駆りたてるのでやってはならないと言われている。また，話し方が威圧的であったり，説諭的であってもならないという。顔を見ながらゆっくり話すのは，本人に分かってもらうという姿勢を示すことで，本人に安心感を与えるという。

　また，高齢者の場合，少なからず聴力の低下を来していると，まずは考えて接してみる。話の最初は，聴力に関する聞き取りである。本人の聴力が低下している場合にあっては，顔の見える範囲で，しかも耳元でゆっくり話す

のが鉄則と言える。

　さらに，認知症の方に説明するには，本人の知識力にもよるが，難しい文言や文章は使用しないようにする。時には，感情に訴え，文字や言葉以外でコミュニケーションを図る必要がある。筆者の場合，任意後見契約の締結にあっては，必ず手作りの図（本書22，127ページ参照）を当事者に示して説明し理解はしてもらっているが，この視覚に訴える手法は認知症の人や高齢者に向き合うためには不可欠である。

2．認知症に備える

(1) 早期発見

認知症については，早期発見が重要であると言われている※。

　認知症の中には，早期発見と治療により治る病気がある。このような病気の場合は，発見が遅れたり，放置しておくと手遅れになってしまう。また，アルツハイマー型認知症のように治癒しない認知症でも，最近では発見が早ければ適応薬があり，進行を遅らせることができるケースもある。

(2) どのようにして確認するか

　誰が，どのようにして確認するかが問題になるが，一般には，①直接本人を見守って覚知する，②家族，親族に説明を求める，③定期的に医師の診断を得る，④長谷川式のテストを試みる，⑤ヘルパーの人やケアマネージャーの説明を聞く，⑥友人，近隣者から聞く，⑦かかりつけの医師から聞くことなどであろう。

　調査事項は，主として次のとおりである。

- ❶　記憶の低下――近時記憶障害
    - a）認知症の特徴
        - ・大切なことを忘れる
        - ・直前の体験全体を忘れる
    - b）良性の物忘れ
        - ・体験の一部の物忘れにとどまり，物忘れの状態以上に変化はない

・自覚がある（忘れに気付く）うえ，生活に支障はない
❷ 認知の障害
・言葉のやり取りができない ・見当識（場所・時間）が分からなくなる
・手順や計算が分からなくなる ・親しい人が分からなくなる
❸ 生活の支障
・今までの生活ができない ・人とのトラブルが起きる

(3) **後見事務のために準備する**

早期発見は，前記(1)の理由のほかに，後見事務に必要な「本人の意思（思い，考えや生きがいなど）」を確認して近い将来に備えることができるという理由もある。成年後見人（後見類型）にあっては，本人からその思いやそれぞれの事象に対する本人の考えを聞くことは難しく，多くは手探り状態で後見事務や介護の手配を行っているものも少なくない。しかし，早期発見によって，例えば，任意後見の場合には任意後見受任者において本人に面接し，しっかりと本人の考えや思い，人生観や幸福感についての説明を得ることが可能となり，介護，医療や病院の選択，住まいに関する希望を本人から直接聞くことができるなど，その後の後見事務の処理に大きなプラスの材料となるはずである。

(4) **地域の力を借り，次に備える**

最近では，地域によっては認知症早期発見のための支援活動や専門家に気軽に相談しやすい体制ができており，また初期の症状であれば，本人自らが利用可能なサービスもある。このことから考えても，後見人，特に任意後見受任者としては，見守り等がいかに大事かを認識するとともに，初期の認知症の治療等の重要性を自覚する必要があろう。

見守りによって発症を予防し，適応薬で進行を止め，または遅らせることができる場合もある。そして，これらにより在宅での生活や小グループでの共同生活を長く続けることが可能になっているというのである。

※ 「早期診断を必要とする理由（まとめ）」
❶ 認知症は，その原因となる病気によっては治療等により軽快し，あるいは回復が可

能であること。治癒可能な病気でも，ケアや治療が遅れるとより進行しあるいは後遺症が残り，介護者の負担が重くなる。
❷ 回復の見込みがない場合でも，薬物療法やリハビリテーション，環境の調整によって，進行を止めたりあるいは遅らせることができる。
❸ 認知症の原因となる疾患の再発を防止するための薬物療法や生活習慣の改善を行うことができる。
❹ 治療と介護の計画・マネジメントが可能となり，さまざまな協力体制ができること。適切なケアや環境改善によって，本人の生活の不自由さを改善でき，一方介護に当たる家族の人のサポートができて，その負担を軽減できる。
❺ 認知症の合併症を防ぐことができる。
❻ 本人の家業や勤務先，地域での社会活動についての対策が図れる。
❼ 本人の残存能力を活用でき，また本人に心の準備をさせることができる。本人，そして家族が，これからのことを考えることができる。特に，本人の場合，判断能力があるうちに，医療や介護について自己決定ができ，また自分の財産をどのように活用するか，さらには遺言書の作成を含め，自分を支援してくれる家族への財産の分配や帰属について自分の意思で決めることができる。
❽ 認知症は年々進行するので，それに相応して本人の生活の質を改善し，本人の生き方を支援することができる。

3．予防とケアを考える

(1) 予防を考える

　これは，医師やケア担当者の意見・説明を基に考えることであるが，必要なケアや認知症悪化予防のための手配等は成年後見人（任意後見受任者）の責務の一つである。ここでは，認知症に結び付きやすいという，**廃用症（症候群）**[※]について触れてみる。

　一般に高齢者の身体的機能の低下は，認知症を生じさせる大きな要因であると言われる。加齢や病気により，"何もしない" "すぐ横になる" ことが続くことによって，廃用症（症候群）[※]といわれる「意欲の低下」「体力の低下」「感覚機能の低下」などの症状ともいうべき状態が現れやすいという。これらが寝たきりの原因となり，ついには認知症の発症につながるのだと言われている。成人のセルフ・ネグレクト（自己放任―通常の生活を維持するために必要な行為を行う意欲・能力を喪失し，食事をとらず，あるいは医療を拒否し，不衛生な環境で生活を続けるなどして自己の健康・安全を損なうこと）について

も同じ考え方ができよう。

　これらの改善方策を考え，生活援助者を活用し必要な手配をするという事務は，身上配慮義務を負う成年後見人の責務とも言えよう。

※　「廃用症（症候群）を回避する」
　　主な回避方法は，次のとおり。
　❶　医師等のカウセリングによる解決策を考える。
　❷　仕事，趣味を持たせる。場合によっては，就労を考える。
　❸　生活環境を変える。
　❹　地域の力を借りる。
　　・社会参加活動に生きがいを持たせること
　　・地域の福祉コミュニティを活用すること
　　・自宅，施設だけでなく，地域社会の環境が，本人にとって馴染みやすい状況になっていること
　❺　他の病気による症状であれば，当該病気の治療を行う。

(2) 病的老化（進行）を予防する

　老化には，正常老化と，認知症に結び付く病的老化があり，この病的老化を防ぐためのさまざまな方策が提言されている※。

※　「病的老化（認知症）を予防する」
　❶　住環境をはじめ，生活環境を整える。ストレスのたまる住環境を改善し，住まいの温度調整ができる機器を備える。
　❷　食生活に注意し，生活習慣病を予防する。欠食は老化の原因となるので，相応の栄養の食事をとる。塩分は控えめにし，脂っこい食事は避ける。
　❸　手軽にできる適度な運動を行う。生活習慣病の予防にもなる。
　❹　さまざまな病気の原因となるストレスを解消する。
　❺　頭を使うこと。手紙を書いたり，日記をつける習慣を持つ。
　❻　人とのコミュニケーション（出会いや付き合い）を図る。

(3) ケアを考える

　このケアは，本人に希望を持たせ，病気の中でも最善の生活ができるように手を添えるものでなければならない。

　この場合も，本人を中心に据え，その人らしさを大切にしながら，地域の力をも借りてこれら認知症のケアにかかわる後見事務（支援と手配）を行うことが大事である。成年後見人も，次に掲げる「認知症ケアの10原則」をはじめ認知症の人のケアの基本的留意事項※をしっかり覚えておくべきである。

認知症の人は，脳を使わないでいるとますます認知機能が低下すると言われている。したがって，「すぐに忘れるから」あるいは「間違うから」といって，何もかも本人から奪うこと，仕事から遠ざけ家事等の手伝いをさせないということはするべきではない。本人が喜んで行動する事柄は，身体等の危険がない限り体験させ，幸福感や満足感を味わわせることは必要である。

「認知症のケアの10原則」とは，次の10項目である。

❶ 主体性の尊重，自己決定の尊重──認知症であっても本人の望む生活が送れるように，さまざまな場面で，自分自身で意思決定ができるようなケアを提供する。

❷ 今までの生活を継続できるようにする──本人の生活環境やリズムをできるだけ変えないようにする。

❸ 自由と安全の保障──自由で安全な生活ができるようにする。

❹ 権利侵害の排除──ケアによって身体，経済，心理面で権利を侵害しないようにする。

❺ 社会的交流とプライバシーの尊重──自宅では孤独にならないように，施設では集団生活をする中でもプライバシーが尊重されるようにする。

❻ 個別的対応──ひとりひとりに合った必要なケアを提供する。

❼ 環境の急激な変化を避ける──環境の変化に対応できずに混乱することを避ける。一方，適度な刺激のある快適な環境を提供するようにする。

❽ 生きる意欲，希望の再発見を可能にする自立支援──その人の持っている能力を生かし，生き生きと生活できるようなケアを提供する。

❾ 人間の尊厳の保持──認知症がどんなに進行しても，人としての尊厳を守るケアを提供する。

❿ 身体的に良好な状態の維持と合併症の防止──身体状況が安定していると精神面でも穏やかに過ごすことができる。自分の体調不良を伝えられない場合や危険を予測できない場合も，周囲が配慮しなければならない。

（長谷川侑香・河野英子ほか「認知症ケア専門士テキスト＆予想問題集」31

ページ）

※「認知症のケアの留意事項」
1　本人の人格を尊重し，基本的な欲求（住まい環境，食事，睡眠，外出・散歩，買い物など）は満たすこと。
2　意思の疎通を図ること。　①話をよく聞き，共感する。注意や説教はしない。②話は，ゆっくりと目を見ながら話し，後ろからは話しかけない。③話は，一つ一つ簡潔に，しかも単純な言葉で。④口頭説明が難しい場合は，紙やボードを利用する。⑤嘘はつかない。
3　日常生活のこと（着衣，食事の準備，洗濯物の整理，掃除，その他できることの動作）をやらせ，あるいは一緒にして自立能力を培い減退させない。
4　孤独にさせたり，寝たきりにさせないこと。例えば，デイサービスを利用したり，本人に趣味の時間を十分与えるなどする。
5　予測される事故から守る。住まいの段差による転倒や薬の誤飲をなくす対策を講ずる。
6　優しい仕草や暖かな眼差しで接し，挨拶を励行するなどスキンシップを図る。
7　適度の運動をさせる。
8　問題行動（徘徊，妄想等）については，これを叱責したりあるいは真っ向から否定せず，耳を傾けて聞く中で，話題を変えるなどして，他に気持ちを向かせる。
9　身だしなみを整え，整髪等をこまめにすること。
http://www.mhlw.go.jp/topics/kaigo/dementia/a04.html

第5　認知症の人と正しく接するために

1．認知症の人とは

(a)　認知症の人は，「恍惚の人」とか，「ぼうっとしている，夢を見ている人」ではない。

　本人は，死を迎えるまで，それぞれこれまでに培った考えや思いを持ちながら生きる人間であり，誰からも侵されることのない個人として尊重されるべき人格の持ち主なのである。認知症は，脳の神経細胞が壊れるなどする病気であるが，すべてができないと考えてはならない病気でもある。したがって，本人の思考（考え方）や感情（思い）とこれを達成する行為は，本人にとっては自尊心にかかわることであり，これを実現できるようにすべきであ

る。本来，本人の生命，身体や財産に危害が及ばない限り，いかなる場合も否定しあるいは妨害してはならないのである。

(b) 認知症が進み，妄想が出現したとしても，本人にとってそれは「事実」なのである。

本人にとっては，妄想を否定されるのは自分自身を否定されるに等しいことであり，常に，本人を支援する人はこのことを念頭におかなければならない。もちろん，本人を危険な状態にさらすわけにはいかないので，尊厳を傷つけず，本人を護ることも成年後見人の大事な責務の一つである。

当然それは簡単なことではない。成年後見人は，本人の言うことをすべて事実として取り扱ってはならないが，相手の立場を尊重し，相手の思い，考えをくみ取る必要がある。そして，後見人が自分の敵でないことを教え，理解者であることを理解してもらい，支援と手配を行う必要がある。

2．認知症の人は語る

(1) 認知症の人と支える人

認知症の人は，いつでも不安感を持っている。

2005年に保健医療福祉の有識者・団体等で発足させた，「(略称)認知症100人会議」(「認知症になっても安心して暮らせる町づくり100人会議」)は，認知症の人とその家族を支え，見守り，ともに生きる地域を築いていく運動を推進するための，さまざまな啓もう活動を行ってきている。この団体の講演会などでは，認知症の人自身が，あるいはその家族がスピーカーとしてその体験を発表している。

筆者もこれを拝聴させてもらったことがあるが，本人あるいは家族の方の話は心を打つものばかりであった。その中で本人は，認知症という自分には何か分からない病気が極めて長い期間，自らを不安感で苦しめていることを語り，一方介護する者は，その苦労を本人に認めてもらえず，いつでも介護支援を投げ出したくなる気持ちを抱いているというのであった。

(2) 不安感と喪失感

　認知症の方や家族の人が語る話や手記などを見ると，「本人は常に不安感や喪失感を抱き，家族においても表現のできない苦痛や苦悩と悲しみを抑えて援助し涙している」というのである。

　認知症の人は，「認知症患者とは言われたくない」「認知症というと，多くの人は自分を人としてみてくれない」という。これは，認知症の人イコール無能力というイメージを抱いてしまうからなのであろうか。認知症の人は，このように思われることに喪失感を抱くことになる。

　ことに，初期の認知症の人は，「自分に何が起きているのか悩み，起こっていることを知りたいという感情が強い」と言われている。

　このことは，高齢者介護研究会の「2015年の高齢者介護（報告書）」の中で，認知症高齢者の特性として述べられているところでもある。すなわち，「認知症高齢者は，記憶障害が進行していく一方で，感情やプライドは残存しているため，外界に対して強い不安を抱くと同時に，周りの対応によっては，焦燥感，喪失感，怒り等を覚えることもある。徘徊，せん妄，攻撃的言動など認知症の行動障害の多くは，こうした不安，失望，怒り等から惹き起こされるものである。また，自分の人格が周囲から認められなくなっていくという最もつらい思いをしているのは，本人自身である」とある。

3．支えてくれる人への信頼

(1) 依存心

　認知症の人は，一方で自分を支えてくれる人に常に信頼感と依存心をもっている。

　実際の相談事例でも，初期の認知症と診断された70歳代の女性は，任意後見の受任者と考えている実弟を前にして何度も「私は，この人しか頼る人はいないんだから」と繰り返していた。そこには，不安感とともに弟に対する強い信頼感と依存心が見られたのである。

　専門医の説明によれば，認知症の人は，いつでも不安にかきたてられてい

るという。この不安感は，死を迎えられるまで無くならないとも言われているが，それでも，常にその不安を取り除いてくれている人には「愛」を感じているともいう。この愛というのは，信頼とこの人しか頼れないという依存心であるという。

(2) **自分との葛藤**

認知症の本人は，「何もできなくなった」と言い，自分と葛藤し続けるのである。そこで，成年後見人は本人を支援する第一人者として，「(家族がいればその協力を得て) 必要とする支援・援助を見出してやり，必要な手配をすることによって，本人の不安を取り除き，安心感を築くべき義務がある」と言える。

このように，認知症の人は，自分の考えや感情を持ち，不安感や喪失感に支配される中で，身近な者に依存している立場にあることを理解する必要がある。

(3) **傍観は禁物**

長谷川式簡易知能スケールの発明者である長谷川和夫医師は，その論文の中で，「認知症の人の心は，外から傍観するような姿勢ではみえてこない」と断言している。傍観者であってはならない立場の人には，成年後見人も含まれている。成年後見人は常に，このことを念頭に置きながら後見事務を遂行しなければならないのである。

4．後見人・介護者の接し方とその在るべき姿

(1) **尊厳を大事にする**

成年後見人は，本人の病気が進行したとしても，「尊厳を持った人」として接することが大事である。

認知症の人は，先にも述べたように，死を迎えるまで，その人の持つ「尊厳を失わず生きたい」という気持ちと，自分の持っている「心」に従って行動しているのである。したがって，その行動を批判したり否定するようなことはあってはならない。

また，前述のように，認知症の人は，常に不安感や緊張感に支配され，一方で安心安全な環境の下で信頼した人に依存し寄り添っていたいのである。成年後見人はこのことを総合的に理解し，その人に寄り添う者として接していかなければならないのである。要は，本人の立場に立った本人のための生活の支援や医療行為などを最優先に考えなければならないということである。

(2) **心を通じさせた事務処理**

次に，主に介護者としての接し方として言われている事柄を紹介するが，これらの接し方は成年後見人にも通じることであるので，成年後見人に置き換えて説明する。

1. まずは，その人の持つ人生観，価値観を活かす後見，すなわち本人の持つ考えや思いに立脚した生活の支援や財産管理等を心掛ける必要があり，成年後見人の都合のみで事務処理をすること，さらにはこれを無理に押しつけるようなことがあってはならないということである。

 ここで最も大事なのが，本人の「自宅での生活へのこだわり」である。本人は，一生自宅で生活すると言い，自宅の畳で死にたいという願望が強い場合の後見事務である。成年後見人としては，その事務処理を行う上で，「自宅」より「施設」の方が負担ははるかに軽い。安易に施設を選んでしまうことは成年後見人の都合であり，最も避けなければならない行為である。本人は，いつも「自宅に帰りたい」という，遂げられることのない望みを持って後ろ向きな気持ちで生活することになる。本人にとっては悲しい不幸な処遇である。本人に限界まで自宅生活をしてもらい，結果最終的には本人が納得して施設ホームを選ぶこともあるということを考えなければならない。

2. 次に，本人の持つ論理や感情，すなわち本人の考え方，人生観や価値観を尊重し，しかも思いや願いを十分理解することが大切である。

 認知症の人は，その病気のために事実でないことを誤って事実だと認識してしまうことがある。次に説明する「物忘れ妄想」もそうであるが，成年後見人は，本人が抱く妄想は妄想としっかり認識し，それを前提に，

本人が言う誤った事実をことごとく否定せず，何をするべきかを検討し，最善の処置を執る必要があるのである。ときには，話を合わせたり，あるいは話題を変えるなど臨機応変な対応が必要となる。

　成年後見人において，もし本人が抱いていることが妄想でそのような事実はないと説明することは，本人にとって自分自身を否定されたことになり，そのことによって成年後見人を信頼しなくなり，さらに接しようとすると攻撃的な行動に出ることも稀ではないと言われる。このように，成年後見人は，本人の持つ人生観，価値観や幸福感を常に尊重し，理解して事務処理に当たらなければならないと言える。

③　最後に，初期の認知症の人は自分が認知症に り患していると知ったときから，「自分が何をすべきか分からない」という不安感に支配される。後見人は，常にこれに応える姿勢でやさしく対応し，その答えを見つけてやらなければならないということである。

5．「物盗られ妄想（物忘れ妄想）」への対応

(1)　過半数の人が発症する物盗られ妄想

　認知症の介護者・成年後見人は，一時的ではあるが，本人の物盗られ妄想と闘わなければならない。アルツハイマー型認知症に限って言えば，その半数は妄想を引き起こし，その75％が物盗られ妄想を抱くことになると言われている。それだけこの妄想の発現率は高く，成年後見人にあっても常に注意を必要とする妄想である。

　この物盗られ妄想は，一番信頼している人，よく世話をしている人に向けられることが多いとも言われている。成年後見人もその一人と言える。

　物盗られ妄想は，症状の中の「被害感」からくるものと言われている。この被害感は，このほかに「仲間はずれにされた」とか「食事が自分の分だけ少ない」「誰も迎えに来てくれない」などさまざまである（前掲「認知症ケア専門士テキスト＆予想問題集」25ページ）。

(2) 対応策

対応策として最も重要なのは，医師による介護者・成年後見人に対する事前説明である。すなわち，① この妄想は，かなりの頻度で起こること，② 介護者等に当たっては直ちにこれを否定せず，一緒に被害品というものを探し見つけてやること，③ 改善が見られないなら介護保険を使ってデイサービスやショートステイを利用し，加害者に仕立てられている者から遠離させること，④ 投薬療法（適応薬）により症状の緩和を図ることである。(池田学「認知症」50ページ，長谷川和夫「認知症の知りたいことガイドブック」92ページ)

(3) 理解しないと取り返しがつかないことに

繰り返すが，本人が抱いていることが妄想だと本人自身を否定するような不用意な言動をとり，結果，反目だけには終わってほしくない。結局は，それまでの努力によりようやく築かれた信頼関係が破局を迎え，取り返しのつかない不幸が待っているからである。

こんな事例もある。脳梗塞で倒れた母親の症状がよくなったのち長子とその妻が10年間以上精魂を込めて義母の生活の世話，介護等一切の面倒をみてきた。ある日，その母親が自宅の部屋のたんすの中に入れていた財布の中から100万円がなくなったと言いだした。嫁以外，自室に入る者はいないから嫁が盗ったと何度か責めたが，長子と嫁がそれを否定し，その後は長子の家族は母親のところに顔を見せなくなった。憤慨した母親は，遺言書を作成し，全財産を次子に相続させるとしたためた。

この事例では，長子の家族が，医師から，上記(2)の説明を受けていれば，結末は違っていたであろうと思わざるを得ない。

6．成年後見人としての対応（まとめ）

(1) 病気の早期発見

成年後見人はもちろん任意後見受任者においても，見守りを通じ，本人の認知症の病状や併発に常に気を配る必要があるのは当然である。

成年後見人，中でも任意後見人（受任者）は，前述したように，普段から本人の食生活をはじめ生活全般にわたり問題はないかなど，家族からあるいは生活支援者から情報を集める必要がある。それと同時に，自らも病気の早期発見に努め，あるいは症状の変化に留意し，さらに医師やケアマネージャー等と相談したりケース会議に参加し，本人の健康な生活確保に向けて必要なことは何か，そのためにどんな手配をすべきかなどを考えて，医療やケア，介護についての手配をすることになる。これらの手配については，やはり家族後見人や福祉等の専門職成年後見人が適任となろう。

(2) 関係者への相談

まずは，何事も一人では抱え込まないことである。

認知症が判明したときも，一人で悩まず，主治医やケアマネージャーなどに，または地域の認知症サポーターや社会福祉士・精神保健福祉士の団体などに相談することにより，解決の第一歩を見出すことが肝要である。地域の力を借りるのである。

また，認知症だからといって，初期の段階から特別の扱いをするのは，本人を戸惑わせ，認知症の人が持つ不安感を助長させ，本人にとっては最善の利益にはつながらない。慎重な行動が求められる。

(3) 本人支援の在り方を考える

生活の支援や介護等についての考え方としては，すべてを生活支援者に任せるのではなく，①本人がやれることはやらせる ②生活に関する本人の要求・要望は可能な限り取り入れる（または，検討して結果を説明する）③本人がなじみやすい安心安全な環境を作ってやることなど，必要な手配をすることになる（善管注意義務―安全配慮義務）。

(4) 任意後見開始の申立て

任意後見契約にあっては，任意後見受任者として，本人の意思を確認するのはもちろんであるが，担当医師など医療関係者の意見をも聴き，任意後見の開始の申立ての時期を確実に見極めることが必要である。

(5) 介護保険等の利用

認知症の症状の進行の度合いに応じて、成年後見人としては、①公的介護保険をいまだ利用していない場合は、介護保険利用手続きを行う。なお、認知症の場合は、40歳以上の人であればこれを利用することができるので、若年性認知症にあっては介護保険の利用を考えることになる。②認定された介護度によって介護保険の支給限度は異なるので、ケアマネージャー等と協議のうえ、設定するケアプランについて、事業主等に任せるのでなく、成年後見人の立場から検討し、本人の尊厳を支える介護等になっているかを常に検証する必要がある。③検証の結果、他のサービスが必要と認められる場合には有料の介護サービスを追加したり、あるいは介護事業主を変更したりする必要がある場合もあろう。

(6) 自宅での生活

本人が自宅での生活を希望している場合でも、いつかは介護の壁に突き当たる。本人が最後まで自宅での生活を希望し、これが不可能ではない場合もあろう。この場合は費用はかさむが、「居宅サービス」を最大限活用することとなる。

居宅サービスには、a）訪問サービス（24時間サービスをも含む）、b）訪問入浴サービス、c）通所サービス（デイサービス）、d）短期入所サービス（ショートステイ）、e）福祉器具貸与・購入、f）住宅の改修などがある。

(7) 家族支援を考える

最後に、後見人の仕事ではないと言われればそれまでであるが、認知症のケアで本人と同様に大事なのが、「家族の支援」である。これなくして、本人の支援などというのは成り立たないとも言われるようになっている（前掲「認知症ケア専門士テキスト＆予想問題集」33、56-60ページ）。そして、担当者のケース会議での後見人の発言が大事になることもある。

第6 認知症と成年後見開始の申立て

1．成年後見開始の申立てと医師の診断

　成年後見開始の審判の申立ては，どの程度認知機能が低下したときにするのか，あるいはいかなる症状等に至ったときになすべきかという問題がある。
　このことは，特に任意後見契約に当たって任意後見受任者から任意後見監督人選任の申立ての時期についてよく質問される事柄である。この場合，さまざまなケースを例にとって答えを求められるのであるが，その答えでよいのか迷うこともある。この問題は，任意後見開始の申立てだけの問題ではなく，補助や保佐等の申立てあるいは後見類型への切り替え変更の場合も生起する。多くの場合，答えは抽象的になってしまうのだが，任意後見や補助等を開始するだけの相当の理由があり，かつそれが本人の保護のために必要があると認められるときということになろう。もちろん，本人の判断能力（事理弁識能力）が著しく低下している場合は，当然この要件は満たしていると言える。

(1) 正確な診断を得ること

　任意後見監督人の選任を申し立てるかどうか，その判断をするうえで最も依拠すべきは，本人に関する正確な医師による診断ということになる。これは，後見開始の申立て（切り替え変更の申立て）も同様である。
　任意後見受任者や本人の親族などが頼るのは，医師の正確な診断以外にはないということである。成年後見制度をよく知り経験を有する医師による診断とアドバイスは，申立人にとって最も大事なよりどころとなる。
　そこで，まずは，誤った診断をなくす必要がある。
　ここで大事なのは，成年後見制度をよく知る医師による診断でなければならないということである。特に，成年後見制度が四つの制度に分かれていることと，制度の理念やこの制度を活用することによって本人にいかなる不利益（地位の喪失や資格のはく奪）がもたらされるかを知悉している医師でなけ

第8章 認知症と後見

ればなるまい。

　得られたレントゲン画像だけに頼った総合的な判断に欠ける診断や，親族の意向に左右された診断書を作成するような医師であってはならないのは言うまでもない。

　事例を紹介する。本人には，初期の認知症と間違われるような物忘れや勘違い，苛立ちは認められるが，それは聴力を極度に失っていることが背景事情にあった。この事例では，親の財産をめぐって反目し合っている二人の子供がいて，本人は長子に老後を託し長子と任意後見契約を締結していたが，次子は親の財産を運用し事業を拡大しようと考えていた。次子は，法定後見が開始されれば，任意後見は終了することに目をつけ，かつて通院したことのある内科医に本人を連れて行き，聴力を失っていることを秘し，認知症がひどいという説明をして診察を受けさせ，医師も問診に対しまともな応答をしない本人に認知症が認められ意思の疎通なしとして，後見相当との診断書を作成し，これを基に家庭裁判所に成年後見の申立てをしたというものである。

　これは，ある研究会での精神科医が報告した事例であり，若干のアレンジはしてある。その精神科の医師は，一般の開業医の診断が適切でないと判明した事例はこのほかにも複数例見ているとも説明していた。

(2) **医師の診断書と審判について**

　現在の家庭裁判所の審判は，第2章で説明したように，そのほとんどが医師の診断書によって行われている。本人や申立人の経済的負担と早期に保護に付すという配慮からは，一つの正しい姿と言えよう。

　ところで，成年後見用の診断書は，精神科医だけでなく，本人の主治医であれば作成できる。認知症に関する専門的知識を持っている者は，精神科，神経内科，老年科の一部の医師であると言われており，一般には，認知症の診療に習熟している精神科医の診断が一番よいとされる（長谷川和夫「認知症の知りたいことガイドブック」56ページ）。そこで，少なくとも，法定後見（成年後見と保佐開始の審判）の診断書は，鑑定がなされないのであれば，上

記の専門医に限定してもよいのではないかと考える。

　前記のような事例で，もし誤った審判がなされた場合には，長子としては精神科医の診断書もしくは鑑定書を得て，法定後見開始の審判の取消しを行い（民法10条），本人に判断能力の低下が認められるのであれば，あらためて補助もしくは保佐の審判を申し立てることになろう。問題は，審判の取消しに遡及効を持たせ，先の任意後見契約が復活するかどうかである（任意後見10条3項―本人に成年後見開始の審判があった場合は，任意後見契約は終了する）。だが，後見登記法には，かかる復活の登記手続きの規定はない。

　任意後見制度で後見事務を処理することを希望するのであれば，再度任意後見契約を締結し，判断能力の低下のあった段階で，任意後見監督人の選任の申立てをすることになろう。

　我が国の成年後見制度は，任意後見制度優先の制度にはなっているものの，このように問題のある診断書1通によって本人を護る大事な法制度が根底から覆されることだけは避けなければなるまい。

2．認知症の程度と任意後見開始の申立て時期の見極め

(1) 認知症（症状）の程度について

　認知症の本人が，認知機能がどの程度低下した場合に，任意後見開始の申立てをすべきか，任意後見受任者から質問されることがある。公証人のみならず法律専門家としては，大変悩ましい質問であることは前述したところである。

　もちろん答えは，「本人の事理を弁識する能力が不十分な状況にあるとき」（任意後見4条1項）であるが，多くの人はこの説明で納得するはずはない。

　しかも，この質問に対する答えとして解説書の多くは，「補助相当（判断能力が不十分な者）と認められるにいたったとき」と説明している。しかし，実際はどうであろうか。任意後見監督人の選任件数が，年々増加していると言っても，契約件数の1割にも満たないのである。しかも，補助を利用する人は全体から見ればこれまた僅かである。このほか，本人の同意の問題もあ

るので，一定の目安を示して説明することは難しい。

(2) **認知症の症状と判断能力**

認知症の進行状況については，軽度，中等度，重度，あるいは病初期，進行期，ターミナル期に分けて語られることがある（高齢者については，自立期，虚弱期，要介護期，そしてターミナル期に分けて説明されることが多い）。

認知症の場合，それぞれ原因となる病気によって，症状（中核症状と周辺症状，すなわち精神症状と一過性の行動障害）に違いがあり，一律に一定の進行期に至ったら申立てをすべきであるという，説明は難しいように思われる。もちろん，症状，すなわち認知機能の低下が著しく「重度」に至った場合は，当然申立ての時期，申立て義務が発生したと言えよう。問題は「中等度」の場合である。なお，この制度は，その症状だけでは決められない仕組みになっている。それは，次に述べる本人の同意の問題もあるからである。

そして，さらに「それは誰の判断によるのか」との質問が続く。

この質問に対する答えは明らかである。契約条項（参考文例）にあるとおり，基本的には任意後見受任者が判断したときに申し立てることになる（なお，他の申立て権限者であれば，その者ということになる）。もちろん，親族後見人のみならず市民後見人にあっては，そのような判断ができないというものも多いので，認知症が進行したと感じたときには，医師の診断を得て，それに依拠し申立てをすることになる。医師の診断を受けるかどうか迷ったとき，あるいは本人が医師の診断を拒んだときには，長谷川式簡易知能スケールテストを行い，その点数を参考にすることができる。

(3) **長谷川式簡易知能テストの活用**

ここで，長谷川式簡易知能スケールテストの活用について触れる。

物忘れなどの症状を訴えて医師の診察を受けると，必ずと言っていいほど最初にこのテストが行われる。テストは，30点満点，合計点数21点以上が正常，20点以下は認知症の疑いとされている。さらに，認知症の程度別の平均得点として，軽度認知症で19.1点，中等度認知症で15.4点，やや高度な認知症では10.7点，高度認知症では4.0点との結果が示されたとの報告もある。

筆者が，公正証書作成に当たって，これまでに何度かこの長谷川式簡易知能スケールテストを活用したことはある。しかし，実際このテストを活用するのは，例えば，任意後見契約にあっては，「本人が医師の診断を受けるのを拒んでいる」というような理由で医師の診断書を提出してもらえず，しかしどうしても契約を締結したいと受任者が嘱託してきたときなどである。もちろん遺言の場合もある。このテストを簡易な形で実施し，テスト結果である点数（多くは10点前後，もしくはそれ以下）を示して契約を断念してもらう場合がほとんどであった。ところで，相談事例の中に，ある70歳代の若干運動機能の障害のある女性について，内科医師の「保佐相当」という診断書を目にしたことがある。この女性については，医師によって，この長谷川式簡易知能スケールテストが行われ，点数は「21点」で，アルツハイマー型の認知症が認められるとあった。

　この長谷川式簡易知能スケールテストで何点になったら任意後見の申し立てをすべきであるかという点であるが，上記の内科医師の「21点」で「保佐相当（判断能力が著しく不十分な者）」と判断された事例を見てもお分かりだと思うが，一律に何点とは言えない。それは，何をもって判断能力が低下していると言えるか，またその程度はどの程度かということは，その点数だけでは判定できない，それだけ難しい問題を内包しているからである。

　しかしながら，長谷川式簡易知能スケールテストで高度な認知症（やや高度な認知症も含む）の判定を受けたものについては，任意後見受任者としては，任意後見の申立て義務ありと言える範疇に入っていることは明らかであり，直ちに本人の承諾を得て診断書を準備して任意後見開始の申立てをすべきであることは言うまでもない。

　一般的には，医師により「後見相当（判断能力を欠く常況にある者）」との診断がなされた場合，任意後見受任者は医師と面接するなどして診断内容を確認しそれが揺るぎのないものであれば当然任意後見開始の申立て義務があり，これを行わないで放置することは許されないと考えている。もし，これを行わず，移行型の財産管理を行っているようであれば，債務不履行になる

と考えられ、任意後見法第10条第1項の「本人の利益のため特に必要があると認める」事由ありとして、法定後見開始の審判を申し立てることができると思料する。

3．本人の同意

(1) 本人の同意と後見制度

　成年後見制度では、本人の同意が家庭裁判所における審判開始等の条件になっている場合がある。

　任意後見契約は、任意後見を開始する相当の理由があり、それが本人の福祉にとって最良の場合でも、本人が任意後見開始に同意しなければ開始の審判はできない。この制度では、家庭裁判所が任意後見監督人を選任するに当たって、本人の意見を聞きその同意を得なければならないのである（任意後見4条3項）。ただし、本人の同意は、任意後見の申立ての要件ではない。

　さらに、補助制度では、補助開始の審判のみならず、同意権付与、代理権付与の審判にあって本人の同意が必要であり、また保佐制度では、保佐人に代理権を付与する場合に本人の同意が必要になっている。このことはすでに述べたとおりである。

　しかし、認知症を患っている本人は、中には病識はなく、裁判所という名に過剰反応し、また補助人や任意後見監督人という新たな関係者が自分の周りに登場することに、それまで以上に不安を募らせ、一切を拒否する行動に出る場合があることは十分予期できることである。まして、長谷川式簡易知能スケールテストの結果、比較的高い点数を取っている場合などは、任意後見の開始を拒むことは容易に考えられる。

　任意後見にあっては、上記のように、本人の同意は申立ての要件ではないものの、任意後見受任者としては、審判に当たって本人の同意がスムーズに得られるよう、また本人が抱くであろう不安感を最小限度にとどめるよう、事前の緊張緩和策等を考えなければなるまい。

(2) **本人の同意不要**

任意後見監督人を選任するに当たっては，本人の同意がなければならないが，認知症が進み本人がその意思を表示することができないときは，もちろんこの同意は不要である（任意後見4条3項ただし書）。

第7 本人の住まい方と後見人の職務

本人が求めているのは，「尊厳を保って自分らしく地域で生きて行くこと」，そして認知症でも「自分の住まいで，"安心して，心穏やかに"生きて行くこと」である。その生活は，本人の意思を尊重し，後見人の考えを優先させてはならない。

1．成年後見人として選択し行うべき支援

ここでは，本人のノーマライゼーションまたはソーシャル・インクルージョン（social inclusion）を達成することを考える中で，本人が快適な在宅生活をするために，市民後見人や家族後見人が選択すべき支援等を考えてみる。

(1) **本人にあった住まい方と生活の本拠地**

本人の援助の必要性から見て高齢期については，自立期，虚弱期，要介護期，そしてターミナル期に分けられる。一方，認知症高齢者の場合，前述のように，軽度，中等度，重度，あるいは病初期，進行期，ターミナル期と区分けされることがある。これが人によっては重なる場合もあるが，本来の区別は全く別の区分けである。

自立期，虚弱期にある認知症の人の場合，それが原因となる病気によっても異なるようであるが，認知症特有の「長い間に病状が見えない形で進行している」ケースもあるという，この事実を忘れてはならない。アルツハイマー型認知症の場合，この期間が数年（4，5年）に及ぶことも少なくないと言われている。

この病気の場合，時間の経過により，本人の住まい方が大きく変わるので，常に注意を要する。後見人が四六時中見守りすることはできないので，ある時からは，認知症グループホームなどを活用するのも本人を支援する大きな手段となろう※。

※ 「認知症グループホーム」
　認知症グループホームは，認知症対応型共同生活介護（介護保険法8条19項）を行う施設であり，認知症の人が小規模な生活の場で少人数（5人から9人）を単位とした共同住居の形態で居住し，食事の支度や掃除，洗濯などをスタッフが利用者とともに共同で行うというものである。そして，一日中家庭的で落ち着いた雰囲気の中で生活を送ることにより，認知症状の進行を穏やかにし，家庭介護の負担軽減に資することに目的を置いた施設とされている。なお，この認知症対応型共同生活介護とは，要介護者であって急性の状態にある者を除く認知症の人について，その共同生活を営むべき住居において，入浴，排泄，食事等の介護その他の日常生活上の世話及び機能訓練を行うことをいう。
　認知症に関する施設としては，小規模多機能型居宅介護施設と認知症デイケア施設を併設している場合もある。小規模多機能型居宅介護とは，平成18年4月の介護保険制度改正により創設された，地域密着型サービスの一つで，介護が必要となった主に認知症高齢者が，地域においての今までの人間関係や生活環境をできるだけ維持できるよう，「通い（通所）」を中心に「訪問」「泊まり」の三つのサービス形態が一体となり，24時間サービスを提供できる施設である。これに認知症デイケア施設が併設されることによって，医療の面でのケアが加味されることになる。

(2) **本人の保護と住まいを中心とした生活空間の在り方**

介護保険が適用されない場合でも，成年後見人や任意後見受任者としては，常に何時でも本人を保護できるよう，さまざまな支援手段を調べて必要な手立ては打っておく必要があろう。

1. 「見守り」——成年後見人自らによるほか，介護指定業者や民間業者による見守りサービスの利用，さらには地域による見守り（民生委員への相談）
2. 消費者被害への対策
3. 自宅の安全対策——自宅のバリアフリー化や緊急通報システムの利用
4. 食事や食料品等の宅配サービスの利用
5. グループホームや介護付き住宅の一時的利用の検討

などである。なお，介護付き住宅は，賃貸住宅，専用住宅，共同住宅など，さまざまな形態があり，また介護の内容も施設や要介護度によって異なる※。

※ 「サービス付き高齢者向け住宅事業（サ高住）」
　サービス付き高齢者向け住宅事業（高齢者の居住の安定確保に関する法律）が始まった。この事業は，高齢者が日常生活を営むために必要な福祉サービスの提供を受けることができる良好な居住環境を備えた高齢者向けの賃貸住宅等の登録制度を設けるというものである。これにより，良好な居住環境を備えた高齢者向けの賃貸住宅の供給を促進するための措置を講じ，併せて高齢者に適した良好な居住環境が確保され高齢者が安定的に居住することができる賃貸住宅について終身建物賃貸借制度を設ける等の措置を講じて，高齢者の居住の安定の確保を図り，その福祉の増進に寄与することを目的としたものである。
　この改正により「高齢者円滑入居賃貸住宅（高円賃）」「高齢者専用賃貸住宅（高専賃）」「高齢者向け優良賃貸住宅（高優賃）」の概念自体がなくなった。

2．後見人としての責務

(1) 本人の権利を護る

後見人は，常に本人に対する権利侵害がないよう配慮しなければならない。同居者の本人財産（金銭）の費消，施設での契約内容が履行されない処遇など，家族をはじめ養護者や養介護施設・養介護事業等の従事者などによる

　(a)　身体的虐待

　(b)　ネグレクト（著しい減食・放置，養護者以外の同居人による虐待行為の放置）

　(c)　心理的虐待

　(d)　性的虐待

　(e)　経済的虐待（本人の財産を不当に処分したり，不当に財産上の利益を得ること）

は本人に対する権利侵害である（高齢者虐待の防止，高齢者の養護者に対する支援等に関する法律）。

　これらの権利侵害は，後見人だけでは解決できない場合が多いと言える。もちろん，後見人にとっては，見て見ぬふりは義務違反に問われよう。かか

第8章　認知症と後見

る場合は，家庭裁判所や関係機関と相談して権利侵害を排除することになる。

(2) **支援者に働きかけ支援を確かなものにする**

本人が認知症の場合，後見人がすべてを解決することはできないし，反対にすべてを施設や支援者に任せてもならない。当然，医師等から正確な病気の症状や介護・ケアの在り方について説明を受け，本人の周囲にいる支援者等に働き掛ける必要があると言える。

支援者としては，医師のほかに，施設管理者，ケアマネージャー，ホームヘルパー，その他本人の親族や地域の人（ボランティア団体を含む）などが挙げられよう。そして，活用できる法制度や国からの支援（公的介護保険等の利用）は後見人の責任懈怠によって疎かにならないよう注意すべきである。

(3) **本人の家族への支援にも目を向ける**

認知症の人の問題は，本人の家族への支援をも考えなければならない。このことは，認知症の人の介護やケアの在り方等さまざまなところで取り上げられているところである。認知症の人を抱える家族の問題としては，一般には，①問題を一人で抱え込む，②肉体的負担が厳しい，③家族の介護うつ，④経済的負担など種々の課題がある。この点後見人からみると，本人だけ見ればよいという立場で後見業務を行い，家族への配意や必要な手配（例えば，老老世帯や老障世帯の場合の支援者への働きかけなど）をしないのは，見方によっては身上配慮義務等を欠き，根底にある信頼関係の破壊につながることだとも言えよう。

しかし，何をすればよいか，またどこまですればよいかなどという問題と，後見人の職務の範囲の問題が生ずるので，実際の実務を考えると難しい面はある。

3．施設・ホームの選び方

(1) **本人の意思に沿った施設・ホームの選択**

本人が幸せを感じる施設・ホームを選ぶ。

認知症の人の要介護期やターミナル期の成年後見人の役割の中で，最も悩

ましいのが，自宅で最期まで支援するか，あるいは施設を選ぶかの選択である。いまや，特別養護老人ホーム（特養）への待機高齢者は52万4,000人に上ると言われ，この種の自己負担が少ない施設を考えるのは難しくなっている。

本人が虚弱期に入り，早い段階で介護付き住宅を含め施設ホームを選択した場合は，症状の変化や介護度の上昇に従って次の施設を変えてゆくことに，本人にはほとんど抵抗はないであろうが，あくまでも自宅での生活を希望する場合はさまざまな配慮が必要になる。

本人の意思，思いを尊重するとの考え方からすると，本人が希望する限り可能な限度で自宅での生活を選択し，必要な手配をすることになろう。しかし，限界もある。

成年後見人には，本人の居所指定権はない。

成年後見人が独自の考えで一方的に施設での生活を選択するのだけは避けるべきである。当然，医師やケアマネージャー等の意見を聞き，本人の同意を得るような形での選択が必要である。この点に関し，本人の心を施設ホームに向かせるために，施設側とあらかじめ打合せをし，本人を楽しい雰囲気の施設に連れ出し，施設関係者に普段と変わらない施設生活の良さや楽しさを自然に演出してもらい，本人の気持ちを変える努力をすることも大事であると言われている。ただし，実体のない架空な演出は求めるべきではない。また，自宅での介護が限界にきているのに，これを理解できず自宅での生活を強く希望する本人に対しては，施設へのショートステイを繰り返すことによって自宅から施設へと心を移すことにより，その解決を図ることができる場合もあろう

(2) **住まいに関する後見人の責務**

要は本人が納得する形で入所し，施設ホームでの生活になじみ，本人の思いに沿った施設生活を送らせることが肝心なのである。

いま一つ，問題はある。このような行為が成年後見人の仕事かということである。成年後見人の事務は，法律行為にかかわることであるとされる。しかし，多くの解説書では，かかる本人が生活する施設ホームを選ぶという調

査等については，事実行為であるが，これも任意後見人の事務に含まれると言っているのである。

　自宅での介護に限界がきているのに，自宅生活以外ないとする本人を説得する行為はやはり事実行為であろう。しかし，事実行為とする立場からも，本人の生活，療養看護の最も重要なことを決定する事務であり，家族がいれば別であるが，成年後見人が責任をもって事務処理しなければならない事柄であると言える。

4．地域社会で生活するための環境作り

(1)　「包み支え合える」地域に向けて

　ここで考えたいのは，本人があくまでも自宅での生活を希望する場合の支援の在り方である。

　成年後見人が考えなければならないのは，自宅，施設だけでなく，地域社会の環境が，本人にとってノーマルな生活ができる条件になっていること，できればさらに「社会的に弱い立場にある人々を社会の一員として包み支え合う環境ができていること」（インクルージョン―inclusion）が必要だということである。

　本人が「地域の中で安心して暮らせる」，このことが大事であるということである。筆者も，度々認知症の人との接し方の研究発表会や支援する家族の体験発表会に出席し，この病気が，支援者一人だけの力では本人にとって最善の支援ができるものではないことを痛切に感じてきた。地域の力は不可欠なのである。

(2)　地域における支援システムの構築に向けて

　成年後見人は，確かに個々の力は小さい。そのため，さまざまな人の力を借りて，「認知症の本人が地域の中で安心して暮らして行くために必要な環境を作り上げること」に取り組むことが重要である。

　家族や成年後見人も加わる，本人のための「支援システムの構築」も必要なのである。それは，本人の権利を擁護するという支援だけではなく，本人

の生活や福祉全般を護るという広い意味での支援である。認知症を発症した本人が単身あるいは同様に自立生活が難しい高齢の配偶者との生活の場合などは，なおさら必要である。医師を中心とした医療チームや介護福祉専門チーム，弁護士や司法書士を中心とした本人や家族を法的にも支援するチームとさまざまなスタッフ，それから行政，そして近隣者の力が必要なのである。

　認知症の人の生活の支援方法は，それが進行する病気であることやさまざまな病気の形態があることから，いかなる方法がよいか，常に個別的に考えなければならない。この点は，地域で力を貸してくれる医療・介護福祉チームの専門家の力を借りることになるであろうし，生活支援や権利擁護等をサポートするさまざまなマンパワーも必要となろう。

　この支援システムは，老人福祉法による市民後見人のための後見実施機関（成年後見センター）と一体として構築されるのが望ましいと言える（本書15, 337ページ）。

(3) 地域の力

　これらは「地域の力」であり，この力を借りるのである。

　地域で力を貸してくれる人には，本人がどんな病気なのか，病気によってどんな困難な状態にあるのか，例えばどの程度能力が低下しているのか，見当識障害はどの程度なのか，健常者とどの程度ずれているのかなどを，多くの場合は知ってもらう必要がある。

　そして，地域の人や本人がかかわりを持つ場所（診療所・なじみの商店）には，病気は病気として知らしめるための「声かけ」を実施してもらうことも必要だと言われている。特に買い物にあっては，本人がその希望する品物を選ぶに当たって「声かけ」がかなり有効だという研究発表もある。いまや認知症は，地域において秘匿すべきではないであろう。この地域の力を，適切に活用可能にするには，①地域の人が認知症への理解を有していることと，②大小は問わないが，見守りネットワーク（地域商店街の声かけネットワークでもよい）ができていて，これが機能していることが必要である。

第8章　認知症と後見

　地域の力を借り，本人に疎外感を感じさせないことが重要である。「声かけ」が実施されれば，「ひきこもること」や「徘徊中の行方不明」が回避できると言われている。

　ここで注意しなければならないのは，成年後見人は，本人の秘密を漏洩してはならないということである。後見人が，本人が認知症であると言いふらしているとの批判等は避けなければならない。そのためには，地域の法律家の助言を受けて，次に掲げる「認知症の相談窓口」[※]を活用し，ケース会議等で検討してもらう必要があろう。

　成年後見人としては，家族の協力と，医療・ケアチームや地域の人の支援を受けて，「本人が地域の中で安心して暮らせる生活環境」を実現できるよう，さまざまな手配等が必要であることを考え，これを実現しなければならないと言える。

※　「認知症の相談窓口」
- ❶　医療機関
    医療機関としては，一般病院，診療所や専門の精神病院。
- ❷　市区町村保健センター　福祉事務所　保健所
    市区町村保健センターは，地域における老人保健・母子保健の拠点で，保健所とは異なり，市町村レベルでの健康づくりの場である。
    福祉事務所とは，社会福祉法の定める「福祉に関する事務所」で，生活保護法，児童福祉法，母子及び父子並びに寡婦福祉法，老人福祉法，身体障害者福祉法及び知的障害者福祉法に定める援護，育成又は更生の措置に関する事務を取り扱う事務所。
    保健所は，地域住民の健康や衛生を支える公的機関である。
- ❸　認知症疾患医療センター（老人性認知症センター）
    認知症疾患医療センターとは，認知症に関する鑑別診断及び専門医療相談等を実施するとともに，地域保健医療・介護関係者への研修や連携を通じて，地域における認知症疾患の保健医療水準の向上を図ることを目的とする施設。（老人性認知症センターは，保健医療・介護機関等との連携を取りながら，認知症の鑑別診断や行動・心理症状（BPSD）に加え身体合併症に対する急性期治療，専門医療相談等を実施して，地域保健医療・介護関係者への研修等を行う施設。）
- ❹　高齢者総合相談センター（シルバー110番）
    高齢者総合相談センターとは，高齢者及び家族が抱える各種の心配ごとや悩みごとに対応するために，電話や面接による相談に応じるほか，福祉機器の展示や各種情報提供を行っている施設。
- ❺　地域包括支援センター

地域包括支援センターは，介護保険法で定められた地域住民の保健・福祉・医療の向上，虐待防止，介護予防マネジメントなどを総合的に行う機関です。

❻　精神保健福祉センター

　精神保健福祉センターは，「精神保健の向上及び精神障害者の福祉の増進を図るため」に設置された相談機関。

❼　在宅介護支援センター　居宅介護支援センター

　在宅介護支援センターとは，地域の高齢者や家族からの相談に応じ，必要な保健・福祉サービスが受けられるように行政機関・サービス提供機関・居宅介護支援事業所等との連絡調整を行う機関で，社会福祉士・看護師などの専門職員が在宅介護などに関する総合的な相談に応じる。

　居宅介護支援センターとは，在宅で介護が必要な方が介護保険から給付される在宅サービス等を適切に利用できるように，介護サービス計画の作成や指定介護サービス事業者との利用調整，介護保険施設への紹介等を行う施設。

❽　介護老人保健施設　老人福祉センター

　介護老人保健施設とは，介護保険による入所施設であり，疾病，負傷などによりねたきりの状態にある老人等に対し，在宅復帰を目標として看護，医学的管理の下における介護及び機能訓練その他必要な医療を行うとともに，その日常生活上の世話を行うことを目的とした施設。老人福祉センターとは，無料又は低額料金で老人に関する各種相談を行ったり老人に対して健康の増進や教養の向上及びレクリエーションのためのサービスを総合的に提供することを目的とする施設である。

❾　民間の相談センター

　民間の相談センターでは，各地に相談所を設置し，しかもホームページを充実させるなどさまざまな支援を始めている。

　　　http://www.mhlw.go.jp/topics/kaigo/dementia/a05.html
　　　http://www.dcnet.gr.jp/
　　　http://www.alzheimer.or.jp/

【第8章―参考文献等】

池田学　　　「認知症」
十束支朗　　「認知症のすべて」
長谷川和夫　「認知症の知りたいことガイドブック」
認知症介護研究・研修東京センターほか「図表で学ぶ認知症の基礎知識」
吉岡充　　　「よくわかる最新医学　アルツハイマー病・認知症（痴呆症）」
苛原実　　　「認知症の方の在宅医療」
認知症介護研究・研修東京センター「第2版　新しい認知症介護　実践者編」
長田久雄　　「認知症ケアの基礎知識」
直井道子ほか「高齢者福祉の世界」
三宅貴夫ほか「〈医師〉〈看護師〉〈患者・家族〉による認知症の本」
東本信　　　「ボケた親の財産を守る　はじめての成年後見」

第 8 章　認知症と後見

植田章　　　「知的障害者の加齢と福祉実践の課題」
橋本圭司　　「高次脳機能障害」
池田惠利子　「エピソードで学ぶ成年後見人」
浅川澄一　　「高齢者介護を変える高専賃＋小規模型介護」
実践成年後見№37「特集　高齢者の住まいの確保」
長谷川侑香・河野英子ほか「認知症ケア専門士テキスト＆予想問題集」
「都市部における認知症有病率と認知症の生活機能障害への対応」(http://www.tsukuba-psychiatry.com/wp-content/uploads/2013/06/H24Report_Part1.pdf)
「戦略研究の新規課題案について―認知症予防のための戦略研究」(http://www.mhlw.go.jp/file/05-Shingikai-10601000-Daijinkanboukouseikagakuka-Kouseikagakuka/0000028671.pdf)

巻末資料

文例6 「いざという時の意思表示」宣言及び委任契約書

医療等に関する「いざという時の意思表示」宣言
及び委任契約公正証書

　本公証人は，宣言者兼委任者○○○○及び受任者○○○○の嘱託により，平成○○年○月○○日，宣言者の陳述内容が嘱託人の真意であることを確認のうえ宣言に関する陳述の趣旨及び次の法律行為に関する陳述の趣旨を録取し，この証書を作成する。

第1　医療，介護等に関する指示等

　私○○○○（以下，第1では「私」もしくは「宣言者」と言います。）は，宣言者の終末医療及び介護などに関し，万が一の場合に備えて，宣言者の親族及び宣言者を支えている方々に以下の要望を宣言します。この宣言は，宣言者の精神が健全な状態にあるときにしたものであります。したがって，宣言者自身が撤回しない限り，これを尊重してください。

第1条　医療行為についての意思

　医療行為については，その時考えます。ただし，私がその時意思表示できないときは，次に掲げる内容に従って実施してください。もちろん，私の苦痛を和らげる処置は最大限実施してください。

(1) 回復可能な医療は行ってください。しかし，人として尊厳を保てない永続する障害を残す回復不可能な結果になる医療行為はのぞみません。特に，延命につながる手術などはしないでください。

(2) 緩和ケア，すなわち痛みと苦痛はとってください。痛みを最小限にする方法として，麻薬（モルヒネなど）を使用してください。

(3) 点滴（輸液）は，私の苦痛を和らげる処置としては，最小限度でしてください。

(4)　胃ろうは，行わないでください。また，延命につながる経鼻胃チューブもやらないでください。

第2条　手術等医療行為の場合の同意者

　　医療行為の同意者については，その時考えます。ただし，私がその時意思表示できないときは，後記第2・第7条のとおりとします。

第3条　延命治療に関して

　　私の疾病が現在の医学では不治の状態に陥りすでに死期が迫っていると担当医を含む2名以上の医師により診断された場合には，死期を延ばすためだけの延命措置は一切行わないでください。

第4条　前3条の私のこの宣言による要望を忠実に果してくださる方々に深く感謝申し上げます。そして，その方々が私の要望に従ってされた行為の一切の責任は，私自身にあります。警察，検察の関係者におかれましては，私の親族や医師が私の意思に沿った行動を執ったことにより，これらの方々に対する犯罪捜査や裁判の対象とすることのないよう特にお願いします。

第5条　介護について

　(1)　介護の希望

　　　今の自宅での，財産に応じた手厚い介護を希望します。

　(2)　施設に関する希望

　　　今の自宅での生活で自分なりに満足しています。

　　　しかし，事情によっては変更します。ただし，私がその時意思表示できないときは，任意後見契約の受任者でもある○○○○（昭和○○年○○月○○日生）の判断に任せます。

　(3)　施設の場合は，自宅をどうするか

　　　経済的事情のみならず，管理が難しくなったら処分も考えます。

第6条　葬儀・埋葬について

　(1)　葬儀と埋葬の希望

　　　第三者を呼んでの葬儀は必要ありません。

葬儀は簡素に執り行ってもらって結構です。
　　供養及び納骨並びに永代供養については，菩提寺である○○寺（住所・○○）に依頼することでお願いします。
(2)　死亡の場合の連絡先について
　　必要があれば，別にしたためます。
第2　終末医療の指示等に関する委任契約
　　委任者○○○○（以下「委任者」という。）は，受任者○○○○（以下「受任者」という。）に対し，次条の事務の処理を委任し，本契約を締結します。
第7条　委任者は，上記第1条ないし第3条記載の宣言内容を実現するため，委任者の担当医から本人の延命処置等終末医療に関する意見を求められた場合は，受任者が本公正証書に基づき意見を述べること（本公正証書の謄本を交付することも含む。）を委託し，受任者はこれを引き受けました。
2　前項により，受任者が，本公正証書に基づき意見を述べることについては，いかなる刑事及び民事賠償等の責任は負わないものとします。
第8条　当事者は，いつでも本委任契約を解除することができます。

　　　　　　　　　　　　　本旨外要件
(本籍)　東京都○○区○○丁目○○番地
(住所)　東京都○○区○○丁目○○番○○号
　　　(職業)
　　宣言者兼委任者　　　　○　○　○　○
　　　　　　　　　　昭和○○年○○月○○日生
(住所)　東京都○○区○○丁目○○番○○号
　　　(職業)
　　受任者　　　　　　　　○　○　○　○
　　　　　　　　　　昭和○○年○○月○○日生

✸ 市民後見人の声
―「家族全員が被後見人」―

　本人（被後見人）は，知的障害を有する男性で，施設に入所している。10年前に本人の父親が亡くなり，母親は高齢のため認知症が出現していた。事務処理の必要から後見人が本人の自宅を訪問した際，母親が倒れているのを発見し母親も入院させた。姉も知的障害のため後見人がついており，また母が入院した時点で後見人を付けたため，本人，姉，母親の三人全員に後見人が付くこととなった。

1．自宅の調査

　父親の遺産である土地・建物（空き家）が10年間放置されていた。そこで，自宅の内部調査をどうするかが問題となった。

　姉，母親の後見人とも協議し，自宅の調査立ち入りは，後見人のみで行うことはせず，市役所職員立会いの下で行うことにした。自宅の立ち入り調査の際，郵便物，書類，貴重品類を探したところ，多少の金銭や貴重品，本人の過去の職歴や身分を伺わせる品物が見つかったが，それ以上高額な財産等は見当たらなかった。なお，床の間に亡父の遺骨（埋葬許可書もあり）が見つかった。

2．自宅不動産及び家屋内の遺品の処分

　この事例では，自宅不動産を売却処分することとなった。幾ら長期間空き家で，朽廃した住居でも，居住用不動産に当たる。そこで，地元の業者3社に見積書を出させ，最高値をつけた業者に不動産の内覧をしてもらった。内部の家財の一切の処分や立木の処分も含めて売買仮契約を結び，家庭裁判所へ居住用不動産処分の許可申請を行った。

　家庭裁判所からは，申請どおり処分の許可が下りたので，自宅不動産を換価処分した。その際，父親の遺骨を一時業者のもとに預かってもらった。

ここで大事なことを一つ申し上げておく。
　一般に，本人が賃貸用のアパートの住民の場合でも，本人の家財等の処分に当たっては，後見人の立会いは不可欠であるということである。実際に，思わぬところから金銭や貴重品が発見されたことがあった。また，業者に任せたところ，その業者が居室に大量にあった古い缶詰めを敷地に埋めて帰ったこともある。このことが後に判明し，後日，再処分を指示したこともあった。とにかく，後見人は，家財等の処分を業者任せにしてしまわないことが肝要である。

3．遺骨の埋葬等処分について
　被後見人方から見つかった父親の遺骨の処分に苦労した。後見人の役割は難しい。永代供養をしてくれる地元の寺院を市役所職員，業者等にも依頼して探したが見つからなかった。地元から50キロ以上離れた寺院で安価な費用で共同墓に納骨してくれることが判明し，遺骨をそこに納骨することにした。その際，後見人は被後見人とともに法要に臨席した。現在も毎年，被後見人を伴ってお墓参りをしている。

4．墓地の返還
　被後見人の父親が生前市営霊園の契約をしていた。後見人としては，この霊園を保有し管理する必要はないと考えた。母親及び姉の後見人と相談し合意のうえ，協力し合って共同して墓地の返還手続きをした。
　その際，管理者側から墓地を更地にして返還することが求められた。親族の立会いを求めて，業者に見積もりを出してもらい，管理者の意向に沿った更地にすることを依頼した。

5．不要不動産の処分
　かつて，バブルの時代，原野商法による活用できない不動産の売買が頻繁に行われた。被後見人家族もその被害にあっていた。後見人としては，この遠隔地にある売れない不動産（土地）の処分を一度は考えなければならない。

巻末資料

　そこで，現地調査をし，地元の不動産業者に尋ねたところ，売値もつかない土地だと分かった。結果，売却は不可能と判断し，手がつけられなかった。本人死亡後，そのまま相続人に引き継がざるを得なかった。
6．非協力的な親族
　被後見人には，親族はいるものの，誰もかかわりを持とうとしない例が少なくない。このため，首長申立てによる審判で後見人になるが，かかる例では，医療同意や相続開始後の遺産の引継ぎ等のため可能な限り親族と接触を図るものの，拒否されることや全くなしのつぶてである場合が多い。後見人としては，次の一歩に踏み出せず，途方に暮れる場面が多い。

（Y．Hさん）

❉　市民後見人の声

――「就労支援について」――

　Gさんは，軽度知的障害を有し自宅にて独居生活を送る30歳の女性。
　Gさんは特別支援学校高等部卒業後，近隣の食品会社に就職した。家族的な会社で従業員もGさんに親切にしてくれたので問題はなかった。しかし，会社が倒産したためハローワークに通い就活をしていた。市の障害者支援課の担当者は両親が亡くなる数年前から，何かと相談に乗っていたが，今後の支援者が必要と考え，補助の申立てを本人に働きかけた。
　こうして，私はGさんの補助人に選任された。
　Gさんの再就職は近隣の工場（軽作業）に決まったが，会社から「保証人」を出すように言われた。補助人は会社に対して「身元引受人」「保証人」にはなれないが，被補助人が会社に対して迷惑・損害を与えた場合，本人の生活を守りながらではあるが，誠意をもって対応したい

旨の上申を行った。その結果，保証人なしで採用が決まった。

　本人は身体的には問題はなく，通勤は自転車と歩きで行きたいと主張し，バスを使うことをすすめたが受け入れなかった。気候が寒くなり持病の喘息発作で仕事を欠勤，短期入院を繰り返すことが見られるようになった。このことを機に，再度バス通勤をすすめた。本人が会社に通勤方法の変更を申し出たが受け入れられなかったので，補助人が上司に面談し，健康管理上からもバス通勤を認めてほしいと依頼したところ受け入れられ，交通費の支給がされるようになった。

　Gさんの収入は，会社からの給与手取り約11万円，障害者年金月額64,400円である。これまでは給与を自由に使ってきたので預貯金が極めて少なかった。病気になった時の費用等を貯金するように話し合い，年金通帳だけは補助人が管理することにした。給与通帳は今まで通りに本人管理としたが，収支については記録をするように促した。自宅訪問時に記録の点検をし，アドバイスを繰り返した。一番の変化はキャッシュカードでの引き出しを，銀行で時間内に行えるようになったことである。コンビニのATM等の利用を止めたことで手数料はかからなくなった。一年間を通して家のトイレの改築，畳・襖の張替等を行ったものの，収支は黒字となった。

（H．Hさん）

❋ 市民後見人の声

―後見人として，重度心身障害者の恵子さんとの かかわりを通して感じたこと，学んだこと―

1. 初めてお会いしたとき，とても美しい方だと思った。色白で，澄んだ黒目が印象的で整った顔立ちの方だった。51歳ということだったがもっと若く見えた。タオルを口に含み，眉間にしわを寄せながら赤ん

坊の指しゃぶりのように吸い込んでおられたのだった。そのような経緯から，お母さんにはなれないが，少しでも恵子さんの役に立つ後見人にならなければ，と思った。

2．麻痺した足を曲げ，傷が付かないように厚地の腕カバーをされているが，ガシガシと噛んでいるご様子に，ストレスがあるのかなと思い，噛んでいない方の腕や曲げられた足をさすってみると，最初は何この感覚？　といったような何か窺っているような表情だった。そのうち，腕噛みが止まって，その感触を味わうような表情になられた。それで，優しくさすりながら童謡を小声で歌ってみた。すると今度は耳を澄ますというような表情をされたのだ。そうだ，私たちが気持ちが良いことはきっと恵子さんも気持ちが良いにちがいない，と私は思った。

3．恵子さんのお母さんにそのことを話すと，「恵ちゃんは歌が好きだよ。家に連れて帰ったときはいつも歌謡曲を聴かせていた。高峰三枝子の湖畔の宿が好きだよ」とのこと。

　指導員さんにそのことを話すと，「CDラジカセを持ち込んで，音楽を聴いてもらってもいいですよ。」とのことで，早速CDラジカセを購入し，手持ちのバッハやモーツァルトの穏やかでメロディのきれいな曲のCDや，童謡や歌曲など歌があるCDなどを5，6枚持ち込んだ（残念ながら歌謡曲は持っていなかった）。指導員さんや看護士さんの話では，病室でCDをかけてあげると気持ち良さそうに聴いておられますよ，特に風呂上がりの時などは，うっとりされているようです，とのことだった。また時にはラジオをかけてあげています，とのことで，「人の話し声」はいいかもしれない，と思い，それからは訪問面会時，意識して話しかけるようにしてみた（話す内容はお天気のことやお母さんの体調のこと，後見人が外で見たり聞いたりしたことなど）。最近では偶然かも知れないが，私の話の丁度いいタイミングで「う～，う～」という声を発して下さることもあり，もしかして「会話」している感

じなのかなとも思ったりするほどだ。

4．お元気なころお母さんと，またお母さんが亡くなられてからは弟さんと一緒に訪問することがあって，その時，いつもお母さんや弟さんが恵子さんの好物のプリンを持ってきては食べさせてあげておられた。それまでも食事時間に訪問したりして，食事の様子は見ていたが，お母さんや弟さんのときは病院の食事時間の時の様子とは全く違っていてびっくりした。お母さんや弟さんが，袋をごそごそさせてプリンやケーキを出されると，まるで待っていたかのように，自分で身体を起こし，アーアーと声を出されおねだりされるのだ。一口ずつスプーンで口に運ばれたプリンを，恵子さんは上手に飲み込まれる。すると恵子さんはアーアー（もっともっと）というような明らかにせがむ（要求）感じの甘えた声を発せられる！「恵子さんはお母さんが分かっている！ 言葉にはならないけど分かっている！」と私は1人感動してしまった。弟さんの時も同じだった。お母さんや弟さんからは当たり前のことなのかも知れないが，「恵子さんは分かっている！」を改めて認識した瞬間だった。

5．その話を指導員さんにすると，指導員さんから「おやつを（後見人が）持ってきたら，こちらで食べさせますよ」とのこと。さっそく次回からプリンを持参することにした。最近では後見人＝プリンと結びついたのか，お会いしてお話しすると，笑ったり「うーうー」と声を出される。また眉間にしわを寄せたしかめっ面をされていることがない。偶然かなとも思うのだが，看護士さんや指導員さんは，「分かっていると思います」と力強く言って下さるので，後見人としても嬉しい。

6．私が心掛けていることの一つに，恵子さんの身の回りのこと，特に衣類のことがある。限られた財産だが，恵子さんの衣類購入については同じ女性としての視線で選んでいる。色白で小柄な恵子さんに似合

いそうなきれいな色の服を探して購入している。すると予想していなかった効果があるのが分かった。

　恵子さんにかかわってくださる職員の方々が，恵子さんに「良く似合っていますね」と声を掛けて下さるというのだ。「似合う」という言葉の意味は理解していなくても，声の響きが優しく伝わっているはずだと思う。そしてこのことはきっと恵子さんのストレス改善に役立っているに違いないと確信する。それは訪問し始めた頃のようなしかめっ面はほとんど見られない，ということに現れている。

7．そして第三者後見人の私が心掛けていることのもう一つは，保護者とのコミュニケーションだ。お母さんは自分が行けないことで娘の恵子さんにどんなに会いたいか，また，ちゃんと面倒を見てもらっているか心配されていると思い，訪問時の様子をお手紙で知らせることにした。もちろん電話等でも情報交換したりもしたが，手紙だと繰り返し読めると思い，そこに写真を同封したりした。お母さんが具合が悪くなられてからは病院や施設に報告を兼ねてお見舞いにいき，恵子さんのことは心配ないことを繰り返しお伝えした。また，孝行息子の弟さんが病院や施設の支払いなど経済的にも心配を抱えておられたので相談に乗るなど，ご家族を精神的に支えることも自然な成り行きだった。お母さんの葬儀のこと，またその後のことなども相談に乗っているが，それは恵子さんのご家族を支えるというほどのことではなく，恵子さんの唯一のご家族が弟さんであり，その弟さんと一緒に恵子さんのことを考えていきたいと思うからだ。目には見えないけれど恵子さんの安心につながるという気がする。

8．後見人としてかかわって，恵子さんから学んだことの一番大きな事は「感謝の気持ち」だ。恵子さんは何一つ文句を言わない。時折しかめっ面をされるが，大声で泣くこともなく，怒ることもない。もちろん愚痴ることも暴れることもない。そして少し気持ちがいいときは気

持ちのいい顔をされ，時折笑ったり優しく声を出されたりする。それに比べて自分の生き方はどうだろうか。まだまだ未熟で生ぬるいと思うが，そんな自分を謙虚に振り返らせてくれるのが恵子さんだ。恵子さんを訪問して帰るとき，私はいつも感謝の気持ちで胸がいっぱいになる。

（B．Mさん）

「あとがき」にかえて

私の「公的・地域後見センター」構想
— "地域支援型・地域後見実施機関"の在り方 —

　「公的・地域後見センター」は，市町村が主導して地域後見人を養成し支援等をするために地域に創る**地域後見実施機関**である。

　平成26年12月，私は人口7,000人の北海道のA町で行われた地域後見人を目指す人たちに対するフォローアップ研修の講師として招へいされ，任意後見制度に関する講話をさせていただいた。その際，研修に参加した女性による発表があった。この女性は，先に行われた基礎研修了後に知人から依頼されて任意後見契約を締結して受任者に就任した方で，その契約の経緯や事務の内容などについて述べておられた。

　この研修に続いて，A町が考えている後見実施機関の立ち上げについて協議等が行われた。参加者は，A町の担当者，社会福祉協議会関係者，市民後見を始めている地元のNPO法人（法定後見の受任2件，任意後見の受任1件）の代表者，さらに隣接するR町の関係者と研修参加者であった。私もオブザーバーとして参加させてもらった。A町の担当者からは，後見実施機関の構想内容とタイムスケジュールなどが発表され，その後質疑等が行われた。その中で，次に記述する「公的・地域後見センター（地域後見実施機関）構想」を述べさせていただいたが，A町の担当者や出席者には私の考えが特異なものとは受け取られることなく，正しく理解されたと思っている。

　それは，町主催のフォローアップ研修の受講者として，一般市民だけでなく，家族後見人を目指す人や，前述のように「任意後見受任者」という立場の人も参加していたからである。このことからも，私の地域支援型の後見実施機関構想は実現可能な構想だと確信している。

　私の構想の要点をまとめると，次のとおりである。

「あとがき」にかえて

【構想その１―「組織作り」】

　この後見実施機関は，市町村が主導して組織作りを行う必要がある。

　組織の立ち上げに当たっては，特定の後見専門職団体にいわゆる「丸投げ」をすることは好ましくないと考えている。もちろん，多くの専門職の団体の力を借りることは不可欠であるが，市町村としては，成年後見制度に色分けしたり，さらには地域後見人を担う人を区別することは避け，あくまでも地域後見の適正な運用（さまざまなニーズの後見に応えること）を第一に考えるべきだからである。

【構想その２―「対象地域」】

　対象地域はそれぞれの市町村を単位にすべきである。もちろん，市や区にあっては複数の組織を作ることも必要になろう。

　ただし，広域は考えない。

　いま，後見行政に求められているのは，地域の認知症高齢者や知的障害者等を中心とした後見を必要とする人に対し，くまなく支援の手を差し伸べることにある。したがって，この制度では，地元に密着した「かゆい所に手が届く仕事をする仕組みづくり」が求められていると言える。しかも広域の場合，市町村によっては，取組に対して温度差が生じ，全地域を一率に取り扱うことが難しく，結果不公平感を醸成することも考えられるからである。

【構想その３―「対象者」】

　この構想の対象者は，「すべての成年後見制度を利用する者を支援するすべての市民そして家族」である。

　成年後見人等のほか，任意後見人，その受任者，さらには後見監督人も，幅広くこの制度の利益を享受できるようにすべきである。なお，任意後見人については，私的自治が働くものであり，公的支援制度にはなじまないという考え方もあろう。しかし，今の法制では，任意後見契約後の受任者や任意後見人を支える法制度は皆無で支援機関も全くないのである。本書で再三説明しているように，任意後見人は公人であり，この者を地域の後見実施機関で支えることには違和感はないはずである。

【構想その4―「実施機関」】

　基本的には，地域（市町村）の「社会福祉協議会」が事業主体になろう。もちろんこれが機能しないところでは，中核となり得る「NPO法人」もしくは社会福祉法人が担うことになろう。

　それぞれの地域の実情に応じて事業主体を考えることになるが，公益社団法人（一般社団法人を立ち上げて公益法人に移行すること）も考えられる。前記会合での町の担当者の説明では，A町では社会福祉協議会が，R町ではNPO法人が事業主体として立ち上げ構想が進んでいるという。

　次に，この組織で最も重要なのが，事業主体を支える「後見センター支援組織」（支援委員会）である。

　この支援委員会は，地元の法律専門職（後見制度に詳しい弁護士，司法書士，行政書士や公証人のOBなど），医師，MSW（医療ソーシャルワーカー），看護師など医療関係者，社会福祉士や介護支援専門員・介護福祉士，その他日常生活自立支援事業関係者などの介護・福祉関係者をはじめ，地域の福祉施設の関係者も含めることが望ましいと言えよう。それに，この組織とは別に外部委員からなる業務指導委員会（倫理委員会等）も必要となる。

【構想その5―「実施機関の業務」】

　基本的な業務は，平成24年3月27日付け厚生労働省老健局高齢者支援課認知症・虐待防止対策推進室の事務連絡（本書53ページ参照）に準拠した内容になろう。しかし，あくまでも地域後見人制度の実現に向けての事業であり，その養成講座，養成研修をはじめ，各種支援事業，名簿登載事業は，すべての成年後見制度の利用者を支援する者を対象にすることになる。

　最後に，事業主体である社会福祉協議会の役割を考えてみる。

　社会福祉協議会について考えられる役割は，三つ。①"「後見実施機関」（地域後見人を対象に研修や必要な支援等を行うもの）"②"「後見機関」（後見人を担う機関）"③"「後見監督機関」"である。

　なお，後見人に就任したNPO法人や地域後見人に後見監督人が選任されない場合，後見実施機関としては，その者の支援業務だけでなく必要な範囲

「あとがき」にかえて

で監督業務をも担当することになろう。

　平成26年11月，認知症の国際会議が開催されたのを機に，我が国は国家プロジェクト（戦略）として新たな認知症対策に取り組むことになり，始まったばかりの「認知症施策推進5か年計画（オレンジプラン）」も見直しされることになった。

　認知症高齢者を支える成年後見制度，この制度についても，この機会に国として行うべき支援等について見直しや新たな施策を盛り込むべきである。その見直しを図るべきものの一つが，平成24年4月から始まった「市民後見推進事業」である。成年後見制度は，すでに説明したように，すべての地域の認知症高齢者を支える地域支援型後見の仕組みにはなっていない。家族後見人がみる認知症高齢者は対象外になっているので改めるべきである。そして，新たな施策としては，医師に対する研修（認知症早期診断に対する研修）のカリキュラムの中に成年後見制度を研修テーマにした時間を設けるということである。

　これからの国が行う後見推進事業は「地域後見推進事業」に改めて，一般市民のみならず広く認知症高齢者を抱える家族後見人をも支援する制度として確立されなければならない。この認知症高齢者等を支える地域支援型後見では，国・市町村が主体となり，事業の一翼を担う社会福祉法人等をはじめ，家庭裁判所，地域の法律専門家，医師を中心とした医療関係者，福祉関係者などがその必要性を自覚し互いに連携して地域後見人である市民後見人や家族後見人などを支援することが求められていると，私は考えている。

　平成27年1月

事 項 索 引

あ行

アルツハイマー型認知症…………310
移行型任意後見契約………………137
遺言………………………………92
遺言信託…………………………294
遺言代用型信託契約………………298
いざという時の意思表示…………131
　──医療行為と事前指示書…131
　──終末医療に関する宣言……347
　──文例…………………………347
意思能力…………………………135
医師の診断………………………331
委託者……………………………295
委任者（本人）…………………151
委任終了後の善処義務……………277
委任できない事項…………137, 144
医療行為の同意…………………249
応急処分（事務管理）………90, 253
親なき後支援信託………………291

か行

介護福祉サービス………………248
家事事件手続………………………74
家族後見人（親族後見人）
　──後見人からの排除………2, 17
　──最良の後見人適格者………18
　──と地域後見人………………19
　──の倫理観……………………18
家族市民後見人……………………4, 19
　──の育成………………………4, 20
家族信託……………………23, 290

家庭裁判所
　──による指導助言………………66
　──の事務処理……………………65
管轄…………………………………98
　──と申立人………………………74
鑑定（精神鑑定）…………………76
　──の省略…………………………76
居住用不動産の処分（任意後
　見）………………………………234
居住用不動産の処分（法定後
　見）………………………………233
居所（住居）の指定………246, 341
記録の閲覧等………………………225
金融機関との取引…………………238
軽度認知障害（MCI）……………305
欠格事由……………………………80
権利制限・資格のはく奪……23, 130
後見監督人…………………………79
　──の資格（欠格事由）…………80
　──の職務…………………………80
　──の選任…………………………79
　──の役割…………………………66
　──への債権債務の申し出……226
後見計画（収支予定表）…………229
後見制度（後見類型）……………114
後見制度支援信託…………………122
後見登記……………………………42
　──登記事項………………………44
　──の登記情報の開示……………46
　──ファイル………………………43
後見等の開始申立ての取下げの
　制限………………………………82
後見人（成年後見人・任意後見人）

363

―― 公的支援者……………………11
―― 行動指針（心構え）…………10
―― 適格者………………………18
―― と本人の葬儀埋葬……………277
―― の金銭の管理と処分…………240
―― の事務………………………219
―― の職務の点検…………………223
―― の倫理違反……………………121
高次脳機能障害者……………………41
公証人……………………………131
公正証書…………………………131
公正証書遺言……………………93
公正証書による要式行為……127, 133
公的支援者（公人）………11, 79, 172
公的・地域後見センター………5, 21
―― の仕組み……………………21
高齢者のための支援信託……………301

さ行

債権債務の届出……………………226
財産管理委任契約……………141, 260
―― の委任事務内容………………269
―― の委任者………………………262
―― の監督人………………………265
―― の始期…………………………268
―― の受任者………………………263
―― の特徴…………………………266
―― の必要性………………………261
―― 文例……………………………270
財産管理と身上監護………………31, 219
財産調査……………………………227
財産の引継ぎ………………………252
残存能力の活用………………31, 35
資格制限（権利制限・資格のはく奪）……………………………23
市区町村長の申立て…………………51

自己決定の尊重……………………33
死後事務委任型信託契約…………283
死後事務委任契約…………………277
―― 事務処理費用の確保と信託……………………………282
―― の契約内容……………………280
―― の必要性………………………277
―― の有効性………………………278
成年後見人と ――…………………90
死後事務への備え……………………89
自己信託……………………………294
使途不明金と賠償責任………………122
市民後見推進事業……………15, 51
市民後見人………………3, 11, 154
―― 定義……………………………12
―― と任意後見契約………………154
―― の育成及び活用………………52
―― の行動指針……………………14
―― 役割……………………7, 13
社会貢献型後見人……………11, 154
就任直後の後見実務…………………225
終了の登記…………………………48
受益者………………………………295
受益者代理人………………………295
受託者………………………………295
将来型任意後見契約…………………136
障害者・高齢者の支援のための信託……………………………291
事理弁識能力………………………136
身上監護……………………217, 219
―― と事実行為……………………219
―― の重視…………………………36
親族後見人…………………………153
―― の排斥…………………………2, 17
信託……………………………………293
信託関係人…………………………295
信託監督人…………………………295

信託契約·················294
信託行為·················294
信託財産·················296
信託の目的···············296
診断書と審判·············332
診断書の問題·······69, 303, 331
審判相互の調整············81
審判手続·················75
住まい方（施設の選択）····246, 337
精神障害者···············41
精神上の障害により事理弁識能力
　——著しく不十分·······106
　——欠く常況にある者　116
　——不十分な人········39, 98
成年後見開始の申立てと医師の
診断···················331
成年後見監督人············79
　——の資格（欠格事由）····80
　——の職務と権限·······80
成年後見制度············37
　——と介護保険制度·····28
　——の対象者··········39
　——の始まり··········28
　——の問題点··········63
　——の理念···········31
　二つの——···········37
　四つの独立した——····37
成年後見人（後見類型）····114
　——就任時の職務·····119
　——の職務と権限·····118
　——倫理違反·········121
成年後見人等············72
　——の遺言···········92
　——の解任申立て事由···87, 223
　——の義務···········78
　——の候補者·········75
　——の資格（欠格事由）···73

　——の辞任と解任·······87
　——の死亡···········88
　——の職務と権限·····77
　——の選任手続·······74
　——の報酬·········84, 86
　——の報酬額のめやす···86
成年後見の社会化········49
成年後見の終了·········252
成年被後見人··········115
専門職後見人··········153
ソーシャル　インクルージョン
　···················32, 342
即効型任意後見契約······136
尊厳死（宣言）·········250

た行

第三者後見人············49
代理権の内容（範囲）·····140
代理権目録··········138, 212
　——同意（承認）を要する旨
　の特約目録·····139, 142, 213
　——附録第2号様式······138
地域後見人···········1, 12
地域後見人制度········3, 15
地域支援型後見··········2
地域における支援システムの構
築·················342
知的障害者············41
ドイツの世話人制度······69
登記官················48
登記事項証明書·········46
登記所················48
統計情報「成年後見事件の概
況」················60
取引相手の保護·········87

365

な行

任意後見監督人
　——の解任……………………190
　——の監督以外の職務………178
　——の欠格事由………………161
　——の候補者…………………158
　——の辞任……………………190
　——の責任……………………189
　——の調査権…………………183
　——の同意特約事項…142, 187, 235
　——の任意後見人への助言指
　　導………………………………189
　——の報酬・費用……………188
任意後見監督人の選任（任意後
　見の開始）
　——審判の要件………………159
　——選任の申立て……………156
　——本人の同意…………160, 336
　——申立て取下げの制限……166
　——申立ての時期………331, 333
　——申立ての不履行と契約解
　　除………………………………158
任意後見契約……………………133
　——契約当事者への教示等…135
　——当事者の死亡……………199
　——と条件・期限の定め……146
　——と特約条項………………145
　——の解除……………………195
　——の終了……………………199
　——の締結に必要な判断能力…134
　——の登記……………………149
　——の特約目録…………139, 142
　——の内容と様式……………137
　——の変更……………………192
　——報酬の定め………………143
　——本人意思の確認…………133

　——本人の面接………………133
　——予備的な定め……………147
任意後見契約公正証書…………148
　——作成のため準備する資料…148
　——代理権の内容……………140
　——の作成場所………………148
　——の作成費用………………149
任意後見契約文例…………200, 207
　——代理権目録………………212
　——特約目録…………………213
　——附録第2号様式………138, 212
任意後見支援信託………………299
任意後見受任者…………………152
　——の資格……………………152
　——の適格性の審査…………155
予備的な定め……………………147
任意後見制度……………………125
　——委任者（本人）…………151
　——選択の理由………………128
　——と老後の安心設計………129
　——の終了の登記……………199
　——の特徴（仕組み）………126
　——の変更の登記……………176
　——の問題点………………56, 68
　——利用状況……………………55
権利制限や資格のはく奪のな
　い…………………………23, 130
任意後見制度優先の原則…………34
任意後見人………………………152
　——に対する監督……………178
　——に対する報告請求権……183
　——の解任……………………198
　——の資格……………………152
　——の職務……………………166
　——の分類……………………153
　——の報酬…………………143, 177
複数の——………………170, 187

任意後見人の取消権··············169
任意後見人の義務················171
　　── 守秘義務··················172
　　── 身上配慮義務と本人意思
　　　　尊重義務··················173
　　── 善管注意義務と事務完遂
　　　　義務······················171
任意後見人の権利················177
任意後見人は公人か··············172
任意後見の開始　→　任意後見
　監督人の選任
認知症··························306
認知症の人とは··················322
認知症の人に向き合うために······316
認知症の人は語る················323
成年後見制度と認知症の診断··303,331
成年後見人としての対応··········325
　　── 高齢者····················305
　　── と家族の支援··············330
　　── と地域後見················303
　　── と判断能力············308,334
　　── と医療····················313
　　── の自立度及び認知度········313
　　── の早期発見············314,317
　　── の特徴的症状··············306
　　── ケアと予防················319
　　── ケアの10原則··············321
　　── 支えてくれる人への信頼····324
　　── 接し方····················325
　　── 物盗られ妄想との対応······327
　　アルツハイマー型──··········310
　　若年性──····················312
　　前頭側頭型──················312
　　脳血管性──··················311
　　レビー小体型──··············311
認知症グループホーム············338
認知症・高齢者の住居············338

認知症相談窓口··················344
ノーマライゼーション············32

は行

配偶者なき後支援信託············292
廃用症（症候群）················319
長谷川式簡易知能テストの活用····334
判断能力······················134
判断能力の確認の方法············331
被後見人（成年後見人）··········115
被保佐人······················105
被補助人······················96
福祉型信託····················289
複数成年後見人··················50
複数任意後見人··············139,147
不動産の管理処分················231
法人後見人··················50,153
法人任意後見人················153
法定後見制度····················71
　　── 統計からみた問題点········62
　　── 利用状況··················60
法定後見相互の調整··············81
法定後見人の特別な事務··········222
保佐開始の申立て················110
保佐制度······················104
保佐人··105
　　── の職務と権限··············112
　　── の代理権··················109
　　── の同意権··················107
補助開始の申立て················98
補助制度······················94
補助人··96
　　── の職務と権限··············103
　　── の代理権··············99,102
　　── の同意権··················101
本人（任意後見）

367

事項索引

――との面接……………………133
――の意思の確認………………133
――の意思の尊重………………33
――の同意…………………160, 336
――の判断能力…………………134
――の利益のため特に必要が
　あると認めるとき……………161
本人（被後見人）
　――の意思の尊重………………33
　――の意思の尊重と身上配慮……36
　――の死亡…………………89, 253
本人宅訪問………………………227
本人の住まい方と後見人の職務……337

――安心設計6点セット…………21
これからの安心設計――…………23
老人福祉法と地域後見……………52

ま行

まだら認知症……………………107
見守り義務…………………231, 257
見守り契約…………………145, 257
　――継続的見守り契約…………257
　――の報酬………………………259
見守りネットワーク……………343
申立権者・申立手続………………74
申立人（任意後見）……………157
申立ての取下げ……………82, 166
申立費用等の支援制度……………83

や行

郵便物の転居届…………………228

ら行

ライフプラン……………………129
利益相反行為……………………186
リバースモーゲージ……………234
老後の安心設計……………21, 129

高齢者を支える　市民・家族による
新しい地域後見人制度
市民後見人の実務コメント付き

定価：本体3,500円（税別）

平成27年2月6日　初版発行	
著　者	遠　藤　英　嗣
発行者	尾　中　哲　夫

発行所　日本加除出版株式会社

本　　社　郵便番号 171-8516
　　　　　東京都豊島区南長崎3丁目16番6号
　　　　　ＴＥＬ（03）3953-5757（代表）
　　　　　　　　（03）3952-5759（編集）
　　　　　ＦＡＸ（03）3951-8911
　　　　　ＵＲＬ　http://www.kajo.co.jp/

営業部　　郵便番号 171-8516
　　　　　東京都豊島区南長崎3丁目16番6号
　　　　　ＴＥＬ（03）3953-5642
　　　　　ＦＡＸ（03）3953-2061

組版　㈱郁文　／　印刷・製本　㈱倉田印刷

落丁本・乱丁本は本社でお取替えいたします。
Ⓒ Eishi ENDO 2015
Printed in Japan
ISBN978-4-8178-4212-1 C2032 ¥3500E

JCOPY 〈(社)出版者著作権管理機構　委託出版物〉

本書を無断で複写複製（電子化を含む）することは，著作権法上の例外を除き，禁じられています。複写される場合は，そのつど事前に(社)出版者著作権管理機構（JCOPY）の許諾を得てください。
また本書を代行業者等の第三者に依頼してスキャンやデジタル化することは，たとえ個人や家庭内での利用であっても一切認められておりません。

〈JCOPY〉 ＨＰ：http://www.jcopy.or.jp/，e-mail：info@jcopy.or.jp
電話：03-3513-6969，FAX：03-3513-6979

増補 新しい家族信託
遺言相続、後見に代替する信託の実際の活用法と文例

遠藤英嗣 著

2014年8月刊 A5判 588頁 定価 5,292 円（本体 4,900 円）
ISBN978-4-8178-4182-7

商品番号：40516
略　号：家信

- 福祉型信託、自己信託、事業承継信託の事例を収録した、わかりやすい解説と役立つ豊富な文例が好評の一冊。
- 実際に相談を受けた事例の中から汎用性のある事例を中心に、具体的なスキーム図を掲げて解説。
- 「信託によって何ができるか」「それを実現するためのスキームはどうか」「課税等のリスクはあるか」等、基礎から応用までが身に付く内容。
- 増補版では、事業承継のための信託活用に関する解説と文例を追加。

地域後見の実現
その主役・市民後見人の育成から
法人後見による支援の組織づくり、
新しい後見職務の在り方、権利擁護の推進まで

森山彰・小池信行 編著

2014年6月刊 A5判 360頁 定価 3,456 円（本体 3,200 円）
ISBN978-4-8178-4170-4

商品番号：40557
略　号：地実

- 「地域市民が適切な後見養成講座を受け、福祉や行政・支援団体と連携することで、高齢者・障害者が後見制度を利用し、安心した生活を送ることができる社会を作ること」を主眼とした内容。
- 「後見制度を支える社会づくりの重要性と新しい後見職務の在り方」等を提言。
- 類書に記載の乏しい、「市民後見人の育成と活動を支援する法人後見による支援の組織づくり、運営」等を解説。

日本加除出版

〒171-8516　東京都豊島区南長崎3丁目16番6号
営業部　TEL (03)3953-5642　FAX (03)3953-2061
http://www.kajo.co.jp/